Peter Kreinberg

# *The Gentle Touch*

Peter Kreinberg

# *The Gentle Touch*

Die Methode
für anspruchsvolles
Freizeitreiten

Fotografiert von
Gabriele Boiselle

KOSMOS

Geleitwort: Die Idee des Menschen wird zur Idee des Pferdes 7
Meine Vision 8

## Reiten an der Basis 13

Der Traum vieler Reiter 14
Leben mit Pferden 14
Anspruch und Wirklichkeit 17
Reitsport in Deutschland 18
Verständigung ist die Basis 21
Ein strukturelles Problem 25
Die Gelassenheitsprüfung – ein guter Anfang 26
Wo lernt man – wie lernt man – wie handelt man? 28
Leichter zum Ziel gelangen 32
Pferdeverstand und Gefühl 36
Teamarbeit – mit dem Pferd gemeinsam lernen 39
Lernen macht Spaß 40
Hohe Qualität auch auf einfachem Niveau 43
The Gentle Touch – die Ausbilder 45

## Die Deutsche Reitlehre hinterfragt 51

Die Grundlagen: Was verloren ging 52
Die Deutsche Reitlehre früher und heute 54
Die Ausbildungsskala 56
Was ist Takt? 59
Was versteht man unter Losgelassenheit? 61
Welche Form der Anlehnung? 62
Wie entsteht Schwung? 66
Ist geradegerichtet gleich gerade? 68
Was ist Versammlung? 70
Wozu Versammlung? 71
Das Ziel – Durchlässigkeit 73
Mein Resümee 77
Dressurarbeit mit Gefühl 79
Warum eigentlich Dressur? 82
Ein sinnvolles Bewegungsprogramm 84
Wie gymnastiziert man richtig? 85
Diagnostisches Reiten – das Reitergefühl 88

## Die Methode für anspruchsvolle Freizeitreiter 93
Die The Gentle Touch-Methode 94
Ruhe, Geduld, Angemessenheit, Konsequenz 97
Objektbezogenes Arbeiten 99
Übergeordnete Ziele der Methode 100
Verständigung 100
Koordination 101
Bewegungsgefühl 102
Timing, Rhythmus, Takt 104
Balance 105
Leichtigkeit 108
Die Bodenarbeit 110
Das Führtraining 113
Die Arbeit am Leitseil 118
Die Arbeit an der Hand 122
Desensibilisierung 123
Die Arbeit unter dem Reiter 126
Einwirkungen über Zügel und Zäumung 129
Die Schenkeleinwirkungen 131
Balancehaltung und funktionale Haltung 132
Kontaktaufnahme ohne Vertrauensverlust 136

Die Ein-Zügel-ein-Schenkel-Übung 138
Der Blumenstraußgriff 140
Taktmäßige Einwirkungen 144
Die Schiffschaukel-Übung 146
Regelmäßigkeit und Gefühl 148
Balance und Losgelassenheit des Reiters 151
Das Zusammenspiel der Hilfen 154
Dehnungshaltung, Linientreue und Übergänge 156
Ausblick: Reiten auf zwei Hufschlägen 159
Der Weg zum einfühlsamen und lockeren Freizeitreiten 161

Danksagung 163
Kompliment – Ein Nachwort von Gabriele Boiselle 164

## Service 167
Die vier Stufen des Reitens 168
Der Übungsguide 170
Zum Weiterlesen 171
Nützliche Adressen 172
Register 173

## *Geleitwort: „Die Idee des Menschen wird zur Idee des Pferdes“*

Peter Kreinberg lernte ich kennen, als er auf dem Hof von Thomas Vogel sein erstes Video zur Bodenarbeit drehte. Hauptakteur dieses Videos war ein Hannoveraner, der später sein Pferd werden sollte und den Namen Shining Gentle Boy erhielt.

Wie sich später herausstellte, geschah dies zu einer Zeit, in der sowohl Peter Kreinberg als auch der Hannoveraner Verband in einer Phase der Neuorientierung waren. Peter Kreinberg war gerade dabei, seinen langjährigen Erfahrungsschatz im Umgang und in der Ausbildung von Pferden in eine Ausbildungsmethode zu fassen, die er „The Gentle Touch®“ nannte.

Der Hannoveraner Verband hatte gerade begonnen, ein Konzept zu entwickeln, wie die Eignung des Hannoveraners für den Freizeitbereich besser dargestellt werden kann. Daraus wurde dann das Projekt „Hannoveraner erleben“.

Aus diesem ersten Treffen entwickelte sich eine enge, von großem gegenseitigen Respekt und Vertrauen getragene Zusammenarbeit mit dem Ziel, gemeinsam etwas Neues zu schaffen.

Auf den ersten Blick war dies ein ungleiches Paar: hier der aus der Tradition der Westernreiter kommende Freizeitpferdeausbilder, dort der große Zuchtverband, der es in erster Linie durch die Erfolge seiner Sportpferde in den klassischen Turnierdisziplinen zu weltweiter Bekanntheit gebracht hat.

So begannen die ersten hannoverschen Züchter – allesamt gestandene, erfahrene Pferdeleute, zu einem großen Teil auch mit eigenen Betrieben – die „The Gentle Touch®“-Kurse durchaus mit zwiespältigen Gefühlen: einerseits voller Neugier und der entsprechenden Offenheit, etwas Neues zu erfahren und zu lernen, andererseits aber auch mit einer gewissen Distanz und Skepsis.

Diese wich dann aber schon am ersten Tag, nach den ersten Übungseinheiten mit dem eigenen Pferd, echter Begeisterung und Überzeugung, die sich in den folgenden Zusammenkünften noch steigerte.

Was nun hatte die erfahrenen Hannoveraner Züchter, die zum Teil schon seit Jahrzehnten täglich mit Pferden arbeiteten, so überzeugt?

Zum einen der Mensch Peter Kreinberg, der die Inhalte sehr professionell vermittelte, konsequent und immer auf die Sache konzentriert, aber auch bescheiden, ohne viel Aufhebens um seine Person zu machen. Bei dem man zu jeder Sekunde seinen großen Erfahrungsschatz spüren konnte und der deshalb authentisch und glaubwürdig wirkt.

Zum anderen wurden sie überzeugt von der Ausbildungsmethode, die darauf basiert, dass der Mensch in das Pferd hineinhorcht und lernt, „wie ein Pferd zu denken“. Daraus entwickelte sich eine Kommunikation mit dem Pferd auf einer Ebene, die viele noch nicht erfahren hatten.

„Die Idee des Menschen wird zur Idee des Pferdes“, so nennt es Peter Kreinberg. „The Gentle Touch®“ wurde dabei als hervorragende Methode erlebt, um Pferde zu gelassenen, sicheren Freizeit- und Sportpartnern zu erziehen, in einer Welt voller für das Pferd Furcht einflößenden Umweltreize. Aber auch als Methode, die gut geeignet ist, Reitern mit wenig Pferdeerfahrung Sicherheit im Umgang mit diesen wunderbaren Tieren zu vermitteln.

Dieses Buch erläutert die Zusammenhänge, die hinter der Praxis von „The Gentle Touch®“ stehen. Schon das erste Aufschlagen mit den hervorragenden Bildern von Gabriele Boiselle vermittelt das Streben nach Harmonie, das auch Peter Kreinbergs Arbeit mit dem Pferd auszeichnet. Ich hoffe, dass dieses Buch große Verbreitung erfährt und neue Menschen anregt, sich mit „The Gentle Touch®“ auseinander zu setzen. Die Pferde werden es danken.

Dr. Ludwig Christmann
Stellvertretender Zuchtleiter des Verbandes hannoverscher Warmblutzüchter

# Meine Vision

Pferde haben mein ganzes Leben begleitet und waren stets ein wichtiger Teil davon. Im Bestreben, sie wirklich zu verstehen, änderte sich mein Verhalten, meine Einstellung, und es entwickelte sich ein tiefes Verständnis, das es möglich werden ließ, erstaunliche Resultate zu erzielen. Nie zuvor hätte ich gedacht, dass zwei so unterschiedliche Lebewesen ein so hohes Maß an Übereinstimmung erreichen, in wunderschönen Augenblicken gar zu einem Ganzen verschmelzen können. Diese magischen Momente waren es, von denen ich als kleiner Junge geträumt hatte. Ich widmete mein Leben mit Pferden der Philosophie erlebter Harmonie.

Ich begann, meine Ideen dem Pferd zu übermitteln, sie zu seinen eigenen werden zu lassen und seine bereitwillige Zustimmung zu erlangen. Meine Vision ist es, diese Philosophie mit Menschen auf unterschiedlichem reiterlichen Niveau zu teilen, wobei Pferde und Menschen sich gegenseitig helfen.

In meinen bisherigen Büchern und Lehrfilmen habe ich Techniken und Übungsabläufe im Detail aufgezeigt, die als praktische Anleitung gedacht waren. Ich habe dabei Wege aufgezeigt, die sich in meinen Kursen und Seminaren bewährt hatten. Viele Menschen orientieren sich daran und arbeiten danach. Sie können Fortschritte erzielen und kleine Probleme lösen. Dies lässt sich aus vielen E-Mails, Leserbriefen und Gesprächen auf Messen ableiten. Doch wird auch immer wieder die Frage gestellt, ob und wie sich meine Methode mit der „offiziellen Reitweise", der Deutschen Reitlehre, verknüpfen ließe. Auch war es in meinen Werken wegen des begrenzten Rahmens stets notwendig, dass ich mich thematisch auf bestimmte Bereiche konzentrierte. So war nicht auf den ersten Blick erkennbar, wie sich alles zu einem Ganzen zusammenfügte. Da bei meiner Arbeit stets die Pferde im Vordergrund stehen und nicht eine bestimmte Reitweise, ist meine Methode universell. Es scheint mir zweckmäßig, sie einmal im Gesamtzusammenhang darzustellen. Ich möchte aufzeigen, wie sich der „rote Faden" sowohl in der inneren Einstellung wie im praktischen Handeln von der Bodenarbeit bis zur reiterlichen Feinabstimmung durch alle Bereiche hindurchzieht. Dabei habe ich mich vermehrt darauf konzentriert, allgemeine reiterliche Bereiche etwas genauer zu betrachten. Auch habe ich mich dem Thema intensiv gewidmet, wie man das Gefühl für die richtige Anwendung von Technik und Methode im Alltag entwickeln kann. Es sind nur wenige Minuten nötig, um eine Anleitung in einem Buch in ihrer Logik zu verstehen. Es kann aber Jahre dauern, bis ein Reiter das sichere Gefühl für den richtigen Moment, die richtige Dosierung und vor allem das Verständnis für die Handlungen und Reaktionen eines Pferdes entwickelt hat. Er muss durch sein Handeln am Boden und vom Sattel aus das Vertrauen des Pferdes durch seine angemessenen Handlungen gewinnen. Er muss sich durch

selbstbewusstes, sicheres und konsequentes Auftreten seinen Respekt erwerben und ihn erhalten. Und er darf es nicht in seinen Bewegungen stören, behindern und irritieren. Erst, wenn all diese Voraussetzungen sich im täglichen Handeln ganz selbstverständlich widerspiegeln, stellt sich die Form der Harmonie ein, bei der die Idee des Menschen zur Idee des Pferdes wird. Dann bedarf es keiner Krafteinwirkung mehr. Zäumungen sind nebensächlich. Mensch und Pferd verschmelzen zu einem Team, das sich einer Aufgabe stellt und sich bei ihrer Bewältigung gegenseitig unterstützt und hilft.

## Wege zur Harmonie

Gleiche Ziele, gleiche Interessen und gleiche Empfindungen. Dies verstehe ich unter der Philosophie erlebter Harmonie. Ganz ohne praktische Anleitung ist dieses Ziel allerdings für Autodidakten schwer zu erreichen. Deshalb habe ich die Erfahrungen der letzten 25 Jahre zu einer Methode gebündelt, die es ermöglicht, in Kursen und Seminaren die wichtigen Grundlagen zu vermitteln, die notwendig sind, um zu einer harmonischen und durch Leichtigkeit geprägten Reitweise zu gelangen. Ich habe sie unter der Bezeichnung „The Gentle Touch®“ zusammengefügt und damit eine Struktur geschaffen, die es ermöglicht, sie durch entsprechend geschulte Ausbilder weitervermitteln zu lassen. Auf diese Weise wird sie möglichst vielen Reiterinnen und Reitern zugänglich. Die Erarbeitung dieser Methode betrachte ich als einen Meilenstein in meinem Berufsleben. Mit diesem Buch werde ich sie Ihnen in ihren wesentlichen Zügen vorstellen und erklären.

Gleichzeitig möchte ich auch über alle ideologischen Grenzen hinweg reitweisenübergreifend zum Verständnis der Reiter untereinander beitragen. Dazu ist es nötig, sich mit der „offiziellen“ Deutschen Reitlehre zu befassen. Sie ist mit ihren Inhalten die anerkannte, richtungweisende und dominierende Form des Reitens in Deutschland. Ihre Inhalte dienen Behörden, Organisationen, politischen Entscheidungsträgern und der Mehrheit aller Reiter als Maßstab.

*Wird die Idee des Menschen zur Idee des Pferdes, bedarf es keiner Kraft mehr und Zäumungen sind nebensächlich.*

*Reiten an feinen Hilfen ist universell anzuwenden und nicht auf einzelne Reitweisen beschränkt.*

*Eine dauerhaft harmonische Beziehung zwischen Mensch und Pferd kann nur auf Basis einer guten Verständigungsgrundlage geschaffen werden.*

Selbst die Verbände und Organisationen anderer Reitweisen wie die der Gangpferdereiter, Westernreiter und Distanzreiter haben sich der Deutschen Reiterlichen Vereinigung e.V. (FN) angeschlossen und sind durch deren Regelwerk stark beeinflusst.

## Pferdefreundliches Reiten ist reitweisenübergreifend

Mir persönlich ist es stets wichtig gewesen, jegliche „Lagermentalität" und „ideologische Gräben" zu vermeiden. Wer sich um pferdegerechte Verhaltensweisen und gute Horsemanship bemüht, für den sollte es solche Abgrenzungen nicht geben. Nur zu gern werden eigene Fehler und Unzulänglichkeiten mit Argumenten entschuldigt, wie beispielsweise: „Das ist aber beim Dressurreiten so", oder „Das macht man so beim Westernreiten" oder „Wir Distanzreiter legen darauf keinen Wert." Wer seine Verantwortung dem Pferd gegenüber ernst nimmt, der wird daran interessiert sein, alles zu erfahren und zu lernen, was dazu beiträgt, das Zusammenleben zwischen Pferd und Mensch sicherer, harmonischer und freundlicher zu gestalten. Deshalb habe ich mich in Theorie und Praxis mit verschiedenen Ansätzen und Praktiken der Pferde- und Reiterausbildung befasst und diesem Thema während meinem gesamten reiterlichen Werdegang Aufmerksamkeit gewidmet. Dabei schlägt mein Herz nach wie vor für die authentische Westernreitweise und die kalifornische Vaquero-Tradition.

## Gemeinsame Wurzeln

Je mehr ich mich mit den unterschiedlichen Reitweisen, ihren Traditionen und Hintergründen befasst habe, desto deutlicher wurde die Erkenntnis, dass die Unterschiede ursprünglich viel geringer waren, als es heute den Eindruck macht. Ich traf alte Reiter, die einer aussterbenden Generation angehörten, ich stöberte in zeitgenössischen Büchern und Berichten, durcharbeitete sie intensiv und machte mich selbst mit den Praktiken vertraut, die im Trend der Sportreiterei in allen Reitweisen in Vergessenheit geraten sind. Alle Formen der Sportreiterei haben ihre Wurzeln in der Gebrauchsreiterei. Erst nach und nach hat eine zunehmende Spezialisierung zu einer Entfremdung von diesen Grundlagen geführt. Heute kann ich sagen, dass die Übereinstimmungen und Parallelen zwischen den verschiedenen Gebrauchsreitweisen verblüffend waren. Diese Erkenntnis motiviert mich, möglichst vielen Reiterinnen und Reitern die Möglichkeit zu eröffnen, Verständnis für eine Form der Horsemanship zu entwickeln, die verloren geht. Sie bietet aber praktische Vorteile für den Alltag und ein hohes Maß an Erfüllung all denen, deren Hauptmotiv tatsächlich ein möglichst harmonischer und natürlicher Umgang mit Pferden ist. Die Philosophie guter Horsemanship ist unabhängig von Reitweisen und Pferderassen. Dieser Grundsatz spiegelt sich in der The Gentle Touch-Methode wider.

Mit diesem Buch möchte ich aber auch dazu beitragen, Ihnen die Freude am Lernen mit Pferden zu vermitteln und den Lernprozess zu erleichtern, den wir alle durchlaufen müssen, wenn wir unsere Horsemanship in diesem Sinne verbessern möchten. Unabhängig davon, welche Ausrüstung oder Reitweise Sie bevorzugen, Sie werden Ihre Beziehung zu Pferden deutlich verbessern und vertiefen können, wenn Sie die Theorie, die Technik und das Timing der Methode verstehen, die aus dieser Philosophie hervorgegangen ist. Sie ist vielseitig und nützlich anzuwenden, ganz gleich, ob ein junges Pferd angeritten, bei einem älteren Pferd Problemverhalten korrigiert oder ein geschätzter Freizeitpartner weiter gefördert werden soll.

Ich lade Sie ein, mit mir zusammen diese wunderbaren Tiere, die Pferde, einmal mit anderen Augen kennen zu lernen.

# Reiten an der Basis

*In den folgenden Kapiteln werden Sie angeregt, sich Gedanken über Ihre Reiterei und die damit verbundene Einstellung zu machen. Sie erfahren etwas über deutsche Reitkultur und die Rahmenbedingungen, in denen Menschen reiten lernen. Dabei werden Sie sensibilisiert für Ihre eigene Position. Sie ist der Ausgangspunkt für Ihre Lernreise mit Peter Kreinberg.*

## *Der Traum vieler Reiter*

Kraftvoll sind seine Bewegungen, mit denen es im Sonnenlicht über die Ebene schnellt. Die langen Mähnen- und Schweifhaare wehen wie ein Banner im Wind. Kaum berühren seine Hufe den Boden. Seine Nüstern sind weit geöffnet, um die kräftigen Lungen mit Sauerstoff zu füllen. „Trinker der Lüfte" nannten die arabischen Beduinen dieses Tier, mit deren Leben ihr eigenes aufs Engste verknüpft war. Das Pferd war das Wesen, das dem Menschen „Flügel" verlieh, seinen Geist und seinen Körper in eine andere Dimension erhob und ihm Überlegenheit gab.

Die Geschichte und die Geschicke des Menschen sind mit keinem anderen Tier so eng verwoben. Bis vor fast 50 Jahren war das Pferd sogar im fortschrittlichen Europa und Nordamerika trotz Mechanisierung und Technisierung von existenzieller Bedeutung für die Menschen. Doch es war nicht nur die praktische Notwendigkeit, welche die Beziehung zwischen Menschen und Pferden prägte. Es gab außerdem noch eine emotionale Seite.

Dieses Tier verkörpert einerseits dynamische Kraft und Energie, es ist andererseits eines der sanftmütigsten Wesen im Umfeld des Menschen. Es ist hochsensibel und anmutig, aber es kann auch mit geballter Körperkraft zerstörerisch agieren. Mit sanften Nasenstubsern kann es ein kleines Kind, das zwischen seine Beine gekrabbelt ist, wieder in Sicherheit bugsieren, doch seine Hufe können auch mit unbarmherziger Gewalt auf einen Angreifer niederprasseln. Sein Verhalten kann von endloser Duldsamkeit oder von nervöser Ungeduld gekennzeichnet sein. Mit seinem vielfältigen Wesen hat es die Phantasie des Menschen schon seit mehr als 30 000 Jahren angeregt, wie vorzeitliche Höhlenmalereien beweisen.

Und noch heute wirkt diese Faszination fort und selbst in unserer modernen, der Natur entfremdeten Welt hat das Pferd nichts von seiner Wirkung auf die Emotionen der Menschen verloren. Vielleicht weckt es gerade deshalb das Interesse so vieler Menschen, weil die starke Entfremdung von unseren natürlichen Lebensformen die Sehnsucht nach Eigenschaften anregt, die das Pferd in sich verkörpert und widerspiegelt. Der Traum von enger Verbundenheit mit einem Pferd wird heute besonders von jungen Mädchen und Frauen geträumt. In Deutschland sind es mehr als eineinhalb Millionen Menschen, die versuchen, ihn ein Stück weit zu realisieren, indem sie in ihrer Freizeit den Kontakt zu Pferden suchen und pflegen.

## *Leben mit Pferden*

Noch niemals zuvor haben so viele Menschen danach getrachtet, das eigene Leben aus freien Stücken und ohne direkte Notwendigkeit durch einen mehr oder weniger intensiven Kontakt mit Pferden zu bereichern. Diese Entwicklung hat zur Folge, dass immer mehr Menschen mit Pferden umgehen, die ansonsten wenig oder gar keinen Bezug zu Großtieren haben. Naturgemäß ist ihnen das Wesen von Tieren weitestgehend fremd, tierische Verhaltensweisen werden vermenschlicht oder man versucht, aus der eigenen Wahrnehmung heraus Erklärungen für ihr Verhalten abzuleiten.

Die wenigsten haben das Glück, im intensiven Kontakt mit Tieren im Rahmen einer Familientradition aufzuwachsen, wie es mir gegeben ist. Schon als kleiner Junge habe ich auf dem blanken Rücken ungezäumter Pferde gesessen und bin mit ihnen über die Koppeln galoppiert. Schon damals konnte ich fernab von Straßen an den Hängen des Sauerlandes durch die Wälder streifen. Ich habe mit meinen Pferden die intensivsten Naturerlebnisse gehabt. Es waren Situationen, die mich mehr über Pferde lehrten, als alle Bücher dieser Welt das je gekonnt hätten. Ich habe den Umgang mit ihnen im Alltag in den vielfältigsten Formen kennen gelernt. Da galt es, sich mit seinem Pferd durch brusthohen Schnee vorwärts zu kämpfen oder über Geröllfelder an steiler Bergflanke herunterzurutschen, während das Pferd sich auf der Hinterhand sitzend ausbalancierte.

*Das Pferd verkörpert zum einen dynamische Kraft und Energie und ist andererseits aber ein sehr sanftmütiges Wesen. Der Mensch muss Geist und Körper formen, wenn er es reiten möchte.*

*Reiten in der Natur entspricht dem Wesen des Pferdes am meisten. Das Reiten wird so für beide zum gemeinsamen Naturereignis.*

Wie wunderbar war es, sich an seiner Mähne festhaltend mit ihm zu schwimmen und seine ganze Kraft dabei zu spüren. Welch starkes Gefühl der Verbundenheit und des Vertrauens, wenn wir nebeneinander, uns gegenseitig stützend, vorsichtig über Eisplatten gingen, im Bewusstsein, dass ein Sturz bei einer kleinen falschen Bewegung nicht zu vermeiden gewesen wäre. Welche euphorische Freude für beide, im schnellsten Galopp mit hingegebenen Zügeln dahinzufliegen, bis der Wind Tränen in die Augen trieb. Und dann wieder das intensive Gefühlserlebnis, sich dem Pferd mit auf den Hals gelegten Zügeln ganz und gar anzuvertrauen, während es mich Schritt für Schritt im Stockfinstern in ungewohntem Gelände über Stock und Stein trug und sicher heimfand.

Ich könnte so fortfahren und ein ganzes Buch allein mit der Schilderung intensivster Erlebnisse im wirklichen Zusammenleben und Zusammenerleben mit Pferden füllen. Solche Erfahrungen prägen, schulen und formen. Bevor ich jemals Reitanleitung bekam, war mir das Wesen der Pferde bereits durch und durch vertraut und ich hatte zu jedem eine intensive Individualbeziehung aufgebaut. Nach und nach entwickelte sich ein „sechster Sinn" für ihre Empfindungen, Reflexe und Erwartungshaltungen, der es mir möglich machte, die Aktionen und Reaktionen von Pferden vorauszuahnen.

Doch schon vor 50 Jahren war so etwas die Ausnahme und ich bin sehr dankbar dafür, dass mir dieser Zugang zu Pferden möglich war. Für mehr als 90 Prozent der Menschen sehen die Voraussetzungen des Umgangs mit Pferden gänzlich anders aus. Ihre „Erlebniswelt" reduziert sich in der Regel auf die üblichen Rahmenbedingungen eines Reitstalls, Reitbetriebs oder Reitvereins. Die Natur muss draußen bleiben. Leider auch ein Teil der Natur des Pferdes, da die Haltungsbedingungen und die reiterliche Nutzung artgerechtem Pferdeverhalten wenig Raum bieten und somit auch immer seltener ein „natürliches Pferdeerlebnis" zulassen.

## *Anspruch und Wirklichkeit*

Für viele pferdebegeisterte Menschen formt sich das Bild vom Pferd in diesem Umfeld schon in jungen Jahren. Man nimmt Pferde in ihrer Funktion als „Schulpferd", „Reitpferd" oder „Sportpferd" wahr. Dies wird dann zur Norm, in diesem Umfeld wird die Einstellung zum Pferd geprägt und die Umgangsformen mit ihm werden erlernt. Man schaut sich bei den anderen ab, „wie es gemacht wird".

Irgendwann ergibt sich dann die Gelegenheit, ein Pferd zu regelmäßig zu reiten, das sich im Besitz einer anderen Person befindet. Erstmalig wird eine intensivere Beziehung zu einem einzelnen Pferd aufgebaut. Der alleinige Besitz eines eigenen Pferdes ist dann schon ein entscheidender Schritt. Nun ruhen die ganze Verantwortung, ein Teil oder sogar die ganze Betreuung und alle finanziellen Lasten auf den Schultern des Besitzers. Solange das eigene Pferd in einem Reitbetrieb eingestellt ist, wird die Zeitspanne, die tatsächlich im direkten Kontakt mit ihm verbracht werden kann, immer noch sehr begrenzt bleiben. Wird das Pferd dann im eigenen Lebensbereich gehalten, so ist ein regelmäßiger und intensiverer Kontakt nicht nur möglich, sondern in aller Regel sogar notwendig. Welche Form des Pferdekontaktes auch gepflegt wird, die zeitweilige Nähe zum Pferd empfinden die pferdebegeisterten Menschen als eine Bereicherung ihres Lebens.

Doch mit zunehmendem Kontakt wächst auch die Erkenntnis, dass es sehr viel zu lernen gibt, dass die Beziehung sich intensivieren und vertiefen lässt. Kleinere oder größere Unstimmigkeiten, anfänglich als „normal" eingestuft, werden nun als deutliche Harmoniestörung empfunden. Hinzu kommt der Ehrgeiz. Man möchte „besser" reiten lernen, um mehr Eindruck zu machen und sich an „anspruchsvolleren" Zielen zu orientieren.

Für einige Reiter wird aus dem Umgang mit Pferden ein Gesellschaftsspiel, es wird für sie wichtig, die Pferde in Leistungsprüfungen vorzuführen und sich regelmäßig im ambitionierten, sportlichen Wettkampf um Schleifen, Pokale und Geldpreise mit anderen in den unterschiedlichsten reiterlichen Disziplinen zu messen. Diese Gruppe von Reitern prägt das Bild vom Reiten besonders in den Medien. Leben mit Pferden wird zum Sport mit Pferden. Oft dient die sportliche Nutzung des Pferdes Hobbyreitern, die in Reitvereinen oder entsprechenden Reitbetrieben heranwachsen, als Vorbild. Der Grund für diese Prägung ist, dass in den meisten Reitschulen und -vereinen einheitlich die Deutsche Sportreitlehre der Deutschen Reiterlichen Vereinigung (FN) gelehrt wird.

*Es ist wunderbar, mit einem Pferd im Wasser zu sein und die ganze Kraft des Tieres zu spüren. Starke Gefühle der Verbundenheit und des Vertrauens entwickeln sich dabei.*

Jeder Reiter möchte „besser reiten" lernen. Unter kompetenter Anleitung lassen sich die besten Fortschritte erzielen.

Eine gute Partnerschaft zwischen Reiter und Pferd hat ihre Basis in guter Zusammenarbeit im alltäglichen Umgang am Boden. Verständnis, gegenseitiger Respekt und Vertrauen werden hier entwickelt.

## Reitsport in Deutschland

Jegliche Form des Reitens und des Umgangs mit Pferden mit Ausnahme weniger Arbeitspferde in der Land- und Forstwirtschaft wird in Deutschland unter dem Sammelbegriff „Reitsport" zusammengefasst. Die Deutsche Reiterliche Vereinigung e. V. (FN) als Fachorganisation des Deutschen Sportbundes hat die Funktion des maßgeblichen und führenden Fachverbandes für den Reitsport übernommen und wurde mit ihren Reglementierungen zum Maßstab für alle deutschen Reiter und Pferdehalter. Die FN fungiert als Dachverband und organisiert den Turniersport, die Ausbildung von Reiter und Pferd, den Breitensport und die Verknüpfung der deutschen Pferdezuchtverbände mit dem Turniersport. Sie finanziert sich aus Mitgliedsbeiträgen, Einnahmen aus Dienstleistungen und öffentlichen Mitteln.

Im organisierten Bereich der FN gibt es etwa 7 000 Reitvereine in Deutschland mit über 750 000 Reiterinnen und Reitern aller Altersklassen (circa 75 Prozent weiblich). Davon sind aber nur circa 150 000 Sportreiter mit Turnierperspektive. Berufsausbilder und Reitlehrer konzentrieren sich in ihrer Arbeit hauptsächlich auf diese eher kleine Gruppe der leistungsorientierten Sportreiter.

Den großen Teil der Basisarbeit, „Breitensport" genannt, sollen lizenzierte Amateurtrainer abdecken. Der Schwerpunkt des Unterrichts orientierte sich in der Vergangenheit an der deutschen Sportreitlehre mit ihrer Turnierzielsetzung. Erst seit 2006 werden der Basisbereich „Breitensport" und der Bereich „Leistungssport" inhaltlich voneinander getrennt. Für alle beide gelten die „Richtlinien für Reiten und Fahren" der FN allgemein als die offizielle Deutsche Reitlehre. Sie gelten als Maßstab für richtiges, pferdegerechtes Reiten.

*Reiten wird in Deutschland unter dem Sammelbegriff „Reitsport“ zusammengefasst. In den meisten deutschen Reitschulen und -vereinen wird einheitlich das Dressurreiten nach den Richtlinien für Reiten und Fahren vermittelt.*

*Die sportliche Reiterei auf Turnieren dient vielen Hobbyreitern, die in Reitvereinen heranwachsen, als Vorbild.*

## Reiten ohne Turnierambitionen

Daneben betreibt eine vergleichbar große Zahl von Reiterinnen und Reitern das Reiten individuell nach eigenen Vorstellungen in Form unterschiedlicher Reitweisen oder Aktivitäten. Diese große Gruppe ist nicht in den Vereinen und Verbänden der FN organisiert. Man kann deshalb von insgesamt etwa 1,5 Millionen Menschen ausgehen, die in Deutschland regelmäßig oder gelegentlich reiten.

Alternativ zur Deutschen Reitlehre haben sich andere Schwerpunkte in der Reiterei herausgebildet. Iberische Reitweisen und Barockreiterei, Westernreiten, Distanzreiten, Trekking- oder Geländereiten und Gangpferdereiten bieten andere Möglichkeiten. Die Reiterinnen und Reiter, die diese Formen des Reitens praktizieren, haben sich in eigenen Verbänden und Interessengemeinschaften zusammengeschlossen, von denen einige inzwischen der FN angeschlossen sind und sich auf das Ausrichten von Turnieren und Wettbewerben spezialisiert haben. Neben der Orientierung an der leistungsorientierten Sportreiterei gibt es für Anfänger oder weniger geübte Reiter die Möglichkeit, sich Leitbilder und Anleitung bei solchen Ausbildern zu suchen, die sich nicht am Turniersport orientieren. In Zeitschriften, Büchern, Filmen; in Showvorführungen, auf Pferdemessen und in Pferdemusicals werden faszinierende Bilder von und mit Pferden inszeniert, die unsere Phantasie beflügeln und die Sehnsucht nach einer intensiven Erlebniswelt mit Pferden weiter nähren.

Wenn wir dann mit solchen Eindrücken im Kopf von einem Turnier oder einer Schauveranstaltung auf dem Heimweg zurück in unseren Alltag und unsere „Pferdewelt“ sind, dann haben wir in vielen Fällen eine große Sehnsucht in uns. Die Sehnsucht, auch einmal so mit unserem Pferd in Einklang zu sein, wie es die Reiter gezeigt haben, die uns so faszinierten. Wir ahnen, dass es noch mehr geben muss, als das ständige,

*Ein großer Teil der Reiter setzt sich andere Schwerpunkte in der Reiterei. Iberische- und Barockreiterei, Westernreiten, Distanzreiten, Trekking-, Gelände- oder Gangpferdereiten bieten vielfältige Möglichkeiten.*

stoische Üben immer gleicher Lektionen. Es dämmert uns, dass mechanisierte Reittechnik nicht alles sein kann. Dass uns Reitunterricht und Reitlehre nur ein Stück weiterhelfen. Wir haben das Gefühl, dass da noch etwas anderes sein muss, etwas, das uns bisher vorenthalten oder verborgen blieb.

## Selbsteinschätzung ist der Schlüssel

Dabei übersehen oder verdrängen wir den Gedanken ein wenig, dass die Reiterinnen und Reiter, die uns inspirierten, ein intensives Leben mit Pferden praktizieren. Für die meisten dieser Akteure ist es Beruf und Berufung zugleich, und sie haben der Reiterei auf diesem Niveau ihr ganzes Leben gewidmet. Alles andere wurde diesem Aspekt untergeordnet. Sie leben in einer Pferdewelt, die mehr zu bieten hat, als ein üblicher Reitstall.

Wir geben uns gern der Hoffnung hin, wir könnten auch einmal solchen Leistungen nahekommen, solch „große Gefühle" im Umgang mit Pferden erleben. Dieser Traum ist legitim, auch wenn wir wissen, dass er sich nur selten erfüllen lässt. Doch er inspiriert uns und gibt uns Motivation zu lernen. Das Streben nach mehr Harmonie und Verbesserung der Beziehung wird zur Leidenschaft und gleichzeitig auch zu einem Wechselbad der Gefühle. Allzu oft gibt es ein ernüchterndes Erwachen aus dem wunderschönen Traum, mit Pferden im Einklang zu leben. Vielleicht geht es auch Ihnen hin und wieder so: Plötzlich kommen Zweifel daran auf, ob es für „zivilisationsgeschädigte Freizeitreiter" überhaupt möglich sein kann, über die „Leckerli-Bestechung" hinaus eine solch vertiefte Beziehung zu Pferden aufzubauen.

Bevor solche Gedanken in kompletter Resignation münden, gibt es zum Glück stets Gründe für Zuversicht, denn immer wieder finden wir Beispiele dafür, dass auch für ganz „normale" Freizeitreiter eine vielfältige und harmonische Beziehung zu Pferden möglich werden kann. Vielleicht gibt es auch in Ihrem Umfeld jemanden, dessen Umgang mit Pferden durch mehr Übereinstimmung, dessen Reiten durch feinere Einwirkungen und mehr Kontrolle gekennzeichnet ist. Möglicherweise hat dieser Reiter erkannt, worauf es zunächst ankommt. Er überlässt den „großen Tieren" die „großen Sprünge" und konzentriert sich mehr auf das, was ihm und seinem Pferd unter den gegebenen Bedingungen möglich ist. Mehr Aufmerksamkeit für die kleinen Dinge des Alltags kann das Zusammenleben erleichtern. Gute Manieren und Umgangsformen machen das Leben angenehmer. Ein schöner, entspannter Ausritt kann Pferd und Reiter mehr Glücksgefühle vermitteln als der hundertste Versuch, eine erzwungene Lektion zu vollenden. Manchmal genügt es, mit den kleinen Dingen zu beginnen. Doch was muss man verändern? Was kann man tun, damit die Mensch-Pferd-Beziehung beiden möglichst viele, angenehme Momente bietet? Man muss zunächst eine Verständigungsgrundlage schaffen. Gelingt das, dann ist es auch möglich, den ganz normalen Reitstall- oder Freizeitreiteralltag so zu gestalten, dass dabei für beide „mehr Lust als Frust" entsteht.

## *Verständigung ist die Basis*

Mein Wirken und Arbeiten in den letzten 30 Jahren war und ist dieser Aufgabe gewidmet. Mein Bestreben ist es, Menschen und Pferden zu mehr Harmonie im Umgang miteinander zu verhelfen. Dieses Buch soll dazu auch in der Zukunft einen wesentlichen Beitrag leisten.

In der Hauptsache habe ich mich dabei auf die Gruppe von Pferdeleuten konzentriert, die noch an der Schwelle zum guten und einfühlsamen Reiten stehen, die also noch in der „Grundschule" sind. Ich bezeichne sie als anspruchsvolle Freizeitreiter, die auf höherem Niveau reiten möchten. Der Begriff „Freizeitreiter" ist in Deutschland eher negativ besetzt. Er wird nicht selten mit schlechtem Reiten in Verbindung gebracht. Man meidet ihn und sucht nach alternativen Begriffen, obwohl sich damit sehr viele positive, pferdefreundliche Aspekte verbinden lassen. Durch die vor circa 30 Jahren vor allem von Ursula Bruns initiierte Freizeitreiterbewegung wurden viele Verbesserungen und Weiterentwicklungen wie artgerechtere Haltungs- und Umgangsformen in der deutschen Pferdszene angeregt. Auch viele pferdepsychologische Aspekte und neue Kommunikationsmethoden kommen nicht aus der Sportreiterei sondern haben hier ihren Ursprung. Freizeitreiter sind Reiter, die in ihrer Freizeit reiten und weder Geld damit verdienen müssen noch einem Leistungs- und Zeitdruck unterworfen sind, wie das in der Turniersportszene doch die Regel ist. Ein Freizeitreiter kann natürlich auch turniersportlich ambitioniert sein. Solche Reiter sind aber nicht automatisch bessere Reiter als diejenigen, die es vorziehen, ihre Pferde unter natürlicheren Rahmenbedingungen zu reiten. Auch habe ich persönlich in den letzten drei Jahrzehnten die Erfahrung gemacht, dass es unter den nicht turniersportlich ambitionierten Reiterinnen und Reitern ebenso viele gibt, die dazulernen möchten, wie unter den Sportreitern. Schließlich hat unser Betrieb Goting Cliff in den fast 40 Jahren seines Bestehens nur diese Klientel bedient und unsere Gäste reisen dafür aus ganz Deutschland an. Ich sehe sogar bei diesen Pferdeleuten ein deutlich ausgeprägtes Bedürfnis, ohne falschen Ehrgeiz eine harmonische Beziehung zu ihren Pferden anzustreben. Allerdings nahmen viele den langen Weg zu uns auf sich, weil es in ihrer Nähe keine Betriebe gab, die ein entsprechendes Ausbildungsprogramm angeboten hätten.

Auch bei den Pferden lag und liegt der Schwerpunkt meiner Arbeit im Bereich der Grundschule, der Starthilfe in ein Leben als Reitpferd. Dies ist eine der stärksten einschneidenden und prägenden Erfahrungen, die ein Pferd macht. Hier kann man wirklich richtungweisend tätig werden. Grundeinstellung, Technik, Gefühl, Gewohnheiten und Rituale werden in dieser Phase geformt und bleiben in der Regel ein Leben lang haften. Fehler und Verhaltensprobleme, die sich hier einschleichen, begleiten Pferd und Reiter für lange Zeit. Sie sind später nur sehr schwer zu korrigieren oder abzustellen. Die Grundschule für Pferd und Reiter bestimmt wesentlich, welches Maß an Übereinstimmung und Harmonie in der Beziehung zwischen Mensch und Pferd erreicht werden kann.

INFO

**Gute Manieren bei Pferden beginnen immer mit guten Manieren bei den Menschen**

In meiner Arbeit mit Pferden auf Goting Cliff oder auch in Kursen und Seminaren hat sich ein Standard-Verhaltensprofil im Umgang zwischen Mensch und Pferd herausgebildet. Es ist hundertfach in die Praxis umgesetzt worden und somit kein theoretisches Wunschdenken, sondern selbstverständliche Realität. Ich fasse es unter dem Begriff „Gute Manieren“ zusammen.

*Gute Manieren im Umgang an der Hand und auch unter dem Sattel sind die Grundlage für ein harmonisches Miteinander zwischen Pferd und Mensch.*

Gute Manieren im Umgang an der Hand und unter dem Sattel sind die Grundlage für ein harmonisches Miteinander. Sie sind ein Zeichen für gegenseitiges Verständnis und eine funktionierende Verständigung. Sie zeigen, dass Respekt und Vertrauen auf der Basis von Gegenseitigkeit erarbeitet wurden. Sie sind die Voraussetzung für das Gefühl der Sicherheit und ermöglichen zwanglose und unverkrampfte Beweglichkeit von Pferd und Reiter. Die daraus resultierende körperliche und seelische Losgelassenheit ist wiederum die Voraussetzung, um mit feiner Reittechnik die Ziele kultivierten Freizeitreitens und pferdeschonender Gymnastizierung zu erreichen. Gute Manieren zu erlernen und im Alltag anzuwenden, das ist ein Teil der Verantwortung, die jeder Pferdehalter übernimmt, sobald er sich mit Pferden befasst.
Mein Credo ist in diesem Zusammenhang: „Nicht die Pferde sind uns etwas schuldig, wir schulden ihnen eine möglichst naturnahe Haltung, einen respektvollen Umgang, eine artgerechte, sorgfältige Erziehung und eine angemessene Gymnastizierung! Das alles ist nur möglich, wenn eine Verständigungsgrundlage ohne Missverständnisse auf der Basis guter Manieren bereits vorhanden ist.
Ein harmonisches Miteinander mit ihrem Pferd, davon träumen die meisten Reiterinnen und Reiter. Geht es Ihnen, liebe Leserinnen und Leser, nicht auch so? Würden Sie sich nicht auch darüber freuen, wenn Ihr Pferd mit freudigem Ohrenspiel, mit Leichtigkeit und Aufmerksamkeit auf Ihre Schenkeleinwirkungen reagierte? Fänden Sie es nicht auch ganz angenehm, wenn Ihr Pferd mit zwei Fingern am Führseil jederzeit zu kontrollieren wäre, auch in Situationen, in denen andere Pferde davonstürmen?
Möchten Sie nicht auch einmal das Gefühl genießen, auf einem Pferd zu sitzen, das sich mit größter Geschmeidigkeit und Leichtigkeit bewegt?
Wäre es nicht wunderbar, wenn Ihnen das Zusammenspiel von Zügel-, Schenkel- und Sitzeinwirkungen so selbstverständlich gelingen würde, wie die Bedienung von Lenkung, Kupplung und Bremse bei Ihrem Auto?

**Woran erkennt man einen Pferdemenschen mit guten Manieren?**

- Er handelt planvoll und bewusst.
- Im Umgang mit dem Pferd bemüht er sich um eine klare und eindeutige Signalsprache.
- Er akzeptiert die Notwendigkeit von artgerechter, zweckmäßiger Erziehung und Gymnastizierung von Pferden.
- Er nimmt sich die Zeit, sich notwendige handwerkliche Grundfertigkeiten im Umgang vom Boden aus wie vom Sattel anzueignen.
- Er fordert dem Pferd nur bisher Erlerntes ab.
- Er setzt klare, immer gleiche Grenzen.
- Er wählt auch einen für ihn „unbequemeren" Weg, um das vom Pferd erwartete oder gewünschte Verhalten zu erleichtern.
- Er holt sich stets zunächst die Aufmerksamkeit eines Pferdes, bevor er die Ausführung einer Forderung verlangt.
- Er gibt Hilfestellung und motiviert Pferde, indem er gewünschtes Verhalten stets mit Nachgiebigkeit belohnt oder mit Stimme und Hand dosiert lobt.
- Er kennt seine eigenen Leistungsgrenzen und die seines Pferdes.

- Er ist nicht inkonsequent.
- Er handelt nicht emotional unkontrolliert.
- Er verzichtet auf Lock-, Beschwichtigungs- oder Bestechungsversuche wie z. B. stetiges Füttern aus der Hand.
- Er straft ein Pferd nicht.
- Er überrumpelt ein Pferd nicht mit Forderungen.
- Er stört, behindert und irritiert es nicht im Bewegungsfluss oder -takt.
- Er wendet selten Körperkraft an und verzichtet auf Einschüchterungstaktiken oder Zwangsmittel.
- Er überschreitet die eigenen Leistungsgrenzen ebenso wenig wie die seines Pferdes.
- Er handelt nicht planlos.

**Woran erkennt man ein Pferd mit guten Manieren?**

- In der Box oder im Stallbereich verhält es sich ruhig während der Fütterung.
- Zum Auf- und Abhalftern bzw. -trensen senkt es den Kopf so weit ab, bis sich das Maul etwa in Handhöhe befindet. Nun lässt es sich willig Halfter oder Trense anlegen.
- Wird es geführt, so respektiert es den Individualbereich des Menschen. Dieses Verhalten zeigt es jederzeit, auch unter Stress, z. B. bei irritierenden Außenreizen.
- Bei Behandlung durch Hufschmied oder Tierarzt bleibt es ruhig und gelassen, solange es keine Schmerzen hat.
- Es lässt sich ohne Widerstand oder Aufregungen Wurmkuren und Impfungen verabreichen.
- Es lässt sich willig auf einen Pferdehänger führen oder geht sogar selbstständig hinauf und hinunter.
- Es steht am Anbindeplatz ruhig und gelassen, es kaut nicht am Anbindeseil herum oder versucht gar sich loszureißen.
- Beim Auf- und Absitzen steht es ruhig und wartet ab, bis es aufgefordert wird, sich zu bewegen, ganz gleich, ob der Reiter eine Aufsitzhilfe verwendet oder nicht.
- Es ist sowohl in der Bahn als auch im Gelände an leichten Impulshilfen in allen Gangarten zu dirigieren und zu kontrollieren.
- Es bleibt mit seiner Aufmerksamkeit auch in Ausnahmesituationen beim Reiter und lässt sich auch dann noch ohne Kraftaufwand kontrollieren.

- Es ist nicht ungeduldig sondern wartet ab, es gibt auf weiche Signale und Hilfen hin willig nach und verhält sich aufmerksam, motiviert und kooperativ.
- Es versucht beim Führen nicht, den Menschen zu überholen, zu bedrängen, an ihm zu ziehen oder sich hinterherziehen zu lassen.

*Die Gelassenheitsprüfung (GHP) ist ein sinnvolles Etappenziel für Pferd und Reiter. Mit der The Gentle Touch-Methode wird in einzelnen Schritten durch sorgfältig und sicher gestaltete Übungen eine Hilfestellung gegeben, um Stress- und Risikosituationen kontrolliert zu bestehen.*

## Harmonie mit dem Pferd lernen

Wäre es nicht schön, wenn Sie sich auf einen entspannten Ausritt mit Ihrem Pferd freuen könnten, in dem festen Bewusstsein, dass weder andere, Unruhe stiftende Pferde noch „Traktormonster", „Plastikfoliengespenster" oder Ähnliches aus Ihrem Freizeitpartner ein schweißtriefendes Nervenbündel werden lässt?

Ein Pferd mit guten Manieren erkennt man an drei W`s: Warten, Weichen, Willigkeit. All das ist das Resultat einer entsprechenden Erziehung. Es wird solche einmal erlernten Verhaltensweisen nicht vergessen. Bei nachlässigem Umgang jedoch wird es diese guten Manieren nach und nach verlieren und durch ungeregeltes Verhalten ersetzen. Wieder an das einmal Erlernte erinnert, wird es aber in der Regel erneut bereit sein, das ursprüngliche Wohlverhalten anzubieten und bei entsprechenden Umgangsformen der Menschen in seinem direkten Umfeld zu erhalten. Würden Sie sich nicht auch besser fühlen, wenn man in Ihrer Stallgemeinschaft weniger über Ihre Unzulänglichkeiten lästern würde, Sie dafür aber wegen Ihres einfühlsamen und lockeren Reitens besser akzeptierte?

## Wege zur Verständigung

Dieses Ziel können Sie mit dem Wissen um die wahre Natur und das Wesen der Pferde, mit den Mitteln der Verständigung und einer entsprechenden reiterlichen Grundeinstellung erreichen. Aus Verständigung wächst das Verständnis, und daraus entwickeln sich gegenseitiger Respekt und Vertrauen. Der Schlüssel für ein harmonisches Miteinander vom Boden, vom Sattel oder sogar vom Kutschbock aus ist die Verständigung. Gewöhnung, Erziehung, Wiederholung, Technik und Ausrüstung sind wichtige Elemente in der Ausbildung. Doch nur, wenn sie zur Verständigung eingesetzt werden, erzielt man die optimale Wirkung: Ihr Pferd versteht nun Ihre Forderungen und Ideen. Es begreift Zusammenhänge und beginnt aus der Erkenntnis heraus mitzuarbeiten. Ihre Idee wird damit auch zu seiner Idee.

Gelingt es Ihnen, dieses Ziel mit dem geringsten Widerstand, Aufwand an Kraft, Zeit oder Material zu erreichen und zu erhalten, so kann man von Harmonie sprechen. „Wo kann man etwas darüber lernen?", werden Sie jetzt vielleicht fragen.

Zum Glück gibt es ja eine umfassende Reitlehre. Sie ist in Hunderten von Büchern beschrieben, sie wird in circa 7 000 Vereinen und mindestens ebenso vielen Reitbetrieben seit Generationen gelehrt. Sie belegen dort einige Unterrichtsstunden, um mit dem Wesen der Pferde vertraut zu werden. Sie erwarten Informationen und Anleitung, um zu lernen, wie man eine Verständigungsgrundlage zu Pferden herstellt und sie möchten auf dem Rücken dieser Tiere sicher und locker sitzen lernen. Werden Ihre Erwartungen erfüllt? Viele Reiterinnen und Reiter, mit denen ich in den letzten drei Jahrzehnten Kontakt hatte, wurden enttäuscht und suchten anderweitig nach Lösungen.

## *Ein strukturelles Problem*

Bis vor einigen Jahren konzentrierte sich die offizielle Deutsche Reitlehre der FN in Bezug auf die reiterliche Ausbildung nur auf das Vermitteln von „richtigem" Sitz und „richtiger" Hilfengebung. Entsprechend wurde in den Reitschulen und -vereinen unterrichtet.

Die Reitschüler werden oft auch heute noch sehr früh in die Rolle eines Bereiters gezwängt, der ein Pferd gymnastizieren und aktivieren, es also schulen soll. Dabei orientiert man sich generell an der so genannten Skala der Ausbildung von Reitpferden.

In dieser Ausbildungsskala sind in sechs Punkten Eigenschaften und Voraussetzungen benannt, die für eine pferdegerechte Ausbildung maßgeblich sind. Ihre Umsetzung soll vom Sattel aus mit reiterlichen Einwirkungen, den so genannten „Hilfen" erfolgen. Diese sehr speziellen und nicht dem natürlichen Bewegungsrepertoire eines Menschen entnommenen Bewegungsmuster mit Händen, Beinen und Becken sind die einzigen Mittel der Verständigung neben einem gelegentlichen Stimmgebrauch zwischen Mensch und Pferd, die die Reitlehre der FN anbietet.

In der Theorie dieser Reitlehre wird stets unterstellt, dass eine Reiterin oder ein Reiter dieses Bewegungsrepertoire beherrscht. Er muss also „reiten können", wenn er mit einem Pferd im Sinne der Deutschen Reitlehre arbeiten will. Im Reitunterricht sollen solche Fähigkeiten auf Schulpferden erworben werden. Ein Reiter müsste aber eine langjährige, intensive reiterliche Ausbildung, vergleichbar der einer Berufsausbildung durchlaufen, um die Fähigkeit zu einer solch perfektionierten Hilfengebung zu erlernen. Das Erarbeiten einer umfassenden Verständigungsgrundlage vom Boden aus, die sowohl Mensch wie auch Pferd auf das System der Hilfengebung vom Sattel aus vorbereitet, wird von der FN noch nicht angeboten.

Eine umfassende Anleitung zur Erziehung von Reitpferden im Bereich der Bodenarbeit und die entsprechenden Lernprogramme für die angehenden Pferdeleute und Reiter gibt es ebenso wenig. Somit werden 90 Prozent aller Reiterinnen und Reiter mit der Frage alleingelassen, wie die Voraussetzungen für die Umsetzung und korrekte Anwendung der Ausbildungsskala geschaffen werden können. Für sie entsteht damit eine Verständigungslücke.

Denn um nur die drei ersten Punkte dieser Ausbildungsskala korrekt bei einem Pferd zu erreichen (Takt, Losgelassenheit und Anlehnung) sind Verständigung, Vertrauen und Gehorsam beim Pferd Voraussetzung. Hier klafft eine große, nahezu unüberbrückbare Lücke zwischen den tatsächlichen, reiterlichen Fähigkeiten der meisten Reiter und dem Anspruch der Reitlehre. Sie können Takt, Losgelassenheit und Anlehnung im Sinne der Reitlehre nicht allein vom Sattel aus auf dem jeweiligen Pferd erarbeiten.

**INFO**

**Gute Schulpferde sind selten**
Ein weniger geübter Reiter muss das notwendige Reitgefühl für den „richtigen" Sitz und die korrekte Hilfengebung auf dem Rücken eines gehorsamen, optimal geschulten Pferdes (daher kommt der Begriff „Schulpferd") erlernen. Ein noch unregelmäßig, steif und unaufmerksam agierendes Pferd braucht die Ausbildung eines erfahrenen Bereiters. Auf dieser Voraussetzung gründet die Theorie der Deutschen Reitlehre.
Die Realität sieht aber anders aus. Für die Mehrzahl aller Reiterinnen und Reiter stehen keine leichtrittigen, gehorsamen und weich zu sitzenden Schulpferde als vierbeinige Lehrer zur Verfügung, auf denen sie individuell das richtige Reitgefühl erlernen können.
Ein Lehrprogramm, das sie da abholt, wo sie tatsächlich stehen, wird ihnen eher selten angeboten.

Sie benötigen Hilfestellung, um auf und mit weniger optimal ausgebildeten Pferden zu lernen. Ob es nun Reitschulpferde oder eigene sind, oft sind sie in Tempo und präziser Linienführung noch sehr unregelmäßig. Sie sind nicht genügend ausbalanciert und geschmeidig. Sie reagieren abgestumpft oder gar widerwillig auf die reiterlichen Einwirkungen. Sie sind häufig unaufmerksam, abgelenkt oder gar schreckhaft. Sie kleben an anderen Pferden oder zeigen Drohverhalten und sind deshalb in der Gruppe nicht kontrolliert zu reiten. Man könnte also sagen, in der Vorstufe zum gängigen Reitunterricht fehlt ein Ausbildungsmodul. Dieses Modul müsste die Verständigungs- und Erziehungsgrundlagen zwischen Pferd und Reiter zum Thema haben, damit die notwendigen Voraussetzungen bei Mensch und Pferd geschaffen werden, welche die Deutsche Reitlehre voraussetzt.

## *Die Gelassenheitsprüfung – ein guter Anfang*

Eine Organisation wie die FN entwickelt sich langsam weiter. So hat man seit geraumer Zeit die Problematik erkannt und sucht nach Lösungsansätzen. Zwar hat man derzeit immer noch keine Ausbildungsanleitung zu diesem Thema erarbeitet, aber es wurde im Jahre 2003 eine Prüfung mit dieser Thematik im Bereich des so genannten Breitensports geschaffen. In der „Gelassenheitsprüfung" (GHP) werden die Umgangsformen und der Gehorsam eines Pferdes an der Hand und seit 2006 auch unter dem Reiter in Form einer Parcoursprüfung geprüft, vergleichbar einer Trailprüfung beim Westernreiten. Solche Prüfungen können als Maßstab herangezogen werden, um wünschenswerte Verhaltensmuster und Eigenschaften bei Freizeitpferden zu definieren. Auf diese Weise entwickelt sich im Bewusstsein der Pferdeleute vielleicht nach und nach eine einheitliche Vorstellung darüber, welche Formen der Verständigung, der Vertrauens- und Selbstvertrauensbildung und des Gehorsams bei Pferden zweckmäßig und notwendig sind. Damit würde auch ein Bewusstsein dafür wachsen, welche der weit verbreiteten Gewohnheiten oder Gepflogenheiten sowohl bei Menschen wie bei ihren Pferden in die Kategorie „schlechte Manieren" oder gar „gefährliches Verhalten" gehören.

Doch damit ist der zweite Schritt vor dem ersten getan. Man bietet einen Wettbewerb oder eine Prüfung mit hohem Stress- und Risikopotential für weniger geübte und geschulte Reiterinnen und Reiter an, ohne vorher den Lernweg für Mensch und Pferd zu beschreiben und zu vermitteln. So sehr dieser Schritt der FN zu begrüßen ist, mit der bisherigen Form der Gelassenheitsprüfung werden meiner Meinung nach die vielfältigen, positiven Möglichkeiten, die dieser Thematik innewohnen, noch nicht umfassend genutzt. Vor allem die systematische Schulung der Pferdeleute zu sinnvollen und pferdegerechten Verhaltensformen wird nicht thematisiert. Die GHP hat bisher den Charakter einer Gewöhnungsarbeit, die den Grad der angeborenen Gelassenheit eines Pferdes verdeutlicht. Die Möglichkeit, allen Pferdeleuten einen Weg zu einer zielgerichteten Verständigungs- und Erziehungsarbeit aufzuzeigen, muss noch geschaffen werden. Die Bedeutung von Erziehung und Gehorsam in der Beziehung zwischen Mensch und Pferd bleibt in der Deutschen Reitlehre weitgehend unberücksichtigt.

Die meisten Reiterinnen und Reiter haben in Bezug auf den Gehorsam ihrer Pferde ein gespaltenes Verhältnis. Sie erwarten, dass sie ihren Willensbekundungen gegenüber stets aufmerksam reagieren und diese auch dann richtig interpretieren und widerstandslos umsetzen, wenn sie nicht eindeutig übermittelt werden. Das sollen die Tiere auch dann tun, wenn es anstrengend oder unangenehm ist oder ihren Instinkten widerspricht.

Andererseits empfiehlt die Deutsche Reitlehre, dieses Ziel durch Gewöhnung mit viel Liebe und Geduld zu erreichen, eine Empfehlung, die einen aktiven, systematischen Lernprozess ausschließt. Entsprechend hilflos reagieren Reiter bei ungehorsamem Verhalten von Pferden. Nicht selten ist das letzte Mittel, um die Kontrolle nicht zu verlieren oder sie wiederzugewinnen, der Zwang in Form von Kraftanwendung, Gewalteinwirkung oder Bestrafungsaktionen. Also das Gegenteil von Liebe und Geduld.

## Mentale Schulung

Gehorsam als Resultat eines systematischen Lernprozesses führt zu einer willigen, aus Einsicht geborenen Bereitschaft des Pferdes, sich auf die Einflüsse und Einwirkungen zu konzentrieren, mit denen der Mensch seinen Willen zum Ausdruck bringt. Er schließt die Bereitschaft des Pferdes ein, auch dann seinem Willen zu entsprechen, wenn das mit Unbequemlichkeiten und Anstrengungen verknüpft ist oder sogar Verhaltensweisen beinhaltet, die einem Pferd eher fremd oder gar suspekt sind. Diese Bereitschaft stellt sich nur ein, wenn Gehorsam nicht erzwungen wird. Er muss sich vielmehr als Resultat von Einsicht in Zweckmäßigkeiten und Notwendigkeiten einstellen. Dadurch wird sich die Empfindung des fremdbestimmten Handelns reduzieren und durch eigenmotiviertes Handeln ersetzt werden. Der Gehorsam wird auf diese Weise nicht zu einer Reduzierung des Selbstvertrauens und des Vertrauens führen, sondern zu einer Festigung.

Bei der Ausbildung von Reitpferden unabhängig von ihrem Verwendungsbereich gilt vertrauensvoller, williger Gehorsam als ein wichtiges Ziel. Es ist ein wesentliches Merkmal eines gut geschulten Reitpferdes, dass es die Fremdbestimmung durch den Menschen als ganz selbstverständlich akzeptiert, ohne dass das für das Tier mit negativem Stress verbunden ist. Es liegt deshalb aus ethischen und tierschutzrechtlichen Aspekten in der Verantwortung des Menschen, bei der Reitpferdeausbildung nicht nur der körperlichen Gymnastizierung, sondern

*Willig mitarbeitende und gehorsame Pferde sind das Resultat eines systematischen Lernprozesses. Der beginnt am besten mit einem gut durchdachten Führtraining, bei dem der Mensch in die Rolle des Herdenpartners schlüpft.*

auch der mentalen Schulung, also der Erziehung zum zwanglosen Gehorsam, genug Augenmerk zu schenken. Wenn dieser Aspekt zukünftig auch in der Reiterausbildung der FN mehr berücksichtigt würde und wieder Eingang in die Deutsche Reitlehre fände, wäre das zu begrüßen.

Es erscheint mir sinnvoll, ein umfassendes und richtungweisendes Lern- und Ausbildungsprogramm zu schaffen, in dem diese Inhalte dann systematisch vermittelt werden. Eine Richtlinie für die systematische Erziehung von Pferden, die Vertrauens-, Verständigungs- und Gehorsamsübungen methodisch geordnet aufzeigt und an der sich alle Pferdeleute orientieren könnten, fehlt also nach wie vor.

Bei einer solchen Leitlinie sollten die natürlichen Lern- und Verhaltensmuster der Pferde berücksichtigt werden. Sie müsste auch konkrete Lerninhalte anbieten, mit denen die notwendigen Bewusstseins- und Verhaltensänderungen bei den Menschen erreicht werden. Die Übungsinhalte sollten auf die tatsächlichen Rahmenbedingungen heutiger Freizeitreiter abgestimmt sein und universell für alle Pferdebereiche als Grundlage dienen. Die Zielsetzung sollte eine bessere Verständigung zwischen Mensch und Pferd sein. Die praktischen Übungen sollten nicht so sehr auf dem Prinzip der Gewöhnung beruhen, sondern Lernsituationen mit Erkenntniswert für Mensch und Pferd zum Inhalt haben. Dabei könnte man auf bewährte, traditionelle Techniken zurückgreifen, wie sie in unterschiedlichen Bereichen der Pferdehaltung und des Reitens schon praktiziert wurden.

## Wo lernt man – wie lernt man – wie handelt man?

Solange keine anderen Voraussetzungen geschaffen sind, wird es mit den gängigen Methoden der Basisausbildung von Reiterinnen und Reitern in den Vereinen und Reitschulen selten gelingen, einen wirklich harmonischen, freundlichen und kontrollierten Umgang zwischen Mensch und Pferd auf breiter Basis zu erreichen.

Ich bin in den letzten 25 Jahren viel herumgekommen. Meine Kurse und Seminare, in manchen Jahren waren es mehr als 30 Wochenenden im Jahr, führten mich in die unterschiedlichsten Reitställe oder Reitbetriebe überall in Deutschland und im Ausland. Ich konnte mir also einen Eindruck quer durch die unterschiedlichen Strukturen bilden, hatte Gelegenheit, viele Gespräche zu führen und Meinungen zu hören. Aus meiner Perspektive betrachtet gleicht die Situation vieler Reiterinnen und Reiter, deren Pferdeaktivitäten sich ausschließlich auf einen Reitbetrieb konzentrieren, ein wenig einem Leben in einem Tunnel oder zumindest in einem Hinterhof mit hohen Mauern ringsherum. Das reale Bewusstsein für die Vielfalt der Möglichkeiten im Zusammenleben mit Pferden ist bei ihnen stark reduziert. Denken Sie einmal kurz selbst darüber nach und bilden Sie sich ein Urteil.

Kennen Sie das Leben mit Pferden außerhalb eines Reitbetriebes aus eigener Erfahrung oder eigenem Erleben? Wie viel Zeit verbringen Sie mit Ihrem Pferd in der Natur, in abwechslungsreichem Gelände? Wie viele Kilometer legt Ihr Pferd draußen in ruhigem Schritt oder gemütlichem und lockerem Trab zurück? Haben Sie ein Auge und ein Gefühl für die Körpersprache der Pferde entwickelt und können auch kleine Zeichen präzise deuten, während sie den Tieren zuschauen, wenn sie unter ihresgleichen sind?

Vielleicht gehören auch Sie zur großen Zahl der Reiter, die solche Eindrücke nur aus „zweiter Hand“, also hauptsächlich aus Erzählungen, Magazinen, Büchern oder Filmen kennen. Koppel, Paddock, Box, Stallgasse und Reitbahn, darauf beschränkt sich das Leben der meisten Pferde und Reiter heute. Die Tatsache, dass diese Situation inzwischen der Normalzustand geworden ist, verdrängt die Einsicht, dass diese Rahmenbedingungen für Pferde stets einen eingeschränkten, nicht optimalen oder artgerechten „Ausnahmezustand“ darstellen. Bei Pferdehaltung und Pferdesport auf breiter Basis stehen nun einmal die Bedürfnisse der Menschen aus wirtschaftlichen, funktionalen oder auch pragmatischen Gründen allzu häufig im Vordergrund.

*Pferde sind in der Natur am besten aufgehoben. Dort stellen sich ihnen vertraute Aufgaben. Hier lässt sich gute Teamarbeit zwischen Pferd und Reiter leichter entwickeln.*

*Das Leben vieler Pferde findet nur zwischen Paddock, Box, Stallgasse und Reitbahn statt. Im Bewusstsein vieler Reiter wird das als Normalzustand angesehen. Doch das Zusammenleben mit Pferden hat viel mehr zu bieten. Die The Gentle Touch-Methode zeigt Wege zu mehr Abwechslung und Vielfalt.*

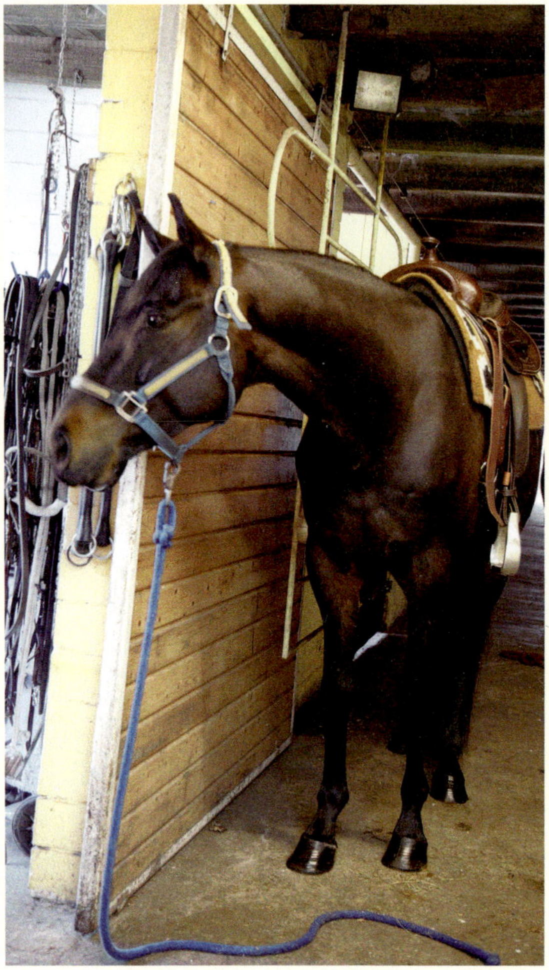

Pferde sind aber in der freien Natur am besten aufgehoben. Reiten fand in der Vergangenheit zum größten Teil im Freien und in der Natur statt. Dort gehört das Pferd eigentlich hin, dort fühlt es sich wirklich wohl. Wanderritte in abwechslungsreichem Gelände entsprechen dem Naturell des Pferdes am meisten.

Erst in den letzten Jahrzehnten wurden vermehrt die Reithalle und der Reitstall das bevorzugte „Spielfeld" der Hobby- und Sportreiterei. Die „Dressur" des Pferdes als Dauerzustand wurde zur Selbstverständlichkeit erklärt. In diesem modernen System ist der Bezug zur Pferderealität, wie sie Pferdeleute vor einigen Generationen gehabt haben, nahezu komplett verloren gegangen. Zwar gibt es erfreulicherweise immer mehr Ausbildungsbetriebe, in denen Reitanfänger behutsam und freundlich an die Pferde herangeführt werden, doch es ist nach wie vor verbreitet, dass Reiterinnen und Reiter von den ersten Reitstunden an in die Rolle des „Dresseurs" oder „Dressurreiters" gedrängt werden. „Nimm dein Pferd mal mehr ran", „Setz dich mal mehr durch und sei nicht so zimperlich!", „Mehr treiben, Kreuz ran und vorwärts", „Nimm die Zügel stärker an", „Hau' ihm mal eins mit der Gerte drauf, dann spurt er auch"... wem klingen solche und ähnliche Kommandos oder Aufforderungen mancher Ausbilder nicht in den Ohren.

Denken Sie einmal darüber nach: Reiter, denen das Wesen eines Pferdes noch fremd ist, die noch nicht sicher in der Balance sind, die weder locker sind noch ihre Bewegungen koordinieren können, werden aufgefordert, einem Pferd etwas abzuverlangen, was es offensichtlich nicht versteht oder nicht ausführen kann. Erscheint Ihnen das wirklich sinnvoll? Ist das vernünftig? Sind solche Zustände nach Ihrer Erfahrung die Ausnahme oder die Regel? Diese Form des Reitunterrichts ist leider immer noch zu sehr verbreitet in der Mehrzahl der Reitställe.

Dabei werden von den jeweiligen Ausbildern, die so verfahren, die grundlegenden Ausführungen der Deutschen Reitlehre missachtet. Ein Reitschüler, der eigentlich noch das passiv angepasste Reiten, das Erfühlen der Bewegungen, die Balance und die Lockerheit auf dem Pferderücken erlernen sollte, wird zum aktiven Dressurreiten aufgefordert.

## Die Basis für formendes Reiten

Die Voraussetzungen, über die Reiter verfügen sollten, wenn sie aktiv formend einwirken möchten, um ein Pferd zu gymnastizieren, sind klar definiert: Man setzt bei ihnen einen balancierten, unabhängigen, anschmiegsamen und in der Einwirkung feinmotorisch abgestimmten Sitz voraus. Die Zügelführung muss weich und nachgiebig sein und der Reiter genügend Körpergefühl entwickelt haben, um fein abgestuften und wohl platzierten Schenkeldruck auf das Pferd übertragen zu können. Ja, er muss sogar fühlen können, ob sein Pferd sich unter ihm „richtig" bewegt oder nicht und in der Lage sein, auf jede Bewegungsphase abgestimmt und auf

*Wer mit seinem Pferd aktiv formend arbeiten möchte, muss ein gut entwickeltes Gefühl und einen lockeren, ausbalancierten Sitz haben.*

jedes Pferdebein gezielt einzuwirken und Veränderungen, positiv wie negativ, sofort zu spüren. Solche Fähigkeiten müssten in allen Gangarten beherrscht werden. Ist das nicht der Fall, so kann ein Reiter nicht erwarten, dass seine aktiv auf ein Pferd einwirkenden Hilfen verstanden werden. Solche Einwirkungen tragen somit auch kaum zur Verbesserung des Bewegungsverhaltens und des Gleichgewichts bei. Nach meinen Beobachtungen erfüllen diese reiterlichen Voraussetzungen bei sehr kritischer Betrachtung nicht einmal zehn Prozent aller Reiter in Deutschland. Bei eineinhalb Millionen Reitern bleiben sehr viele übrig, die mit den Anforderungen des Dressurreitens schlicht überfordert sind. Auf Seite 168 können die vier Stufen der reiterlichen Entwicklung nachgelesen werden. Aus dieser Problemstellung und Notwendigkeit heraus habe ich eine große Anzahl von praktischen Hilfsübungen ins Repertoire der The Gentle Touch-Methode aufgenommen. Sie bietet sowohl bei der Bodenarbeit wie im reiterlichen Bereich besondere Übungen, um das Körpergefühl der Reiter, das Wahrnehmen ebenso wie das Einwirken, zu schulen.

So wird z. B. vermittelt, im Schritt und Trab die Schwebephasen einzelner Pferdebeine, besonders des jeweiligen inneren Hinterbeins, zunächst durch Hinschauen, dann durch das Sitzgefühl zu bestimmen. So lernt der Schüler dann, Schenkelimpulse genau abgestimmt auf diese Bewegungsphasen im Takt der Gangart zu geben (vergleiche Seite 144f.) Damit wird er in die Lage versetzt, sowohl auf die Trittlänge wie auch auf das energischere Abfußen motivierend einzuwirken. Mit solchen Übungen kann die Problematik noch unzureichender Reittechnik schnell und effektiv ausgeglichen werden.

## *Leichter zum Ziel gelangen*

Um zu feinerem und kultiviertem Reiten zu gelangen, ist eine gefühlvolle Hilfengebung wichtig. Gefühl stellt sich bei Reiterinnen und Reitern in der Regel erst nach und nach durch langjährige, häufig mit frustrierenden Erlebnissen und Erfahrungen verknüpfte Praxis ein. Der hauptsächlich intuitive Lernprozess beruht dann im Wesentlichen auf diesen Erfahrungen und formt entsprechende Gewohnheiten. Dieser lange Lernprozess kann deutlich erleichtert und verkürzt werden, wenn beim Reiten durch zweckmäßige, zielgerichtete und methodisch miteinander verknüpfte Lernübungen ein klareres Bewusstsein für die Zusammenhänge entwickelt und verfeinert wird. Bewegungsverhalten lässt sich durch Sehen, Berühren und langsames Erproben besser verstehen. Was wir verstehen, das können wir leichter umsetzen. Was wir leicht umsetzen, das gibt uns Sicherheit und wird schnell zur Gewohnheit.

Aus diesem Grunde werden in der The Gentle Touch-Bodenarbeit das Bewusstsein für fundamentale Prinzipien kontrollierten, einfühlsamen Reitens geformt und erste Grundlagen von Takt- und Bewegungsgefühl vermittelt. Dieses Bewusstsein, dass Signale und Hilfen ein Mittel kraftfreier Signalgebung und Verständigung sind, legt das Fundament zu späterer, feiner Hilfengebung und schafft die Voraussetzungen für Harmonie und Leichtigkeit. Auch präzises Linienbewusstsein und gleichmäßige (geraderichtende) Muskeltätigkeit durch Körperkoordination wird in zweckmäßigen, interaktiven Übungen beim Menschen wie bei den Pferden entwickelt. In ruhigen, langsamen und klar definierten Lektionen unter dem Reiter werden diese Grundfertigkeiten dann gefördert. Auf diese Weise lassen sich ursprünglich hartnäckige Probleme verblüffend einfach lösen.

Um das Prinzip der Leichtigkeit zu erlernen eignen sich folgende Techniken und Übungen der The Gentle Touch-Methode:

- Arbeit am Leitseil (vergleiche Seite 106f., 118ff.),
- Arbeit an der Hand (vergleiche Seite 122f.),
- Das Ampelprinzip (vergleiche Seite 129f.),
- Kontakt ohne Vertrauensverlust (vergleiche Seite 136f.),
- Balancehaltung und funktionale Haltung (vergleiche Seite 132ff.),
- Taktmäßige Einwirkungen (vergleiche Seite 144f.).

*Im Rahmen der vielfältigen Bodenschule lernen die Pferde, sich nicht durch Außenreize ablenken zu lassen oder zu erschrecken. Damit kommen sie zur nötigen Gelassenheit für eine störungsfreie und konzentrierte Arbeit unter dem Reiter.*

Eine andere in der Praxis sehr verbreitete Meinung geht davon aus, man müsse einem Pferd in jeder Reitstunde neue Leistungssteigerungen oder Gymnastizierungsfortschritte abringen. Dabei ist vollkommen in Vergessenheit geraten, dass die Dressurausbildung eigentlich stets nur ein vorübergehender Zeitabschnitt im Leben eines Pferdes war. Als Folge all dieser Entwicklungen im Reitsport, Breitensport und in der Freizeitreiterei hat sich eine Grundeinstellung im Bewusstsein sowohl der Ausbilder wie der Reiterinnen und Reiter gefestigt, die jeden Reiter zum Pferdeausbilder macht, obwohl die wenigsten die dafür notwendigen Voraussetzungen erfüllen. Die Folgen dieser kollektiven, reiterlichen Überforderung können wir allerorten besichtigen, wenn wir uns nur die Mühe machen, im Land herumzureisen und einen Blick in die Reithallen werfen. Und nun habe ich eine Bitte an Sie, liebe Leserinnen und Leser: Holen Sie sich die letzten Reit- oder Übungsstunden noch einmal in die Erinnerung zurück und lassen sie vor Ihrem geistigen Auge noch einmal Revue passieren. Haben Sie nicht auch von Ihrem Pferd etwas gefordert, es korrigiert, es energischer „angefasst“ oder es sogar gestraft, ohne sich zu fragen, ob Ihr Pferd Ihre Forderungen überhaupt verstanden hat, ob es überhaupt in der Lage war, Ihren Wünschen nachzukommen? Haben Sie sich ernsthaft gefragt, ob Sie es vielleicht verwirrt haben, behindert oder gestört? Haben Sie es möglicherweise durch Ihre eigene Unsicherheit noch mehr verwirrt, als es schon war? Haben Sie Ihre Handlungen überprüft und sich darauf konzentriert, Ihre Fehler zu erkennen und dann so lange daran gearbeitet, bis Sie sie abstellen konnten? Oder haben Sie getan was fast alle tun? Haben Sie einfach versucht, die Reitlehre oder die Anweisungen des Reitlehrers auf Ihre Weise irgendwie zu interpretieren? Endete es nicht wieder einmal damit, dass Sie die gewünschten Lektionen durch „Ziehen“ und „Drücken“ umsetzen wollten? Und haben Sie das dann als Dressurreiten bezeichnet?

Tatsächlich waren das aber unzulängliche Versuche, reiterliche Fähigkeiten zu erlernen. Es war keine dressurmäßige Gymnastizierung zum Wohle und Nutzen Ihres Pferdes. Es gehört schon eine gute Portion an Selbstkritik und Realitätssinn dazu, sich das einzugestehen. Der Begriff Dressurreiten ist in aller Munde und verleitet zu den unterschiedlichsten Interpretationen. Deswegen ist es wichtig für jeden Reiter, sich mit dem Sinn, der hinter diesem Begriff steht, einmal näher auseinanderzusetzen.

**INFO**

**Ursprung der Dressurausbildung**

Ursprünglich stand das Wort „Dressur“ für eine Pferdeausbildung, die hauptsächlich drei Zielsetzungen verfolgte:

- das Pferd erlernte durch Erziehung andere Verhaltensmuster, als die ihm angeborenen, und es erlernte die Verständigungsgrundlage zwischen Mensch und Pferd,
- es erlernte systematisch die Bewegungsabläufe (Körperkoordination), die es in seiner endgültigen, praktischen Verwendung ausführen sollte,
- durch zweckmäßige Gymnastizierung entwickelte es darauf aufbauend Kraft, Ausdauer und Geschmeidigkeit, damit es ihm möglich wurde, seine Aufgaben mit Leichtigkeit und in körperlicher Unversehrtheit langfristig auszuführen.

Im deutschen reiterlichen Sprachgebrauch wird der Begriff Dressurreiten in der Praxis mit einer bestimmten Art der Pferdeschulung verknüpft, nämlich jener, die ein Pferd für die in der Sportreiterei populär gewordenen Dressurprüfungen vorbereitete. In der Wortkombination „Klassische Dressur“ bekommt er zwei Bedeutungen: Erstens wieder die des Dressur-Begriffs in seiner alltäglich praktizierten Form des Sportreitens; zweitens soll damit zum Ausdruck gebracht werden, dass man den Prinzipien „alter Meister“,

*Eine zwanglose, unverkrampfte Lockerheit bei Reiter und Pferd ist die wichtigste Voraussetzung für jegliche sinnvolle Dressurarbeit. Dabei müssen die individuellen Besonderheiten jedes Pferdes jederzeit berücksichtigt werden.*

beginnend mit dem Griechen Xenophon, folgen will, die in ihren Schriften eine natürliche und gewaltlose Schulung propagiert haben. Deren Zielsetzung durch die unterschiedlichen Epochen war stets auch das Reiten in höherer Versammlung.

Der Begriff „Klassische Dressur" wird auch mit dem Anspruch der Reitkunst gleichgesetzt. Dabei bleibt oft unberücksichtigt, dass die Interpretation klassischer Reitkunst in verschiedenen Kulturkreisen und Epochen recht unterschiedliche Schwerpunkte setzte, aber letztlich, um das gleiche Ziel zu erreichen.

## Neue Entwicklungen

Im Zuge der stetigen Spezialisierung und Konzentration auf das Sportreiten hat sich die reale Situation des Reitens in den Vereinen und Reitbetrieben in den letzten 50 Jahren dramatisch verändert, die Reitlehre selbst in ihrer theoretischen Kernaussage hingegen nicht. Ihr Anspruch ist es nach wie vor, das Pferd und seine Bedürfnisse in den Vordergrund allen Handelns zu stellen. Das Streben nach einer harmonischen Beziehung unter Berücksichtigung der natürlichen Bedürfnisse soll Vorrang haben, nicht Ehrgeiz und sportliche Erfolge.

Die tatsächliche Entwicklung vermittelt dem Betrachter ein anderes Bild. Die Sportreiterei ist weitestgehend zu einer künstlichen Welt geworden, in der die Belange der Pferde in den Hintergrund gerückt sind und die Ambitionen der Menschen die Rahmenbedingungen bestimmen. Wer sich einmal die Mühe macht, hinter die Kulissen zu schauen und durch Reitvereine und Reitbetriebe reist oder sich auf Turnieren umschaut, der kann sich davon ein eigenes Bild machen. Jeder Pferdebesitzer, Züchter oder Reiter ist für sein Tun selbst verantwortlich.

Die Menschen haben stets unterschiedliche Vorstellungen in Bezug auf die Nutzung von Pferden gehabt und auch darüber, welchen

Status sie ihnen zugestehen. Letztlich muss jeder Mensch seinen eigenen Standpunkt finden und entsprechend handeln.

Als Fazit bleibt aber festzustellen: Zwischen der Theorie der Deutschen Reitlehre mit ihrem Anspruch an Pferd und Reiter und der Realität im Alltag der organisierten und nicht organisierten Reiterei klafft ein große Kluft. Sowohl die Reiterinnen und Reiter wie die Pferde haben allzu häufig ihre Natürlichkeit verloren oder nicht wiedererlangt. Deutliche Zeichen von Frustration sind weit verbreitet festzustellen. Nicht nur beim Reiten, auch in den einfachsten Formen des Umgangs ist die Grundvoraussetzung für jegliche Entwicklung von echter, natürlicher Harmonie oft verloren gegangen: die zwanglose, selbstbestimmte, unverkrampfte Lockerheit.

## Ohne Entspannung geht es nicht

Doch nur aus einem solchen Zustand können Bewegungsgefühl und Gefühl für die Befindlichkeit des Pferdes erwachsen. Diese Fähigkeit ist die Voraussetzung für die Umsetzung der Prinzipien, wie sie in den Richtlinien für Reiten und Fahren aufgezeigt werden. Stattdessen sind häufig eine ängstliche oder ehrgeizige Verkrampftheit und ein mechanisches Reitverständnis festzustellen. Da dieses Bild sehr weit verbreitet ist, wird der Zustand als „normal“ empfunden und deshalb auch als „richtig“.

Sollten einige der Aspekte, die in dem Übungskasten auf dieser Seite genannt sind, auch auf Sie zutreffen, so müssen Sie nicht resignieren. Es gibt Lösungen dafür.

Ich habe sehr großes Verständnis dafür, dass so viele Reiterinnen und Reiter das Gefühl haben, auf dem richtigen Weg zu sein, auch wenn sie und ihre Pferde unter extrem unnatürlichen Rahmenbedingungen miteinander umgehen. Es ist die einzige Form der Beziehungsgestaltung mit Pferden, die sie kennen gelernt haben. Für die Pferde, denen die Rolle des Freizeit- oder Sportpartners in diesem Umfeld und unter diesen Umständen zugewiesen wird, hat das allerdings nachhaltige Konsequenzen. Ihr natürliches, angeborenes Verhalten und ihre Vitalität wird durch die Verhaltensweisen ihrer Reiterinnen und Reiter und durch die haltungsbedingten Einflüsse einschneidend verändert.

## Ursachen erkennen

Da ist dann von Problemverhalten, zeitweiligem Kontrollverlust, zu viel Temperament, Schreckhaftigkeit oder aber von Sturheit, Faulheit oder Frechheit die Rede. Man stellt Vermutungen an, welche Ursachen dafür in Frage kommen. Da werden täglich neue Krankheitsbilder diagnostiziert, und Tierarzt, Osteopath, Homöopath und Pferdepsychologen sind ebenso gern in der Rolle eines Retters in der Not beliebt wie in der als Versager, wenn sie die gewünschten „Wunder“ nicht vollbringen können.

### TIPP

**Ändern Sie die Rahmenbedingungen für Ihr Reiten!**

**Überprüfen Sie Ihre innere Einstellung sachlich und objektiv!**
- Sind Sie eventuell zu ehrgeizig?
- Haben Sie unrealistisch hohe Erwartungen an sich selbst oder Ihr Pferd?
- Reiten Sie planlos und ohne klares Konzept?
- Experimentieren Sie viel und probieren mal dies und mal das aus?

**Überprüfen Sie Ihr eigenes Verhalten und Ihre Gewohnheiten!**
- Sind Sie ungeduldig?
- Sind Sie inkonsequent?
- Sind Sie unsicher oder ängstlich?
- Ist Ihre Körperhaltung (Körpersprache) im alltäglichen Umgang klar und eindeutig?
- Weist Ihre reiterliche Grundhaltung Steifheiten, Blockaden oder gar deutliche Fehlhaltungen auf?

**Wie steht es um die Manieren Ihres Pferdes im Umgang oder unter dem Reiter?**
- Ist es häufig unaufmerksam oder abgelenkt?
- Ist es unsicher oder ängstlich?
- Ist es unlustig oder gar widersetzlich?
- Läuft es steif, schief oder schwunglos?
- Reagiert es unsensibel auf Schenkel und Zäumung?

Geht es darum, Ursachen für mangelnde Kooperationsbereitschaft oder Leistungen der vierbeinigen Freizeitpartner zu benennen, dann sind sehr schnell Erklärungen in großer Vielfalt präsent. Es fehlt auch nicht an langatmigen Schilderungen darüber, was die „bösen" Vorbesitzer alles verbrochen haben oder welche anderen Umstände zu einer nachhaltigen Traumatisierung der Pferde führten.

Die Mittel zur Korrektur sind dann entweder mehr Druck oder unendliche „Liebe" und Unmengen von Leckerlis; die Heilung der körperlichen Folgen wird an die Fachleute delegiert. Reitlehrer, Tierärzte, Therapeuten, sie alle sind Dienstleister und leben letztlich vom Geld und der Gunst ihrer Kunden, also handeln sie oft nach dem Grundsatz: Der Kunde hat immer Recht. So kommt es, dass Laien die Entscheidungen der Fachleute maßgeblich mit beeinflussen. Diese Handlungsweise ist ebenso verständlich wie sie nachteilig für die Pferde ist.

Selten wird die Möglichkeit in Erwägung gezogen und deutlich angesprochen, dass Besitzer und Reiter selbst durch die Gestaltung der Rahmenbedingungen und durch ihre täglichen Verhaltensweisen, Umgangsformen und Einflüsse maßgeblich für das aktuelle Verhalten der Pferde und ihren Zustand in körperlicher wie seelischer Beziehung verantwortlich sind.

## *Pferdeverstand und Gefühl*

An dieser Stelle möchte ich Ihnen, liebe Leserinnen und Leser, eine Frage stellen: Wie oft war in Ihren Gesprächen über Pferde in der letzten Zeit die Rede davon, was alles nicht funktioniert hat, was schief gegangen ist, was man sich besser gewünscht hätte, was man nicht verstanden hat oder sich nicht erklären konnte? Wie oft wurde mit Häme über die Fehler oder Probleme eines anderen hergezogen? Kommen Ihnen da einige Begebenheiten in den Sinn?

Wenn von all diesen alltäglichen Problemen die Rede ist, da mangelt es dann auch nicht an guten Ratschlägen von „Experten". Doch wie oft findet eine ehrliche, freundliche Hilfestellung ohne Hintergedanken und Eigeninteressen statt, die den Problemen wirklich auf den Grund geht und sie dauerhaft löst? Wie oft haben Sie selbst zum wiederholten Male gehört, was Sie falsch machen, ohne dass man Ihnen zeigt, wie es richtig geht und Sie Gelegenheit bekommen, es dann selbst richtig zu machen? Wenn Sie über diese Fragen eine Weile nachgedacht haben, dann versuchen Sie, sich zu erinnern, wie oft Sie an einem Gespräch teilhatten, in dem von erfreulichen Augenblicken, von schönen Erfolgserlebnissen und großer Übereinstimmung zwischen Mensch und Tier die Rede war? Wie oft bekamen Sie Anleitung, die zu einem echten „Aha-Erlebnis" führte? Wie oft spiegelte sich der Traum von Harmonie und Übereinstimmung in Ihrem Pferdealltag wider?

### Ein kompetenter Coach

Ich habe die Erfahrung gemacht, dass Unmut, Unzufriedenheit, Unlust, Unsicherheit und Unfreundlichkeit weit verbreitet sind. Kaum ein Reitstall, in dem ich während eines Kurswochenendes nicht etliche Beispiele für solch negative Stimmung finden konnte. Ich empfand und empfinde das immer wieder als bedauerlich, da es auch anders geht und die Mensch-Pferd-Beziehung auf jeder Ebene der Entwicklung beiden Beteiligten so viele positive Erfahrungen und Empfindungen bieten kann. Zumal das Pferd seinem eigentlichen Wesen nach unendlich sanft, freundlich und anpassungsfähig ist.

TIPP

**Erkenne dich selbst!**
Pferde spiegeln in ihrem Verhalten stets auch das Verhalten ihrer Besitzer oder Reiter wider. Wenn Sie das erkennen und akzeptieren, dann können Sie unter Anleitung von Ihrem Pferd lernen und zugleich mit ihm. Und Ihr Pferd lernt von Ihnen und mit Ihnen.

## INFO

**Selbstständig Lösungen finden**
Die Gefühlshaltung des Menschen überträgt sich immer auf die des Pferdes, sie ist wesentlich mitbestimmend für sein Verhalten. Ist das nicht eigentlich das Hauptmotiv aller Pferdeliebhaber, der Traum vom harmonischen Miteinander? Um diesem Ziel näher zu kommen, bitten wir häufig andere um Rat. Wir erwarten von ihnen Lösungen für unsere Probleme. Wenn die sich nicht einstellen, dann ist natürlich der „Berater" schuld und man versucht es mit dem nächsten. Diese Strategie ist leider weit verbreitet. Dabei ist sie für alle Beteiligten wenig befriedigend, da die Resultate dürftig ausfallen.

Der Ausweg ist einfach, wenn SieFolgendes beachten: Ein Ratgeber oder Coach ist hilfreich und sinnvoll, doch nur, wenn er kompetent ist. Kompetenz ist in diesem Zusammenhang allerdings relativ. Sie benötigen einen Coach, der sich auf Ihre individuelle Situation einstellen kann und will. Er muss kein Europameister sein, wenn Sie Grundlagenanleitung suchen. Er muss aber ein Konzept haben, nach dem er arbeitet und das sich in vergleichbaren Situationen bewährt hat. Er sollte selbst am Pferd darstellen können, was er Ihnen vermitteln möchte. Und Sie müssen die Logik seiner Methodik verstehen, bevor Sie versuchen, seinem Vorbild zu folgen oder seine Anleitung in die Praxis umzusetzen.

Sie müssen sich für Ihr individuelles Pferd mit ihm gemeinsam einen Trainingsplan machen und dem auch folgen. Pferde brauchen vor allem Regelmäßigkeit und Wiederholung, um zur inneren Ruhe zu finden, etwas zu begreifen und Routine zu entwickeln.

Gemeinsam mit Ihrem Coach unterziehen Sie sich einer ehrlichen Selbstanalyse, um Ihre eigenen Defizite und Schwächen zu erkennen und natürlich auch Ihre Stärken. Dann müssen Sie sich mit seiner Hilfe Fehlhaltungen und Fehlhandlungen in der Praxis vergegenwärtigen und bewusst machen. Im nächsten Schritt gilt es dann, mit sinnvollen Hilfsübungen, die „Fehlfunktionen" zu modifizieren und durch „richtiges", sprich zweckmäßiges Bewegungsverhalten zu ersetzen. Diesem eher „unbequemen" Teil des Lernprogramms muss genügend Zeit gewidmet werden, denn er ist die Voraussetzung für das Weiterlernen.

Erst jetzt können Sie beginnen, Ihre Stärken mit einzubeziehen und echte Lernfortschritte zu erzielen. Bedenken Sie dabei stets: Nur wenn Sie sich selbst ändern (Bewusstsein und Verhalten), hat Ihr Pferd eine Chance, besser zu werden und Ihr Coach eine, Sie beide zu fördern.

*Pferde spiegeln in ihrem Verhalten auch das Verhalten ihrer Besitzer, Trainer oder Reiter wider. Wer das akzeptiert, kann unter Anleitung vom Pferd lernen und zugleich mit ihm. Besonders die Leitseilarbeit fördert eine entsprechende Bewusstseinsbildung. Mit ihr lässt sich eine ideale Verständigungsgrundlage erarbeiten.*

## *Teamarbeit – mit dem Pferd gemeinsam lernen*

Dieses Prinzip liegt der The Gentle Touch-Methode zugrunde, die ich Ihnen in diesem Buch ja näher bringen möchte. Mit ihrer Hilfe lernen Sie von Pferden etwas über Pferde, ihre Fähigkeiten, Wesen und Empfindungen. Sie werden dabei angeleitet von Menschen, die das vor Ihnen erlernt haben und die geschult wurden, dieses Wissen und diese Fähigkeiten weiterzuvermitteln. Sie lernen dabei auch, sich mit Pferden einfühlsam zu verständigen. Sie lernen, Ihre eigenen Fähigkeiten zu erkennen, zu ordnen und dann sinnvoll und zweckmäßig mit guter Technik einzusetzen. Sie lernen, wann Sie Hilfe benötigen und wann Sie selbst Problemlösungen finden können.

Während Sie von und mit Ihrem Pferd lernen, erfährt das Tier auch etwas über Sie und erkennt die Regelmäßigkeit Ihres Handelns. Es entwickelt mehr Vertrauen und passt sich Ihren Wünschen und Vorstellungen immer besser an. Sie verbessern nicht nur Ihr Gefühl für das einzelne Pferd, mit dem Sie gerade arbeiten, Sie können Ihre Erfahrungen auch auf andere Pferde und den Umgang mit ihnen übertragen. Sie müssen Probleme nun nicht mehr fürchten, weil Sie Problemlösungen spielerisch entwickeln können. Ihr Pferd lernt, sich durch fremde und neuartige Eindrücke nicht mehr einschüchtern zu lassen, sondern solche Situationen mit Neugier und Selbstbewusstsein unter Ihrer Anleitung zu ergründen.

Die The Gentle Touch-Methode will kein Ersatz für die bestehende Reitlehre sein. Sie ist auch keine neue Erfindung von mir. Ich habe nur zweckmäßige und relativ einfach umzusetzende Übungsabläufe in systematischer Form zusammengefügt. Dieses „Paket" hat den Charakter von Übersetzungs- und Lernhilfen. Es hilft Ihnen, spielerisch, leicht und risikoreduziert Verständnis und Gefühl für die richtige Umsetzung der Grundlagen der Reitlehre zu erlangen, also „besser" reiten zu lernen. Im gleichen Zuge verbessern sich die Umgangsformen

*Lernen macht Spaß! Pferd und Mensch lernen dabei einander kennen und schätzen. Probleme werden spielerisch gelöst.*

zwischen Ihnen und den Pferden und Sie gewinnen mehr Kontrolle über deren Verhalten. Das Prinzip der The Gentle Touch-Methode ist nicht, Sie ständig zu korrigieren, zu maßregeln oder Ihnen vor Augen zu führen, was Sie nicht können. Sie will Ihnen Hilfestellung leisten! Sie lernen in kleinen Schritten, die Zusammenhänge zu verstehen und das nötige handwerkliche Geschick nach und nach zu entwickeln, um in der Praxis Fortschritte zu erzielen. Ich möchte das an einem Beispiel darstellen:

Unter Reiterinnen und Reitern, die viel in Halle und Reitbahn reiten, ist eine bestimmte Fehlhaltung weit verbreitet. Von den Reitern selbst wird sie häufig nicht bewusst wahrgenommen. Sie knicken in der Hüfte ein und lehnen stets etwas zur Bahnmitte. Dies wird besonders deutlich beim Durchreiten der Ecken, in Volten und auf Zirkeln. Die immer wiederkehrende Forderung des Reitlehrers: „Setz dich gerade hin, knick nicht in der Hüfte ein!" hat auch nach Jahren noch keine Änderung bewirkt. Um dieses Haltungsproblem bewusst zu machen, einen Lösungsweg aufzuzeigen und zudem auch noch eine starke Motivation zu bieten, wird die folgende Hilfsübung angeboten: „Schauen Sie in jeder Ecke, die Sie durchreiten, am äußeren Ohr Ihres Pferdes vorbei. Stellen Sie sich dabei vor, Sie möchten mit äußerer Schulter und Hüfte sowie mit dem Ellbogen Staub von der Hallenwand wischen und bewegen Sie sich entsprechend im Sattel." Nach ersten Versuchen wird der Einwand kommen: „Ich habe das Gefühl, ich sitze falsch, ich sitze viel zu weit nach außen." Dies ist ein subjektives Gefühl beim Reiter, das sich tatsächlich in dieser Situation überdeutlich einstellt. Er wird nun dennoch motiviert, in jeder Ecke diese Bewegung zu machen. Als Effekt wird das Pferd, das nun nicht mehr durch falsche Gewichtseinwirkung veranlasst wird, die Ecken abzukürzen, tiefer in die Ecken hineingehen und sich dabei auch noch besser biegen, da seine Rückenmuskulatur und seine äußere Rumpfmuskulatur sich nun besser dehnen kann. Nun fragt man den Reiter, ob das Pferd seiner Meinung nach „anders" durch die Ecken geht. Er wird das nach einigen Ecken verwundert bejahen. Das Pferd hat durch sein Verhalten gezeigt, dass es sich unter einer für den Reiter ungewohnten und von ihm als „falsch" empfundenen Haltung lockerer, tiefer, besser gebogen und flüssiger durch die Ecken bewegt, als in der alten, gewohnten. Der Reiter ist motiviert und wird an seiner Körperhaltung weiterarbeiten wollen. Der Reitlehrer oder Trainer kann jetzt Hilfestellung dadurch geben, dass er die anfänglich übertrieben ausgeführte Hilfsübung nach und nach wieder in „normale Bahnen" zurückführt.

Doch als wichtigster Effekt einer solchen Hilfsübung stellt sich die Erkenntnis beim Reiter ein: Er kann durch eigene Haltungsänderung vom Pferd und dessen Reaktionen am meisten lernen. Nach und nach wird er somit sein kommunikatives Reitgefühl verbessern und auch autodidaktisch an seiner Haltung und Reittechnik weiterarbeiten.

INFO

**„Do-it-yourself" will auch gelernt sein**

Mit der The Gentle Touch-Methode werden Sie nicht zum Meister der Reitkunst innerhalb von 100 Tagen. Aber Sie erlernen umfassend das „Horsemanship-Handwerk" vom Boden und vom Sattel aus in verblüffend kurzer Zeit. Die The Gentle Touch-Methode ist vergleichbar mit einer guten „Heimwerker-Anleitung". Die kann nicht die Handwerker-Berufsausbildung ersetzen, aber sie kann dem Do-it-yourself Hobbyhandwerker wichtige Anleitung geben. Er ist damit in der Lage, die üblichen Fehler weitgehend zu vermeiden und ein ausreichendes Geschick zu entwickeln. Er kann seine Tätigkeit sicher und ohne „Material" zu beschädigen oder zu verschwenden, ausführen und ein gutes Resultat erreichen. Mit der The Gentle Touch-Methode können Sie die Grundlage schaffen, auf der Sie dann in alle Richtungen des Reitens hin aufbauen können, wenn Sie es möchten. Die The Gentle Touch-Methode ist ein „Starthilfeprogramm", das Ihnen auf freundliche und sanfte Weise hilft, einen gesunden Pferdeverstand und ein „Händchen" für Pferde zu entwickeln. Sie ist eine Freizeitreiter-Reitlehre für Pferd und Reiter.

## *Lernen macht Spaß*

Viele Wege führen zum Ziel. Man möchte so schnell wie möglich dorthin kommen. Die Erfüllung liegt im Erreichen des Zieles. Wenn jemand sich auf die Reise zum Ziel begibt, dann braucht er einen Plan, eine Wegbeschreibung. Nun folgt er dem Plan, doch nach einer Weile kommt an eine Wegstrecke, an der er die Orientierung verliert. In der Realität ist vieles anders als auf dem Papier. Nun braucht er einen Führer, der ihm den Weg zeigt, bis die Wegführung wieder eindeutiger wird. Er kommt an eine Strecke mit gefährlichem Untergrund. Nun braucht er einen Lotsen, einen Fährmann oder Coach, der ihn begleitet und beschützt. Mit jedem Schritt, den der Reisende tut, lernt er dazu und kann seinen Weg selbstständiger und ohne fremde Hilfe fortsetzen. Er weiß nun, wann es besser ist, langsam zu gehen oder zu laufen, wann zu springen oder wann zu rasten, um auf Hilfe zu warten. Sein Selbstvertrauen und seinen Fähigkeiten wachsen, und die Reise wird zu einem Erlebnis, einem sehr schönen Erlebnis. Er trifft Mitreisende und erfreut sich an ihrer Gesellschaft, er rastet

*Gerade bei der Bodenarbeit nach der The Gentle Touch-Methode kommt man zu neuen Einsichten. Die Vielfalt an Eindrücken und Erfahrungen für beide, Pferd und Mensch, erweitert das Bewusstsein. So gelingt es, mit feinsten Signalen, präzise Reaktionen auszulösen.*

*Jede Bewegungsphase, jeder Schritt wird präziser und feiner kontrolliert. Vor allem lernen Sie, dass keine Körperkraft und Zwangsmittel nötig sind, um die Mitarbeit des Pferdes zu erlangen.*

und erfreut sich an den Reizen immer neuer Landschaften. Er verliert sein Ziel nicht aus den Augen, doch Erfüllung findet er schon während er Schritt für Schritt seine Reise fortsetzt. Das Reisen selbst bereitet ihm sehr viel Freude. Der Weg wird zum Teil des Ziels!

## Lernen ist wie reisen

Wenn jemand lernen möchte, dann braucht er Anleitung, eine Methode, nur dann macht lernen Spaß und zeitigt gute Erfolge. Um den Nutzen einer Methode für die eigenen Absichten zu bewerten, muss man zwei Dinge tun: Erstens das eigene Ziel definieren und zweitens die Methode oder den Plan wählen, mit dem man das Ziel erreichen möchte.

Die Beurteilung der Methode gelingt am besten, in dem man sie aus der Distanz betrachtet, um deren „roten Faden" zu erkennen und zu verstehen. Erst wenn man seine Wahl getroffen hat, sollte der Blick aufs Detail folgen. Jetzt erst ist es sinnvoll, das Ausbildungs-Puzzle Stück für Stück zusammenzusetzen, bis es mit dem Bild übereinstimmt, das man in der eigenen Vorstellung geformt hat. Auch das habe ich in diesen zweieinhalb Jahrzehnten gelernt. Die Zweifel, die jeder Pferdeliebhaber kennt, die Furcht, Fehler zu machen, während er versucht, das Puzzle zusammenzusetzen. Doch diese Gedanken zerstreuen sich nach und nach.

Wenn man die Dinge mit der nötigen Offenheit und Sachlichkeit betrachtet, so wird man eigene Fehler rechtzeitig erkennen können und sein eigenes Handeln verändern. Der Coach hilft einem dabei. Man lernt, kommt zu neuen Einsichten, erwirbt eine andere Einstellung und handwerkliches Geschick!

## Mit Pferden und Menschen lernen

Die Vielfalt an Erfahrungen, die mir mein Leben als Trainer für Pferd und Mensch bis heute beschert hat, gab mir reichlich Gelegenheit, zu lernen. Das bedeutet aber nicht, dass ich glaube, nun genug gelernt zu haben. Ganz im Gegenteil: Mir wird immer bewusster, dass ich jetzt erst anfange, richtig zu lernen. Die Bedeutung seriös

*Der Weg der kleinen Schritte führt letztlich schneller zum Ziel: Von der feinen Signalgebung an der Hand zur feinen Hilfengebung unter dem Reiter. Die Arbeit beginnt mit dem Prinzip der Leichtigkeit und endet dort unabhängig von Reitweise und Pferderasse.*

INFO

**Der Weg der kleinen Schritte**
Es liegt in der Natur des Menschen, mehr oder weniger ungeduldig zu sein. Gerade in heutiger Zeit, im Computer-Zeitalter, ist es schon fast selbstverständlich geworden, dass Bedürfnisse sofort befriedigt werden und Erwartungen sich schnell erfüllen lassen, per Mausclick sozusagen. Je mehr wir uns in „virtuellen Welten" bewegen, desto mehr verlieren wir das Gefühl für die reale Welt. Pferde leben aber in der Realität, und sie wissen nichts von Computern und sie haben keine Uhr, die ihr Leben bestimmt. Pferde urteilen nach dem, was sie erleben und erfahren. Im Umgang mit ihnen zählt das körperliche Geschick im „Jetzt" und „Hier". Handwerkliche, motorische Fähigkeiten, Ruhe, Einfühlungsvermögen und angemessene Konsequenz sind gefragt. Diese Eigenschaften sind schon lange keine Selbstverständlichkeit mehr für die meisten Menschen. Die Liebe zum Detail muss erst wieder geweckt werden und das Verständnis dafür, dass Pferde anders „ticken" als Menschen. Wer sich sorgfältig in kleinen und kleinsten Schritten das Verständnis für das Wesen der Pferde erarbeitet und sich die handwerklichen Fähigkeiten aneignet, für den sind die ethischen Grundsätze und das Harmonieprinzip, wie es von der Deutschen Reiterlichen Vereinigung niedergeschrieben wurde, kein bloßes Lippenbekenntnis.

erarbeiteter Grundlagen mit Blick für die kleinen Dinge, die Wichtigkeit unscheinbarer, oft unterschätzter Details wird mir immer bewusster. Ich habe bisher mit einigen Tausend Pferden und Menschen gearbeitet. Von ihnen habe ich das Meiste gelernt und lerne ständig Neues hinzu. Doch auch der Kontakt und der Austausch mit anderen, erfahrenen Pferdeleuten gab Denkanstöße und Inspiration. Eine Erkenntnis bleibt unveränderlich, ja sie festigt sich beständig mehr: Sorgfalt im Detail und solide Grundlagen sind der Schlüssel zum Erfolg. Und in jedem Kurs, den ich abhalte, bestätigt sich die Richtigkeit dieser Erkenntnis mehr und mehr. Die Fortschritte sind bei den Schülern umso deutlicher, je sorgfältiger im Detail gearbeitet wird. Der Weg der kleinen Schritte führt letztlich schneller zum Ziel. Und wenn Erfolge sichtbar werden, dann kann ich mich mehr denn je auf den Austausch mit dem nächsten Pferd, dem nächsten Menschen freuen, immer mit dem Blick für die wichtigen Kleinigkeiten, die Nuancen. Es bereitet mir große Freude, wenn ich andere, die dazulernen möchten, an meiner Erfahrung teilhaben lassen kann, wenn ich sie ein Stück ihres Weges begleiten und ihr Lotse sein kann. Wenn sie sichtbare Fortschritte machen und einen praktischen Nutzen aus dem Vermittelten ziehen können, gibt mir das Befriedigung. Gleichzeitig bekomme ich von diesen Menschen immer wieder aufs Neue das Geschenk weiterer, interessanter und lehrreicher Eindrücke und Inspiration.

## Meine Lernreise

Der Umgang mit Menschen und Pferden gleichermaßen fordert immer wieder Toleranz, Geduld, Nachsicht und Motivationsfähigkeit. Leistungssport, immer wiederkehrende Höchstleistung, Geld und Ehrenpreise, das alles hat für mich persönlich keine Bedeutung. Kommunizieren, einfühlen, verstehen, austauschen, Gemeinsamkeiten finden und die Freude über den schönen Moment, die Neugier auf den nächsten Augenblick, das macht für mich dieses Leben so interessant. Meine Lernreise hält unendlich viele, schöne und erfüllende Überraschungen für mich bereit. Pferde und Pferdemenschen haben mein Leben in einer Weise bereichert, die kaum in Worte zu fassen ist, und sie tun es immer noch. Deshalb ist es mir ein besonderes Anliegen, all jenen Menschen, die den Umgang aus ähnlichen Motiven heraus mit Pferden pflegen und dabei Rat und Anleitung suchen, etwas von dem zurückzugeben, was ich selbst erfahren habe. Durch meine Erfahrung kann ich helfen, das Zusammenleben von Mensch und Pferd zu erleichtern. Ich kann dazu beitragen, Kommunikationsstörungen zu minimieren, die Harmonie zu verbessern, die Fertigkeiten weiterzuentwickeln und zu perfektionieren.

Je größer das Verständnis des Menschen für die wahre Natur der Pferde ist, desto leichter und selbstverständlicher wird der Umgang miteinander. Erst dann spiegelt der Begriff „Freizeitpartner“ die Art der Beziehung ehrlich wider. Partner, das bedeutet für beide Rechte und Pflichten in einer ausgewogenen Verteilung, eine Partnerschaft soll beiden Beteiligten angenehme Momente und Empfindungen bescheren. Partnerschaft, das bedeutet auch ein lebenslanges Lernen mit Freude.

## *Hohe Qualität auch auf einfachem Niveau*

Wenn wir von Harmonie zwischen Menschen und Pferden sprechen, dann verknüpfen wir automatisch Bilder reiterlicher Perfektion damit. Doch für den größten Teil aller Reiter liegen die Probleme weniger in der Umsetzung der hohen Reitkunst. Die wenigsten werden sich damit befassen können oder sie gar in Vollendung betreiben. Selbst beim „reiterlichen Handwerk“ wird man sich auf bescheidenem Niveau bewegen. Wie es um die Harmonie zwischen Reiter und Pferd beim Reiten bestellt ist, das hängt nach meiner Erfahrung nicht unwesentlich vom Grad der Übereinstimmung im alltäglichen Umgang ab und beeinflusst ganz besonders die mehr oder weniger „einfachen“ Formen des Reitens. In meinen Kursen und Seminaren hat sich immer wieder herausgestellt, dass die Ursachen für viele Probleme unter dem Sattel in aller Regel in lückenhafter Basisarbeit liegen. Dabei wurde auch deutlich, wie wichtig die Umgangsformen am Boden in der gesamten Verhaltensprägung von Reitern und Pferden in allen Reitweisen sind.

Doch in diesem Punkt ist bei vielen Reiterinnen und Reitern intensive Überzeugungsarbeit notwendig, um deutlich zu machen, wie wichtig es ist, schon in der Bodenarbeit solide Grundlagen zu schaffen und selbst zu lernen, sorgfältig daran zu arbeiten. Die Skepsis für eine solche Strategie ist besonders groß, wenn ich den Schritt zurück vom Reiten hin zu solider Bodenarbeit empfehle und der Betroffene herausfindet, wie komplex dieser Bereich sein kann. Es erscheint vielen Reiterinnen und Reitern auch zunächst unsinnig, mit dem Pferd am Boden zu arbeiten, wenn reittechnische Probleme auftreten. „Probleme unter dem Reiter werden vom Sattel aus gelöst!“ Dieses Argument bekomme ich oft zu hören. Doch besonders in solchen Fällen, in denen die Feinmotorik und das Einfühlungsvermögen der Reiterinnen oder Reiter noch unzulänglich sind, kann der Versuch, vom Sattel aus Lösungen zu erarbeiten, bei Pferd und Reiter nur noch größere Verwirrung stiften.

*Harmonischer Umgang mit Pferden erwächst aus einem klaren Verständigungssystem, freundlich respektvollem Umgang und beruhigender Leitfunktion.*

*Je größer das Verständnis des Menschen für die Natur des Pferdes ist, desto leichter und selbstverständlicher wird der Umgang mit ihm. Erst dann spiegelt der Begriff „Freizeitpartner“ die Art der Beziehung ehrlich wider. Partner, das bedeutet für beide Rechte und Pflichten in einer ausgewogenen Verteilung.*

INFO

**Kunst braucht eine solide Basis**

Ich halte nichts davon, Reiterinnen und Reitern, die ihre Lehrjahre in Bezug auf einfühlsames Reiten noch nicht mit Erfolg abgeschlossen haben, mit Inhalten und Techniken zu konfrontieren, die „meisterliches“ Geschick und ebensolche Kenntnisse erfordern. Hohe Schule ist nur schön, wenn sie von Könnern zelebriert wird. Wenn etwas gekonnt gezeigt wird, so sieht es stets leicht und locker aus. Daraus leitet mancher Betrachter ab, dass es auch leicht zu erlernen sei. Doch im Umgang mit Pferden braucht es sehr viel Übung, gute Anleitung und Erfahrung, um nur die „einfachen“ Dinge richtig zu verinnerlichen, bis sie so natürlich sind wie das Atmen. Pferd und Reiter tragen Nachteile davon, wenn man gegen diesen Grundsatz verstößt. Die systematische und intensive Bodenarbeit war und ist in der traditionellen, klassischen Schulreiterei, wie sie von den alten Meistern überliefert wurde, stets ein fundamentaler Bestandteil der Ausbildung. Auch in der Ausbildung von Gebrauchspferden im Westernstil wie der Reitpferdeausbildung beim Militär hatte und hat die vorbereitende Bodenarbeit große Bedeutung.

Ich vermeide es deshalb strikt, solches Verhalten zu fördern und bestehe darauf, wichtige Voraussetzungen auf einfachem Niveau Schritt für Schritt vom Boden aus zu erarbeiten. Erst, wenn sich in der Praxis herausstellt, dass Verständnis und Gefühl für die Bewegungsprobleme und Ansätze für deren Lösungen sehr viel leichter vom Boden aus zu erarbeiten sind, kommt die Einsicht in die Richtigkeit dieser Maßnahme. Dann wächst bei den Lernenden die Freude an den Übungen, weil sich auf dieser Ebene sehr viel leichter die ersten Fortschritte und Erfolgserlebnisse einstellen.

Um das Erlernen wichtiger Grundlagen zu erleichtern, habe ich aus den vielfältigen und komplexen Zusammenhängen sowohl der Bodenarbeit wie der Erziehungs- und Gymnastizierungsarbeit das Wesentliche herausgefiltert. Ich habe versucht, gängige, aber häufig missverstandene Methoden zu entmystifizieren und verständlicher zu machen. Diese Bestrebungen münden in der The Gentle Touch-Methode, die es auch normal begabten Freizeitreitern auf einfachem Niveau in relativ kurzer Zeit ermöglicht, ihre Technik und ihr Einfühlungsvermögen zu verbessern. Sie lernen im Umgang mit dem Pferd planvoller zu handeln und machen Fortschritte beim Reiten. Der Begriff „einfaches Niveau" soll aber nicht darüber hinwegtäuschen, dass die korrekte Umsetzung der Bodenarbeit und Reittechnik erlernt und mit Sorgfalt im Detail angewandt werden muss.

Die Methode bietet zweckmäßige Techniken und simple Übungen an, mit denen jeder Mensch mit realistischer Selbsteinschätzung seine Horsemanship-Fähigkeiten vom Boden und vom Sattel aus stetig verbessern kann.

## *The Gentle Touch – die Ausbilder*

Viele Pferdeliebhaber möchten lernen. Nur wenige haben Gelegenheit, sich regelmäßig von einem guten Ausbilder schulen zu lassen. Sie versuchen, autodidaktisch zu arbeiten und holen sich Anregungen aus Medien wie Büchern und Videos. Auch viele meiner Leserinnen und Leser sind diesen Weg gegangen und tun dies auch heute noch. Sie folgen den Anleitungen, die ich dort aufzeige und können etliche Probleme abschwächen oder lösen. Doch Bücher und Videos können allenfalls Denkanstöße geben, systematisches Arbeiten fördern, für Verständnis sorgen und Interesse wecken. Entsprechend sind die Fortschritte nur langsam und in kleinen Schrittchen zu erarbeiten. Ausschließlich theoretische Anleitung kann kein vollwertiger Ersatz für einen individuellen, erfahrungsorientierten Unterricht unter Anleitung durch einen kompetenten Ausbilder sein. Es hat sich in den Kursen immer wieder gezeigt: Nur in dieser praktischen Zusammenarbeit kann das Gefühl für den richtigen Moment, die richtige Dosierung, die richtige Reaktion vermittelt werden. Hier stellen sich die „Aha-Erlebnisse" deutlich ein. Fehlentwicklungen können im Ansatz erkannt und gestoppt werden. Jede theoretische Anleitung kann individuell auf den jeweiligen Menschen, sein Pferd und die Situation abgestimmt werden. Der Ausbilder kann selbst „Hand anlegen" und Pferd

*Bei der Ausbildung von Pferden kommt es auf das Gefühl für den richtigen Moment und die Dosierung im Einzelfall an. Ein Trainer kann selbst „Hand anlegen", um Pferdebesitzern Hilfestellung zu leisten. Dann fällt es leichter, unter seiner Anleitung die entsprechenden „Aha-Erlebnisse" zu haben, wenn die Übung anschließend nachgearbeitet wird.*

*Die Aufgliederung der Thematik in die Bereiche Bodenarbeit und Reiten ermöglicht es Pferden wie Menschen wichtige Grundfertigkeiten zu vermitteln. Beispiel: Die Signale des Leitseils werden später zum Signal des Zügels am Hals.*

*Vertrauens- und Lockerungsübungen mit dem Gebiss schaffen die Voraussetzung für eine willige Akzeptanz gegenüber den reiterlichen Zügel- und Gebisseinwirkungen. Blockaden und Verspannungen treten so gar nicht erst auf.*

*Die touchierende Gertenberührung bei der Bodenarbeit sensibilisiert das Pferd für feine Schenkelimpulse. Zweckmäßige Übungen an Objekten bieten räumliche Orientierung und geben den Übungen einen konkreten Sinn. So bietet jedes Pferd seine Mitarbeit bereitwilliger an.*

und Reiter wichtige Hilfestellung leisten. Jeder Reiter hat eine Eigenwahrnehmung, die nicht immer identisch mit der Realität ist. Ein zweites Paar Augen sieht mehr, ein Außenstehender beurteilt sachlicher.

Das Interesse für solch praktische Anleitung war in der Vergangenheit riesengroß mit zunehmender Tendenz. Viele Anfragen für Kurse und Seminare musste ich aus Zeitmangel ablehnen. In dieser Situation bot sich eine Lösung an:

Viele jüngere Trainer und Ausbilder interessierten sich dafür, ein bewährtes System weiter zu transportieren, in dem eine freundliche Trainingsphilosophie und praktische, leicht zu vermittelnde Übungen methodisch zusammengefasst waren. Sie suchten ein System, in dem wichtige Grundlagen pferdegerechter Ausbildung und guter Horsemanship vom Boden und vom Sattel aus vermittelt wird. Eines, das unabhängig von Reitweisen und Rassen Lösungsansätze für die alltäglichen kleinen und großen Probleme bietet. Ein System, mit dem jeder Reiter etwas anfangen kann. Die Lösung liegt auf der Hand: Ich habe begonnen, Pferdeleute mit fundierter Grundqualifikation in Workshops und Seminaren mit meiner Methode in Theorie und Praxis zu schulen. Ich stelle hohe Anforderungen an die The Gentle Touch-Ausbilderinnen und -Ausbilder. Als Ausgangsvoraussetzung müssen sie über eine Amateurtrainer-Lizenz der FN, des DSB oder der EWU verfügen oder eine abgeschlossene Berufsausbildung als Pferdewirt, Bereiter oder in einem anderen pferdebezogenen Beruf nachweisen. Dies garantiert eine theoretische und praktische Basiskompetenz. In den The Gentle Touch-Ausbilderschulungen wird großer Wert darauf gelegt, den Trainern sowohl die Fähigkeit zur praktischen Umsetzung aller Übungen wie auch in Unterrichtserteilung zur authentischen Vermittlung der Übungsinhalte meiner Methode zu vermitteln. So wird es für Sie, liebe Leserinnen und Leser, und natürlich alle interessierten Reiterinnen und Reiter sehr viel leichter, sich unter direkter Anleitung mit den Inhalten meiner Arbeit vertraut zu machen und sich helfen zu lassen.

Die Aufgliederung der gesamten Thematik auf die Bereiche Bodenarbeit und die drei Ebenen des Reitens ermöglichen es, Pferden und Menschen wichtige Grundfertigkeiten zu vermitteln. So können Sie in jedem Bereich unter Traineranleitung die jeweils notwendigen Fähigkeiten erlernen und festigen, um dann auf der nächsten Ebene weiterzuarbeiten. Der Wechsel von angeleitetem Lernen mit Schwerpunkt in Kursen oder im Unterricht und selbstständiger Arbeit hat sich bewährt und kommt auch den Bedürfnissen und Möglichkeiten vieler Freizeitreiter entgegen.

## Reitweisenunabhängige Lösungen

Alle Übungen, die von Trainern im Rahmen der The Gentle Touch-Methode vermittelt werden, verfolgen grundsätzlich den gleichen Zweck: Sie sollen helfen, die üblichen Missverständnisse, Irritationen und Widerstände zwischen Reiter und Pferd zu minimieren oder zu vermeiden. Die Probleme vieler Freizeitreiter gleichen sich unabhängig von Reitweise und Ausrüstung viel mehr, als den meisten bewusst ist. Und die Problemlösungen haben zunächst wenig damit zu tun, ob jemand von sich sagt: „Ich bin Dressurreiter“ oder „Ich reite englisch“ oder „Ich möchte Westernreiten“. Für das Pferd gibt es nur Verständigungsprobleme, Balanceprobleme, Verspannungsprobleme und Vertrauensprobleme, die allesamt vom Menschen verursacht werden. Dem Pferd ist es schlicht und einfach „wurscht“, welchem Reiterlager sich sein Reiter zuordnet, es möchte sich in seiner Rolle als Reitpferd wohlfühlen.

**INFO**

**Die Grundlagen allen Reitens**
In jeder Reitweise geht es zunächst darum, den Einstieg in eine eindeutige Verständigung mit einem Pferd und in einfühlsame, ausbalancierte und harmonische Reittechnik zu finden.

*Die Probleme vieler Freizeitreiter gleichen sich unabhängig von Reitweise, Pferderasse und Ausrüstung. Bei den Pferden verursachen sie Probleme mit der Verständigung, der Balance, Verspannung und Vertrauen. Ein wichtiges Ziel der The Gentle Touch-Methode ist es deshalb, Hilfestellungen zu bieten, um eine ausbalancierte, zügelunabhängige und lockere Haltung in allen Gangarten zu lehren.*

## Für jedes Problem die passende Übung

Die Übungen der The Gentle Touch-Methode sind somit kein Selbstzweck, sondern können sinnvoll auf verschiedenen Ebenen der reiterlichen Schulung oder der Pferdeausbildung eingesetzt werden. Sie sind geeignet, bei jedem Reiter die universelle Reittechnik in Hilfengebung und Einfühlungsvermögen zu verbessern. Die Methode bietet Anleitung zur Arbeit mit jungen Pferden und sie gibt besonders dann Hilfestellung, wenn Reiter mit Pferden arbeiten, die keine solide Grundausbildung hatten und bei denen sich Steifheiten, Widerstände und so genannte „Unarten" oder „Rittigkeitsprobleme" eingestellt haben. Was sie aber besonders auszeichnet, ist der Umstand, dass Pferd und Reiter gemeinsam miteinander und voneinander lernen können. Die The Gentle Touch-Methode zeigt bewährte Wege auf, Probleme zu lösen, so dass man sich anschließend wieder dem Standardprogramm des Reitens in den verschiedenen Reitweisen zuwenden und weiter auf die entsprechenden Ziele hinarbeiten kann.

## Die Brücke zwischen Theorie und Praxis

In meiner Methode habe ich Techniken und zweckmäßige Übungen gebündelt, mit denen es wesentlich erleichtert wird, die Grundfertigkeiten des Umgangs mit Pferden zu erlernen und die Lücke zwischen dem theoretischen Verständnis und der praktischen Umsetzung der Reitlehre zu schließen.

In den Kursen und Seminaren, die jeweils nur wenige Tage dauern, war es nötig, ein effizientes Lehrsystem zu entwickeln, in dem in relativ kurzer Zeit Lernerfolge und Ausbildungsfortschritte zu erzielen waren. Dieses Intervallsystem von angeleitetem Lernen und selbstständiger Arbeit hat verschiedene Vorteile. Das bestätigen die vielfältigen Rückmeldungen der Schüler und Kursteilnehmer und nur so ist es zu erklären, dass meine Arbeit auch nach 25 Jahren mehr gefragt ist denn je. Ich habe die Problembereiche aufgeschlüsselt und die Dinge auf den Punkt gebracht. Ich schöpfe dabei aus dem ganzen Spektrum bewährten Reiterwissens quer durch alle Reitweisen und reduziere mich nicht auf ein „Schubladendenken", das sich an speziellen Reitweisen festmacht. Dieses etwas andere Lehrkonzept ist das einzig Neue oder Besondere an der The Gentle Touch-Methode. „Aus Bewährtem das Beste", so könnte man das Konzept in Kürze beschreiben.

In meiner Methode werden vor allem die verbindenden Elemente guten Reitens herausgearbeitet und auf die tatsächlichen Bedürfnisse und Rahmenbedingungen heutiger Freizeitreiter und deren Trainer und Ausbilder abgestimmt. Bei genauer Analyse wird dabei deutlich, dass ihre Inhalte nicht im Gegensatz zu der Zielsetzung guten Reitens an leichten Hilfen stehen, wie sie auch in der Deutschen Reitlehre angestrebt wird. Sie kann ein nützliches Bindeglied werden, um durch eine Betrachtung der Thematik aus anderem Blickwinkel das Verständnis für die aktuelle FN-Reitlehre bei all jenen zu fördern, für die sie bisher eher „ein Buch mit sieben Siegeln" war und die aus ihr keinen Bezug zu ihrem eigenen, reiterlichen Alltag herstellen konnten. Doch auch in umgekehrter Richtung findet der Brückenschlag statt.

Mit dem Verband hannoverscher Warmblutzüchter pflege ich eine enge Zusammenarbeit im Rahmen seines speziell auf die Bedürfnisse von Freizeitreitern ausgerichteten Programms „Hannoveraner erleben". Inhalte der The Gentle Touch-Methode werden im Rahmen der „The Gentle Touch-Hannoveraner Bodenschule" auf ausgewählten, besonders qualifizierten Betrieben angewandt und vermittelt. Mit meiner Methode kann also reitweisenübergreifend eine Informations- und Praxislücke bei Pferdehaltern, Reitern und Züchtern geschlossen werden, für die es in dieser Form bisher keine schlüssigen Lösungskonzepte auf breiterer Basis gab.

Inzwischen ist eine ansehnliche Gruppe an lizenzierten Ausbildern geschult worden, die die Methode korrekt vermitteln können. Informationen über die jeweilige Qualifikation und den Standort der Trainer kann man auf der Homepage von The Gentle Touch® bekommen (vergleiche Seite 172).

# *Die Deutsche Reitlehre hinterfragt*

*In diesem Teil wird die Skala der Ausbildung als Kernstück der Deutschen Reitlehre analysiert. Sie erfahren Grundlegendes über unterschiedliche Reitphilosophien und Ausbildungstechniken. Auch hier können Sie durch Selbstreflexion Ihren Umgang mit Pferden und Ihre Reiterei verbessern. Denn Lernen beginnt im Kopf.*

## *Die Grundlagen: Was verloren ging*

Im Folgenden erfahren Sie, wie sich meine Methode mit Inhalten und Zielsetzung der Deutschen Reitlehre verknüpfen lässt. Bevor wir das tun, gebe ich Ihnen aus meinem Blickwinkel einen kurzen Überblick über die Grundlagen der Deutschen Reitlehre und die Entwicklung der letzten Jahrzehnte. Sie zeigt ihre Wandlung zur Sportreitlehre und erklärt ihre heutige Form und Umsetzung. Diese Bestandsaufnahme ermöglicht ein besseres Verständnis für die weit verbreiteten und deshalb typischen Probleme vieler deutscher Reiter. Aus dieser Problemstellung erläutere ich dann Lösungsansätze und Verbesserungsvorschläge.

**INFO**

**Die Richtlinien der FN**

„Die Deutsche Reitlehre verfolgt das Ziel, Reitern und Pferdefreunden jeden Alters sowie Anfängern und auch Fortgeschrittenen die wesentlichen Kriterien der Grundausbildung von Reiter und Pferd zu vermitteln. Die Inhalte dieser Reitlehre werden in den Richtlinien für Reiten und Fahren vermittelt.
Teil 1 – Der Reiter behandelt die Ausbildung des Reiters und will alle notwendigen Kenntnisse und Fertigkeiten vom richtigen Sitz über die Einwirkung des Reiters bis hin zur korrekten sowie gefühlvollen Hilfengebung für das Dressur-, Spring- und Geländereiten vermitteln und erläutern. Die Grundzüge der Geschichte der Reiterei sowie Zitate von anerkannten Ausbildern und international erfolgreichen Reitern vervollständigen diesen Band und unterstreichen die Tradition und Bedeutung der klassischen Grundausbildung“ (Deutsche Reiterliche Vereinigung, FN).

Die aktuelle Deutsche Reitlehre ist in den vergangenen Jahrzehnten mehrfach überarbeitet worden und geht in ihrem wesentlichen Kern auf die Reitvorschriften des Militärs, die HDV 12 von 1937 zurück. Die Verknüpfung mit dem sportlichen Dressurreiten heutiger Prägung hat sich erst nach und nach ergeben. Generell handelt es sich um eine für jeden Reiter wichtige und zweckmäßige Anleitung zu pferdegerechtem Reiten. Sie will einen grundsätzlichen Weg aufzeigen, wie Pferde vom Sattel aus mit humanen und gewaltlosen Mitteln reiterlicher Einwirkung, den so genannten „Hilfen“, für ihre Aufgaben als Reitpferde vorbereitet und weiter gefördert werden können.

### Die HDV 12 neu entdeckt

Bedauerlicherweise werden den heutigen Freizeitreitern, denen diese Reitlehre auch als Grundlage dienen soll, wesentliche Teile der alten Reitvorschriften (HDV 12) vorenthalten. Besonders jene Inhalte, die sich mit der Ausbildung und Erziehung der Pferde vom Boden aus und im Gelände befassten. Dieser Ausbildungsteil zielte ungeachtet des militärischen Hintergrundes vor allem darauf ab, durchschnittlich begabte Pferde so auszubilden, dass sie von normal begabten Reitern sicher und an leichten Hilfen, zeitweilig mit einhändiger Zügelführung in Reitbahn und Gelände geritten werden konnten und dabei lange leistungsfähig und gesund blieben. Sie war darauf abgestimmt, aus ungeübten Reitern sichere und einfühlsame Reiter zu machen und aus durchschnittlichen Pferden innerhalb von Jahresfrist gehorsame Reitpferde für den Einsatz in der Reitbahn, hauptsächlich aber im Gelände.

Dabei muss man allerdings berücksichtigen, dass die ursprünglichen Rahmenbedingungen dafür im Vergleich zu heute optimal waren. Die Reitschüler waren junge Rekruten, die aus einem bäuerlich-ländlichen Hintergrund kamen und den Umgang mit Pferden kannten. Sie waren nicht ängstlich und körperlich fit. Sie waren weisungsgebunden und verbrachten mehrere Stunden täglich im Rahmen ihres

Dienstes mit der Pferdepflege und den Reitübungen über mehrere Monate.

In der ursprünglichen „Reitvorschrift", im Original also, stand vor allem das Bestreben im Vordergrund, Pferd und Reiter die natürliche Geschmeidigkeit und Lockerheit wiederzugeben und einen „unabhängigen und sicheren Sitz" zu vermitteln, der sie zu sicheren Geländereitern machte. Dies geschah auf gut geschulten Pferden im kollektiven Unterricht unter optimalen Voraussetzungen. Hieraus leitet sich der heute noch in der Reitlehre zu Grunde gelegte Grundsatz ab: „Der unerfahrene Reiter lernt auf einem erfahrenen Schulpferd." Die Rekruten wurden für eine einfache Form des Reitens geschult ohne Turnierambitionen, Leistungssportgedanken oder gar den Anspruch, Reitkunst zu betreiben. Diesem Ziel wurden zunächst alle anderen, wie die Perfektionierung der Reittechnik oder höhere Leistungsziele untergeordnet, denn jeder Reitanfänger fühlt sich anfänglich auf dem Pferderücken unsicher.

Ähnliche Ansprüche haben die meisten Freizeitreiter heutiger Zeit. Sie wissen es vielleicht aus eigener Erfahrung: Man benötigt einige Zeit, bis man durch sinnvolle Übungen die Balance auf dem Pferderücken wiederfindet und ein neues, den Pferdebewegungen angepasstes Bewegungsgefühl entwickeln kann.

In dieser Zeit sollte kein Reitschüler in Situationen gebracht werden, die ihn ängstigen, unsicher machen und sein Gefühl des Kontrollverlustes noch weiter steigern. Erst wenn Reitanfänger ihre uneingeschränkte Koordinationsfähigkeit zurückerlangt haben, sollten sie damit beginnen, Stück für Stück reiterlich aktiv auf ein Pferd einzuwirken.

Die Ausbildung junger Pferde (Remonten) fand unter dafür besonders abgestimmten Rahmenbedingungen statt. Bei den jungen Pferden wurde zunächst durch differenzierte Gewöhnungs- und Erziehungsübungen vom Boden aus die Verständigungs- und Vertrauensbasis zwischen ihrem erfahrenen Ausbilder und ihnen geschaffen. Beim folgenden Anreiten war die erste Zielsetzung, sie mit dem ungewohnten Reitergewicht auf ihrem Rücken vertraut zu machen, ohne sie schon genau lenken oder kontrollieren zu wollen. Dazu ließ man sie in Gruppen mit den Reitern auf dem Rücken in der Runde laufen. Nur routinierte, gut ausbalancierte und sichere Reiter waren dafür vorgesehen. Hatten die jungen Pferde ihr Gleichgewicht unter dem Reiter wiedergefunden, wurden sie wiederum in Gruppen, den Herdentrieb noch bewusst nutzend, zunächst in abwechslungsreichem Gelände am langen Zügel geritten.

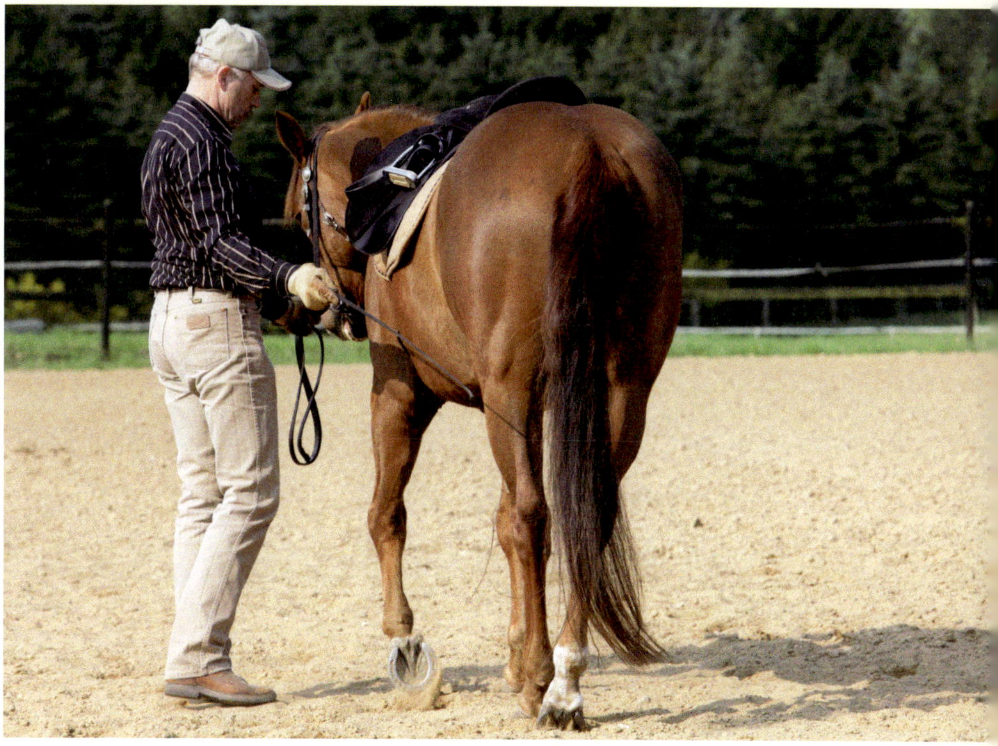

*Gewöhnungs- und Erziehungsübungen vom Boden, wie Biegeübungen und seitliches Übertreten lassen an der Hand, gehörten in der HDV 12 noch zu den Standardübungen bei der Grundausbildung junger Pferde.*

Diese Methode war besonders geeignet, um auf natürliche Weise ohne viel Reitereinwirkung die Körpermuskulatur der Pferde zu kräftigen, ihr Balancegefühl und ihre Selbsthaltung zu fördern. Hier finden wir die Wurzeln für den zweiten wichtigen Grundsatz der Deutschen Reitlehre wieder: „Der erfahrene Bereiter schult das junge Pferd". Diese Basisarbeit zeigt meiner Ansicht nach sehr viel mehr Parallelen zu verschiedenen Formen der Gebrauchsreiterei, wie zum Beispiel der Western-Ranchreitweise, als zu den gängigen Praktiken in heutigen deutschen Reitvereinen und Reitbetrieben.

## *Die Deutsche Reitlehre früher und heute*

Die Deutsche Reitlehre, die in den „Richtlinien für Reiten und Fahren" vermittelt wird, ist also aus der bewährten Reitvorschrift (HDV 12) für das militärische Geländereiten abgeleitet. Das Militärausbildungssystem war ein geschlossenes, gleichgeschaltetes, kontinuierlich betriebenes System kollektiver Reiter- und Pferdeausbildung, ausgestattet mit optimalen Strukturen. Die Reitschüler waren zwangsverpflichtete und weisungsgebundene Rekruten, die durch ein intensives und umfangreiches Lernprogramm geführt wurden. Das Ausbildungssystem war nur auf junge Männer ausgerichtet.

Das System kollektiver Ausbildung hat sich zum Teil in Reitvereinen und Ausbildungsbetrieben bis heute erhalten. Heutige Freizeitreiterinnen (circa 75 Prozent) und -reiter möchten das Reiten unter komplett anderen Voraussetzungen erlernen und praktizieren. Ihre Erwartungen, Motive und Möglichkeiten sind im Einzelnen sehr unterschiedlich. Um diese individuellen Bedürfnisse befriedigen zu können, ist eine sachliche Analyse der tatsächlichen reiterlichen Situation hilfreich. Nur so kann ein angemessenes und effektives Lernprogramm zusammengestellt werden.

Die ursprüngliche Reitlehre war also zeitgemäß, bewährt, sinnvoll und nützlich. Sie verfolgte in der Schulung ungeübter Reiter vor allen Dingen das Ziel, eine natürliche, unverkrampfte und balancierte Haltung auf dem Pferderücken zu erreichen.

Das gleiche Ziel verfolgen auch heute noch die meisten Reiterinnen und Reiter. Allerdings haben sich die Rahmenbedingungen inzwischen wesentlich geändert, unter denen Reitanfänger den Umgang mit Pferden und das Reiten vermittelt bekommen und weiterhin erlernen. Die Situation heutiger Freizeitreiter in den Reitvereinen und Reitbetrieben ist deshalb kaum noch mit der der Rekruten zu vergleichen. Hier ist der Bruch in der Praxis bei der Umorientierung von der militärischen Kampagnereiterei zur modernen Sportreiterei geschehen.

In der militärischen Kampagnereiterei zielte die Entwicklung von Schub- und Tragkräften (Schwung und Versammlung) bei den Pferden nur auf den Einsatz als Geländereitpferd mit Ausdauerleistung ab. Die Grundspannung, die dafür nötig war, lag weit unterhalb der Form, die für heutige Sportpferde angestrebt wird (siehe auch Illustration S. 71). Zwangsläufig sah die praktische Dressurausbildung damals ganz anders aus und setzte andere Schwerpunkte als die heutige Sportreiterei sie an die Pferde stellt.

**TIPP**

**Prüfen Sie Ihre Voraussetzungen!**

- Sind Sie sportlich,
- selbstbewusst und sicher,
- erfahren,
- gut koordiniert,
- beweglich,
- entschlossen
- und reiten Sie mehrmals in der Woche?

**Ist Ihr Pferd:**

- uneingeschränkt gesund,
- gut ausgebildet und erzogen,
- erfahren,
- gymnastiziert und leicht an den Hilfen,
- artgerecht gehalten
- und mit ausgeglichenem Temperament ausgestattet?

Jede Antwort, die nicht eindeutig mit einem JA beantwortet werden kann, müssen Sie bei Ihrer weiteren reiterlichen Entwicklung und Zielsetzung berücksichtigen.

*Zwischen der Kampagne- und der Westernranchreiterei nach kalifornischer Tradition gibt es viele Parallelen in der Pferdeerziehung. So wurde größter Wert darauf gelegt, dass die Pferde beim Aufsitzen ruhig stehen blieben. Man wusste: Läuft das Pferd schon beim Aufsteigen weg, so stimmt die Grundeinstellung nicht. Die Probleme setzen sich dann fort, wenn der Reiter im Sattel sitzt.*

Viel eher kann man Übereinstimmungen zwischen der militärischen Kampagnereiterei und der Westernranchreiterei nach kalifornischer Tradition erkennen.

Die Inhalte der Deutschen Reitlehre erheben den Anspruch, zeitlos und allgemeingültig zu sein. Ob das überhaupt eine Reitlehre für sich beanspruchen kann, sei dahingestellt. Unabhängig davon müsste ihre Auslegung und Anwendung aber weiter an die veränderten, heutigen Bedingungen angepasst werden, um den aktuellen Bedürfnissen der überwiegenden Mehrheit aller Reiter und deren Pferden gerecht zu werden. Dabei sollten die deutlichen Unterschiede in den Zielsetzungen von Sportreiterei und erholungsorientierter, anspruchsvoller Freizeitreiterei mehr berücksichtigt werden. Diese beiden Formen moderner Gebrauchsreiterei unterscheiden sich in ihrer Zielsetzung dann noch einmal deutlich von dem Anspruch der klassischen Reitkunst oder so genannter klassischer Schulreiterei.

## Interessant für alle Reiter

Jeder Reiter sollte sich mit den Inhalten der Deutschen Reitlehre auseinandersetzen, auch wenn er sie in der aktuellen Form in der Praxis nicht in allen Punkten umsetzen kann oder will. Dies erscheint schon deshalb notwendig, weil sie sich als die offizielle Reitlehre in Deutschland etabliert hat. Ihre Interpretation spiegelt sich in der alltäglichen Praxis von Tausenden von Reitvereinen und Reitbetrieben wider.

Das offizielle Lehrmaterial zur Ausbildung von Amateur- und Berufsreitlehrern, Pferdewirten und Betriebsleitern ist durch die Deutsche Reitlehre wesentlich geprägt. Ein wesentliches Kernstück der Reitlehre bildet die aus sechs Punkten bestehende „Skala der Ausbildung". Sie bestimmt Reittechnik und Ausbildungsaufbau. In ihr sind die Grundlagen der Pferdeausbildung gemäß den „Richtlinien für Reiten und Fahren" enthalten. Für unsere Bestandsaufnahme des Status Quo werden im Folgenden die wesentlichen Aspekte dieses Ausbildungssystems aufgezeigt und erläutert.

### TIPP

**Finden Sie Ihre persönliche Zielsetzung!**
**Ist Ihr Ziel**

- Sportlicher Erfolg,
- Erholung und Entspannung,
- Harmonie,
- naturnah leben mit Tieren,
- Kommunikation zwischen zwei unterschiedlichen Lebewesen,
- besseres reiterliches Körpergefühl, Verfeinerung der Reittechnik,
- Selbstverwirklichung und Selbsterfahrung,
- Sozialaustausch mit Menschen gleichen Hobbys,
- Gemeinschaftsgefühl?

## *Die Ausbildungsskala*

Der Begriff Ausbildungsskala suggeriert heute vielen Reiterinnen und Reitern, dass die Reihenfolge, in der die sechs Begriffe

- Takt,
- Losgelassenheit,
- Anlehnung,
- Schwung,
- Geraderichten,
- Versammlung

angeordnet sind, auch die Reihenfolge wiedergibt, in der man sie einzeln erarbeiten soll. Dies war ursprünglich nicht der Fall. Die Punkte sollten und sollen in ihrer Wechselwirkung betrachtet werden. Verständlicher wird es, wenn man sich die Punkte der Skala als einen Regelkreis vorstellt, bei dem alle Punkte miteinander verbunden sind. Sie werden mal mehr, mal weniger korrekt ausgeführt oder in den Übungen zur Geltung kommen. Das weit verbreitete Missverständnis der festen Reihenfolge wird nicht selten auch von Ausbildern weitergegeben. Hinzu kommt, dass diese Begriffe im gängigen Reitunterricht selten mit praktischem Bezug anschaulich und lebensnah vermittelt werden.

Nach meiner Erfahrung haben die meisten Reiter, mit denen ich gesprochen habe, ein gestörtes Verhältnis zu diesem Teil der Reitlehre. Die Verwirrung wird noch dadurch gesteigert, dass selbst unter Experten diese Skala in ihrer Anordnung oder Interpretation oft kontrovers diskutiert wird. Einzelne Repräsentanten der Deutschen Reiterlichen Vereinigung stellen den Anspruch, die FN habe diese Skala erfunden und alle anderen Reitsysteme müssten sich daran messen lassen. Dies scheint viele Reiter abzuschrecken. Das ist bedauerlich, denn hinter diesen starren Begriffen verbirgt sich ein bewährtes, traditionelles Reiterwissen aus ganz unterschiedlichen Bereichen. In der älteren Reitvorschrift, der HDV 12, heißt es:

- Gewöhnung an das Reitergewicht,
- Takt und Losgelassenheit,
- Entwicklung der Schubkraft und des Ganges,
- Anlehnung,
- Geraderichten,
- Durchlässigkeit, Beizäumung,
- Entwicklung der Tragkraft, Versammlung.

Die Reihenfolge erklärt sich unter anderem daraus, dass die jungen Pferde zunächst in Gruppen ungelenkt unter den Reitern in der Reitbahn frei liefen, eine Praxis, die übrigens vom Mitbegründer der Natural-Horsemanship-Bewegung, dem Amerikaner Ray Hunt, auch angewendet wird. Danach wurden sie im Gelände wieder unter Nutzung des Herdentriebes in Gruppen vorwärts geritten, ohne dass man sie schon präzise lenken oder formen wollte. Auch hier eine klare Parallele zur Methode Ray Hunts. Diese Form der kollektiven Jungpferdeausbildung wurde in den Reitvereinen und -betrieben nach ihrer Wandlung zur Sportreitlehre nicht weiter fortgesetzt.

Die Grundlage für die heutige Skala der Ausbildung ist also die Kampagneschule, wie sie in der HDV 12 festgelegt ist. Aus ihr entwickelte sich im Laufe der letzten 50 Jahre in der FN ihre jetzige Form und deren aktuelle Interpretation und Umsetzung.

**INFO**

**Die Skala der Ausbildung**
**„Die Kriterien der Ausbildungsskala müssen von jedem Pferd, unabhängig von seinem Verwendungszweck, erfüllt werden, um gehorsam, zwanglos und harmonisch auf die Hilfen des Reiters zu reagieren“ (Richtlinien für Reiten und Fahren, Band 1).**

**Warum sind nun gerade diese sechs Stufen in der Skala der Ausbildung zusammengefasst?**

Bedeutende Reiter und Ausbilder verschiedener Epochen haben die Voraussetzungen, die sich hinter diesen sechs Fachbegriffen der Reitersprache verbergen, intuitiv erfühlt oder auf Grund lebenslanger Erfahrung für richtig erkannt und weitervermittelt. Dieses Wissen wurde dann nach und nach in diesen Begriffen

*Ziel jeglicher guter Reitpferdeausbildung ist eine zwanglose Kontrolle über das Pferd und gleichmäßige Lastverteilung. Geraderichtende Übungen bilden eine wichtige Grundlage hierfür.*

*Takt und Losgelassenheit stellen sich beim Pferd nicht von selbst ein. Mit zweckmäßigen Hilfsübungen an Objekten wird das wesentlich erleichtert.*

*Bei der Entwicklung der Tragkräfte gehen Spurtreue, Durchlässigkeit und Beizäumung Hand in Hand. Der Sammelbegriff hierfür ist Versammlung.*

zusammengefasst, die allerdings vom Laien leicht falsch interpretiert werden können.

Sechs komplexe Zustands- und Verhaltensformen verbergen sich hinter diesen Begriffen, die in ihrer Gesamtheit ein durchdachtes, planvolles Gymnastizierungssystem für Reitpferde repräsentieren. Wer diese Stufen in der Ausbildung mit seinem Pferd korrekt erarbeiten kann, dem soll sie ein Pferd bescheren, dass

- seelisch und körperlich gesund,
- ausbalanciert und hinterhandaktiv,
- willig, gehorsam und durchlässig ist.

Allerdings hat die Sache einen Haken! Ein Reiter muss über fortgeschrittene reiterliche Fähigkeiten, sehr viel Erfahrung und ein ausgeprägtes Feingefühl verfügen, um diese positiven Effekte bei der Ausbildung von Pferden erzielen zu können. Je weniger ein Pferd durch eine vorherige, differenzierte Bodenarbeit vorbereitet wurde, umso schwieriger ist es, ausschließlich durch reiterliche Einwirkungen vom Sattel aus, die gewünschten positiven Reaktionen zu erzielen.

Die sechs Punkte der Ausbildungsskala werden in drei Bereiche unterteilt.

- Im ersten Bereich, der Gewöhnungsphase, sind Takt, Losgelassenheit und Anlehnung zusammengefasst. Alle drei Punkte bedingen einander in Wechselwirkung, deshalb ist die Reihenfolge nicht absolut zu verstehen.
- Im zweiten, der Entwicklung der Schubkraft, wirken Losgelassenheit, Anlehnung, Schwung und Geraderichten wechselwirkend und überschneiden sich mit dem ersten.
- Im dritten Bereich, der Entwicklung der Tragkraft, müssen Schwung, Geraderichtung und Versammlung koordiniert werden.

Diese drei Phasen bilden die verschiedenen Stadien der Durchlässigkeit. Durchlässig ist ein Pferd, das sich mit lockerer, nicht verspannter Muskulatur im Gleichgewicht unter dem Reiter bewegt und auf feine, kaum sichtbare Einwirkungen willig reagiert, die Hilfen des Reiters also „durchlässt".

Da sich die Punkte, wie oben schon aufgeführt, ergänzen, kann man nicht sagen „Heute arbeiten wir einmal am Takt" oder „Jetzt arbeiten wir mal nur an der Versammlung." Es gilt stets, mehrere miteinander wirkende Aspekte der Gymnastizierung zu beachten.

*Um die Punkte der Skala zwanglos zu erarbeiten, darf das Pferd sich nicht von Ungewohntem ablenken lassen. Stimmt die Basisarbeit, lässt es sich auch dann ohne Verspannungen willig zwischen den Hilfen auf den gedachten Linien führen.*

*Der Reiter muss dazu aber über einen absolut lockeren und ausbalancierten Sitz verfügen und präzise Schenkelhilfen geben können.*

## Missverständnisse

Leider wird die Arbeit nach der Skala der Ausbildung diesbezüglich oft falsch umgesetzt. Zudem reduziert man die Arbeit mit dem Pferd auf das stetige Wiederholen von Bahnfiguren. Der Begriff der Gewöhnung wird dabei mit dem Festigen von Gewohnheiten oder Automatismen verwechselt. Die Gewöhnungsphase dient jedoch eigentlich dazu, ein Pferd mit Neuem vertraut zu machen und ihm die Furcht zu nehmen. Ich selbst empfehle, den Begriff Gewöhnung gedanklich und praktisch um den der systematischen Erziehung zu ergänzen. Um die in der Skala genannten Eigenschaften zu entwickeln, genügt es also nicht, nur Lektionen mit einem Pferd durchzuführen. Der Reiter muss vor allem jederzeit fühlen können, ob sein Pferd die Körperreaktionen zeigt, die mit den sechs Begriffen beschrieben werden. Erkennt er Mängel, so sollten sein Bewegungsgefühl und seine „diagnostischen Fähigkeiten" so weit entwickelt sein, dass er die Ursachen erkennen kann. Seine „therapeutischen Fähigkeiten" sollten es ihm ermöglichen, durch sinnvolle Hilfsübungen und präzise Hilfengebung Lösungen für die Probleme zu finden. Die Deutsche Reitlehre erwartet also nicht mehr und nicht weniger von einem Reiter, als dass er in die Rolle eines Physiotherapeuten und eines Psychotherapeuten für Pferde schlüpft, der alle Verhaltensprobleme seines Reitpferdes vom Sattel aus mit den Mitteln korrekter reiterlicher Einwirkungen löst

und auf diesem Wege zur absoluten Durchlässigkeit in allen Situationen, also mit anderen Worten zum präzisen Hilfenverständnis und zum willigen Gehorsam gelangt.
Ein Reiter müsste über sehr gute Bereiterqualifikation verfügen, um dieses Konzept der Ausbildung vor allem im zweiten und dritten Bereich der Skala, der Entwicklung von Schub- und Tragkraft korrekt umsetzen zu können.

Mangelt es einem Reiter an solchen Fähigkeiten, werden die Versuche, alle Punkte der Ausbildungsskala durch reiterlichen Einfluss zu erarbeiten, letztlich scheitern. Dies zieht dann oft größere Nachteile für Pferd und Reiter nach sich, als wäre ganz auf den Versuch verzichtet worden. Auch sollte man unbedingt die rassetypischen Eigenarten unterschiedlicher Pferde ausreichend berücksichtigen. Die Prinzipien der Skala mögen zwar gleich sein, doch ihre praktische Umsetzung wird auf einem kurzbeinigen, kompakten Pferd mit kurzem Rücken und wenig Raumgriff anders aussehen als auf einem Warmblüter von 1,80 Meter Stockmaß mit sehr schwungvollen Bewegungen. Die zweckmäßige Umsetzung der Ausbildungsskala ist somit für einen normalen Freizeitreiter in der Praxis äußerst schwierig.

### Voraussetzungen schaffen

Ich bin der Meinung, dass 90 Prozent aller Reiter damit zunächst überfordert sind. Dennoch sollte sich jeder Reiter in einem gewissen Rahmen mit ihrem Inhalt befasst haben. Erst, wenn Sie den Sinn der sechs Punkte der Skala verstanden haben, können Sie die damit verbundenen Anforderungen an Ihre eigenen reiterlichen Fähigkeiten besser und realistischer beurteilen. Daraus ergibt sich dann, welche Übungen für Sie und Ihr Pferd sinnvoll sind. Vermutlich benötigen Sie aber zunächst Hilfestellung und Anleitung, um Ihrem Pferd gerecht zu werden. Mit der The Gentle Touch-Methode und ihren Hilfsübungen habe ich ein speziell für diesen Zweck entwickeltes, effizientes und in vielen Kursen bewährtes System entwickelt (Kontaktadressen finden Sie auf Seite 172).

## Was ist Takt?

Der erste Punkt der Ausbildungsskala ist Takt. Viele Reitschüler können sich unter diesem Begriff nichts vorstellen.

Laut FN-Richtlinien ist Takt das räumliche und zeitliche Gleichmaß. Das heißt: jeder Schritt des Pferdes ist gleichgroß und dauert gleichlang. Genauer gesagt, jedes Bein legt bei einem Schritt die gleiche Strecke zurück und wird dabei weder zögernd noch übereilt aufgesetzt. Der Schritt ist dabei ein Viertakt; der Trab ein Zweitakt und der Galopp ein Dreitakt.

Ein freilaufendes Pferd wird fast immer im Takt laufen, es sei denn, es hat Schmerzen. Unter dem Reiter können Verspannungen dazu führen, dass der Takt gestört ist. Verspannungen können sowohl körperliche wie auch seelische Ursachen haben. Auch kann das Pferd im Gleichgewicht gestört werden. Das hängt wesentlich davon ob, ob die Haltung des Reiters locker, balanciert und ruhig ist oder nicht. Weil Muskelverspannungen zu Taktstörungen führen können, sollte ein junges Pferd die Möglichkeit haben, zuerst einmal mit langem Hals zu laufen. In dieser Haltung kann es alle Muskeln dehnen. Das Reitergewicht wird im Rücken von einem System starker Bänder getragen und wirkt noch nicht auf die Rückenmuskeln selbst ein.

*Ein Pferd geht taktmäßig, wenn es auf geraden und gebogenen Linien in jeder Gangart das räumliche und zeitliche Gleichmaß der Bewegungen erhält.*

## Problemfälle

Bei unausgebildeten oder verrittenen Pferden ist es sehr schwierig für den Reiter, einen langen Zügel anzubieten und nicht störend einzuwirken, da diese Pferde häufig eilen, unregelmäßig gehen und von allein nicht zu einem konstanten Takt finden. In solchen Situationen ist es dem durchschnittlichen Reiter kaum möglich, mit der Reittechnik, wie sie die Deutsche Reitlehre anbietet, zum Erfolg zu kommen.

Mit passenden Hilfstechniken und -übungen können solche Probleme aber überwunden werden. Der Takt sollte auch in Wendungen und Kurven nicht verloren gehen. Weitere Faktoren, die den Takt negativ beeinflussen, sind Aufregung, ein schief sitzender Reiter, eine zu starke Handeinwirkung des Reiters auf das Maul des Pferdes oder auch mangelnde bzw. behindernde aktivierende Schenkeleinwirkungen.

Im Trab ist der Takt am sichersten und kann außerdem über das Leichttraben direkt beeinflusst werden. Daher eignet sich diese Gangart am besten, um den Takt zu stabilisieren. Im Schritt neigen einige Pferde dazu, sich zu verspannen und verhalten oder unregelmäßig zu gehen. Manche wechseln sogar von einem Viertakt in einen Zweitakt, den Pass. Meist zeigen die Pferde nur bei angenommenem Zügel diese Verhaltensweisen. Ist der Zügel hingegeben oder läuft das Pferd frei, geht es in einem sauberen Viertakt. Einfühlsamere Kontaktaufnahme und -pflege mit Zügeln und Gebiss zum Pferdemaul und aktivierende Einwirkungen können bei der Problemlösung helfen. Zweckmäßige Hilfsübungen erleichtern es Pferd und Reiter auch hier, Vertrauen und Gefühl zu verbessern.

*Der Takt sollte auch in Wendungen und Kurven nicht verloren gehen. Dazu muss ein Pferd sowohl aktivierende wie auch begrenzende Schenkeleinwirkungen ohne Widerstand mit entsprechendem Bewegungsverhalten reflektieren. Im Trab lässt sich der Takt am sichersten stabilisieren und kann außerdem über das Leichttraben direkt beeinflusst werden.*

Im Galopp geht der Takt oft verloren, wenn der Reiter das Pferd nur mit dem Zügel im Tempo regulieren will. Das Pferd springt dann nicht mehr richtig durch und geht in einem Viertakt. Diese Gangart wird oft auch als „Tralopp“ bezeichnet, weil es so aussieht, als ob das Pferd vorne galoppieren und hinten traben würde. Besonders häufig sieht man diese Bewegungsform bei Pferden, die am „losen Zügel“ ohne akkurat aktivierende, treibende Einwirkungen geritten werden.

Während der Ausbildung ist es normal, dass der Takt zeitweilig etwas verloren geht. Die Pferde sollten dann aber immer wieder durch geeignete Übungsabläufe zu einem regelmäßigen Takt zurückfinden.

## *Was versteht man unter Losgelassenheit?*

Losgelassenheit ist die Voraussetzung für eine erfolgreiche Dressurarbeit mit Pferden. Als losgelassen bezeichnet man ein Pferd, wenn es körperlich und seelisch entspannt ist und freudig mitarbeitet. Nur so kann das Pferd die Hilfen des Reiters befolgen und auch etwas lernen. Nur aus diesem körperlichen und geistigen Zustand heraus kann es die anderen Punkte der Skala entwickeln. Als Voraussetzungen für die Losgelassenheit muss eine grundsätzliche Verständigungsbasis zwischen Ausbilder und Pferd geschaffen sein und das Pferd muss sich in vollem Vertrauen und uneingeschränkter Akzeptanz zum Reiter, den Ausrüstungsgegenständen und zur Umgebung befinden.

Das Problem mangelnder Losgelassenheit kann also nicht allein durch reiterliche Maßnahmen vom Sattel aus im Rahmen der Ausbildungsskala gelöst werden. Es bedarf in einem solchen Fall umfangreicher, vorbereitender Gesamtmaßnahmen und Hilfsübungen. Verschiedene Formen der Bodenarbeit haben sich dafür besonders bewährt.

Merkmale der Losgelassenheit (innere und äußere) sind ein zufriedener Gesichtsausdruck (Augen, Ohrenspiel), und ein gleichmäßig schwingender Rücken. Das Pferd spannt seine Muskeln gleichmäßig ohne Verkrampfung an und ab. Es geht taktmäßig. Es hat das Maul geschlossen und ein flexibles Unterkiefergelenk und Genick. Man nennt das auch: Es kaut auf dem Gebiss. Dabei speichelt es vermehrt ein und in der Maulspalte erscheint leichter Schaum. Es trägt den Schweif locker und mit der Bewegung pendelnd und es schnaubt ab. Das heißt, das Pferd klemmt den Schweif nicht zwischen die Schenkel und peitscht auch nicht aufgeregt, es knirscht nicht mit den Zähnen oder klappert mit dem Gebiss herum. Kurz gesagt, das Pferd lässt seine Muskeln los, es ist nun „gelöst".

Das Pferd sollte in jeder Gangart bereit sein, sich mit Kopf und Hals nach vorne unten zu strecken. Überprüfen lässt sich das, wenn man vom angenommenen Zügel die Zügel langsam hingibt. Dies nennt man: Zügel-aus-der-Hand-kauen-lassen oder An-den-Zügel-dehnen lassen. Es darf dabei aber weder dem Reiter den Zügel aus der Hand stoßen noch sich schwer auf dem Gebiss abstützen.

Bei der Ausbildung eines jungen Pferdes geht die Losgelassenheit zeitweilig verloren. Es ist deshalb eines der ersten Ziele, diesen Zustand immer wieder herzustellen und alle Rahmenbedingungen so zu gestalten, dass er, einmal eingetreten, möglichst erhalten bleibt. Bei einem bereits ausgebildeten Pferd ist es ein wichtiger Teil der Lösungs- oder Aufwärmphase zu Beginn einer Trainingseinheit, die Losgelassenheit herzustellen. Die Praxis hat gezeigt, dass es über die in der Reitlehre empfohlene Form des Lösens weitere zweckmäßige Techniken und Methoden gibt. Je nach Pferdetyp und Rahmenbedingungen haben sich unterschiedliche Möglichkeiten bewährt.

Der Begriff Losgelassenheit wird immer wieder in der Praxis missverständlich interpretiert und auch mit Lockerheit, Zwanglosigkeit, Nachgiebigkeit oder Entspannungsfähigkeit umschrieben. Diese Zustände bezeichnen Vorstufen oder Teilbereiche der Losgelassenheit.

*Ein losgelassenes Pferd speichelt das Gebiss mit weicher Maultätigkeit ein, hat einen locker pendelnden Schweif, einen zufriedenen Gesichtsausdruck, ruhige, gleichmäßige Bewegungen und schnaubt hin und wieder ab.*

## *Welche Form der Anlehnung?*

Dieser dritte Punkt der Skala ist derjenige, der am stärksten im Bewusstsein aller Reiter verankert ist. Er ist am augenfälligsten. Zu keinem anderen Punkt gibt es so unterschiedliche Meinungen und abweichende Praktiken. Bei keinem anderen Punkt sind die praktischen Auswirkungen in Bezug auf Befindlichkeit und Funktionalität so nachhaltig. Diesem Punkt kommt in vielerlei Hinsicht eine Schlüsselrolle zu.

In der Dressurreiterei versteht man in der Auslegung der FN unter Anlehnung „eine stete Verbindung der Reiterhände mittels Zügel und Gebiss zum Pferdemaul". Sie soll sich weich und elastisch den Bewegungen des Pferdes in allen Situationen anpassen und passiven Charakter haben. Die Zügel sollen niemals rückwärts angezogen werden, nur leichte, zeitweilige Drucksteigerungen, die so genannten „halben" oder „ganzen" Paraden dienen als Zügelsignale. Wichtig ist dabei, dass das Pferd die Anlehnung suchen soll. Das heißt, das Pferd dehnt den Hals so weit nach vorne-unten, bis eine konstante Zügelverbindung entsteht. Es soll sich dabei aber nicht auf das Gebiss „stützen" oder „legen", das heißt sein Körpergewicht stark nach vorn verlagern.

*In der traditionellen kalifornischen Reitweise genügt eine weiche Verbindung am leicht durchhängenden Zügel, um einem Pferd alle Signale zu geben.*

Die Anlehnung soll der Reiter laut FN dadurch erreichen, dass er mit sanften, einfühlsamen treibenden Hilfen vorwärts reitet. Merkt er, dass das Pferd den Kontakt mit dem Maul zum Gebiss sucht, gibt er ihm über den Zügel einen sanften Widerstand, so dass es an das Gebiss herantreten kann. Die Verbindung ist mehr ein Gegenhalten als ein Ziehen.

Durch diese Anlehnung soll es dem Pferd leichterfallen, sein Gleichgewicht unter dem Reiter zu finden. Die Anlehnung soll allerdings nie aktiv vom Reiter durch ein Ziehen am Zügel herbeigeführt werden. Der dadurch entstehende Druck des Gebisses im Maul auf Zunge, Lippen und Unterkieferästen (Laden) würde beim Pferd Abwehrreflexe auslösen, die zu Verspannungen der Hals- und Rückenmuskulatur führen. Das Pferd würde das Vertrauen zum Reiter verlieren und versuchen, sich vor dessen Einwirkungen zu schützen. Sein Rücken würde nicht mehr locker schwingen können und es würde mit den Hinterbeinen nicht mehr energisch mittreten. Dadurch würden Takt und Losgelassenheit verloren gehen.

So die Vorgabe der FN.

### Reiten in Beizäumung

Als Folge des Reitens mit dieser nach der FN richtigen Form der Anlehnung soll sich dann nach und nach eine Haltungsänderung beim Pferd einstellen, die Beizäumung. Hinter diesem Begriff versteckt sich, was landläufig als „am Zügel gehen" oder als „Dressurhaltung" bekannt ist. Den meisten Reitern fällt es nicht leicht, mit den Zügeln diese feine und dennoch bestimmte Form der Anlehnung des Pferdes am Gebiss zu gewährleisten oder ein Pferd stets in der von der Reitlehre geforderten, korrekten Beizäumung zu reiten. Es genügt, Dressurreitern bis zum höchsten Niveau bei der Ausbildung ihrer Pferde, auf den Abreiteplätzen und in den Prüfungen zuzuschauen, um das Problem bestätigt zu finden.

Durchschnittliche Freizeitreiter sind mit dieser Aufgabe generell überfordert und es gelingt ihnen in der Regel nicht, diese Form der Anlehnung konsequent und zum Wohle des Pferdes in die Praxis umzusetzen. Dies gilt ganz besonders, wenn sie auch noch auf nicht gut ausgebildeten, undurchlässigen Pferden reiten.

## Zweckorientierte Anlehnung

Der Begriff der Anlehnung verursacht wohl die meisten Missverständnisse bei Reiterinnen und Reitern und er wird in der unterschiedlichsten Form interpretiert und in die Praxis umgesetzt. Ob nun bei erfolgreichen Sportreitern oder Freizeitreitern, nur wirklich selten sieht man die Theorie der Reitlehre in diesem Punkte konsequent praktiziert und dauerhaft umgesetzt. Dies trägt zur allgemeinen Verunsicherung bei. Außerdem sollte bedacht werden, dass Pferde in anderen Reitweisen ohne die in der Deutschen Reitlehre geforderte Form der Anlehnung ausgebildet und geritten werden und dennoch zufrieden, kontrolliert an leichten Hilfen zu reiten sind und dabei gesund und leistungsfähig bleiben können. Dieser Umstand legt nahe, dass die Skala der Ausbildung nicht der einzige Weg ist, ein Reitpferd rittig und gesund zu erhalten. Aus meiner Sicht ist der Punkt Anlehnung oder Zügelkontakt in jedem Falle ein notwendiger, sorgfältig zu erarbeitender Bestandteil jeglicher seriöser Reitpferdeausbildung. Die Praxis zeigt aber, dass die Form der Anlehnung und die Art und Weise, wie sie erarbeitet und praktiziert wird, von der zuvor beschriebenen Form (FN-Interpretation) abweichen kann. Je nach Zielsetzung in der Ausbildung, nach endgültiger Aufgabenstellung, nach Reitweise oder auch nach Pferdetyp wird die Form, in der die Anlehnung praktiziert wird, variieren können. Dabei wird man das von der FN definierte und wohl auch von jedem Reiter letztlich angestrebte Ziel eines harmonischen und sicheren Reitens auch erreichen können. Für fortgeschrittene und sportorientierte Reiter, die den Weg der heute gebräuchlichen Dressurpferdeausbildung gehen möchten, muss die Definition der FN-Reitlehre als Maßstab gelten. Für Freizeitreiter kann der Weg sicherlich etwas anders aussehen. Allerdings bin ich nicht der Meinung, dass man ganz

*Oft wird unter Anlehnung ein deutlicher, dauerhafter Zügelkontakt verstanden. In vielen Reitweisen wird hierauf verzichtet. Letztlich ist es wichtig, dass ein Pferd sich willig führen lässt und dabei ausbalanciert läuft.*

und gar auf die Erarbeitung einer geregelten und einfühlsamen Verbindung über Zügel und Zäumung verzichten kann. Das scheint auf den ersten Blick im Widerspruch zu manchen meiner Reitvorführungen zu stehen, habe ich doch immer wieder in den letzten 25 Jahren Pferde komplett ohne jegliche Zäumung in Schauvorführungen vorgestellt. Dies geschah und geschieht, um zu verdeutlichen, dass als Resultat einer entsprechenden Schulung auch zeitweilig auf das Hilfsmittel einer Zäumung verzichtet werden kann. Im Rahmen einer soliden Ausbildung kann man nach meiner Ansicht jedoch nicht auf den Einsatz von Zäumungen verzichten. Das können sowohl solche mit Gebiss, aber auch gebisslose Zäumungen sein. Jede hat ihre ganz besondere Wirkungsweise. Wichtig ist, eine Zäumung so anzuwenden, dass ihre individuelle Funktionsweise gefühlvoll, ohne Zwang und zweckmäßig genutzt wird. Das erlegt dem Reiter die Verantwortung auf, die schonende und pferdegerechte Verwendung der Zäumungen, die er benutzen möchte, auch seriös zu erlernen. Sich vor dieser Verantwortung mit dem Argument zu drücken, man reite prinzipiell „ohne" oder ohne sie zu benutzen, ist unehrlich. Solches Verhalten zeugt von großem Unverständnis oder Ignoranz gegenüber den negativen Auswirkungen für das Pferd.

## Freundliche Kontaktpflege

Damit sich das Thema der Anlehnung nicht zu einem steten Stolperstein und Störfaktor in der Beziehung zwischen Pferd und Reiter entwickelt, wird in der The Gentle Touch-Methode diesem komplexen Thema besonderes Augenmerk gewidmet. Ich persönlich umschreibe den Zustand der Anlehnung mit „freundlicher Kontaktpflege mit mehr oder weniger Grundspannung". Damit meine ich sowohl eine mentale Verbindung (innere Anlehnung) wie die körperliche Verständigungsebene (äußere Anlehnung). Einfühlsamer, vertrauensvoller und aufeinander abgestimmter Kontakt des Reiters über die Zäumung und mit den Schenkeln gehört ebenso dazu, wie der Umstand, dass das Pferd schon zuvor gelernt hat, diesen Kontakt als Verständigungsmittel, als Signale zu interpretieren. Ich sehe mich bei dieser Kontaktpflege in der Rolle eines Therapeuten, der mit ausgeglichener, freundlicher Gefühlshaltung und weich Verbindung haltenden Händen und Schenkeln den „Patienten Pferd" durch ein therapeutisches Bewegungsprogramm leitet, ihm Hilfestellung (Hilfen) gibt und es motiviert, auch weiterzumachen, wenn es einmal etwas „klemmt". Das Ziel aller Handlungen ist stets, eine Muskelentspannung als letzte Reaktion zu erreichen. So dienen die Übungen der The Gentle Touch-Methode vor allem dazu, Verständigung zu ermöglichen und Muskelentspannung zu fördern. Die Entwicklung von Schub- und Tragkräften wird nur so weit mit einbezogen, wie sie zur Erhaltung einer natürlichen Balance und zur Entwicklung der Selbsthaltung oder Gebrauchshaltung eines Reitpferdes notwendig sind. Dafür muss aus meiner Erfahrung kein ständiger gleichmäßiger Zügelkontakt während der gesamten Reitaktivitäten praktiziert werden. Ganz im Gegenteil – nach meiner Vorstellung besteht der Zügelkontakt mehr aus einem Geben und Nehmen, Hände und Armgelenke sollen locker und flexibel bleiben und die Handposition soll sich zweckmäßig und situationsorientiert verändern und anpassen. Ich setze meine Hände beim Reiten ein wie ein Musiker, der ein Musikinstrument spielt, vielfältig, beweglich und mit Gefühl. Dieses Bild vermittle ich auch meinen Schülern. Die The Gentle Touch-Methode bietet verschiedene Hilfsübungen an, die es erleichtern, diese Fähigkeit einfühlsamer Zügelführung recht schnell zu erlernen. Beispiele hierzu finden sie auf den Seiten 136 bis 143.

Nichts stört die Harmonie zwischen Pferd und Reiter mehr und führt zu Abwehrreaktionen beim Pferd als ein Ziehen am Zügel oder aber eine unruhige oder gefühllose Zügelführung mit entsprechend unangenehmen oder schmerzhaften Einwirkungen im Pferdemaul. Da helfen auch keine „milden" Gebisse, ganz gleich, ob sie nun besonders dick, aus Gummi oder Kunststoff sind.

*Wer mit einer gebisslosen Zäumung wie der klassischen Hackamore reitet, der benötigt die „mentale Anlehnung" seines Pferdes, um es in allen Situationen mit feinsten Signalen kontrolliert reiten zu können.*

*Ein Reiter sollte unabhängig von der Reitweise und der Ausrüstung genügend Zügelgefühl entwickeln.*

*Dann kann er dem Pferd im richtigen Moment entweder Kontakt oder Zügelfreiheit gewähren.*

## *Wie entsteht Schwung?*

Viele Reiter können sich unter dem Begriff Schwung nicht viel vorstellen. Sie denken dabei an ein Pferd, das schnell läuft und unbequem zu sitzen ist und sich nicht mehr so leicht kontrollieren lässt. Sie neigen dazu, lieber schwunglos-langsam zu reiten. In der Dressur versteht man unter Schwung die energische Übertragung der Kraft aus der Hinterhand auf die Vorwärts-Aufwärts-Bewegung. Schwung kann nur in den schwunghaften Gangarten Trab und Galopp entstehen und gefördert werden, da er eng mit der Schwebephase zusammenhängt. Da der Schritt keine Schwebephase hat, kann hier kein Schwung entstehen.

Laut den FN-Richtlinien soll ein Pferd, das mit Schwung läuft, das Hinterbein direkt nach dem Abfußen vorwärts aufwärts bewegen. Der so entstehende Bewegungsimpuls wird über einen schwingenden Rücken auf das ganze Pferd übertragen.

INFO

**Definition von Schwung**

Schwung könnte man auch mit „Impulsion" übersetzen. Das bedeutet, dass das Pferd zu „fleißigerem" Gebrauch der Hinterbeine angeregt werden soll. In der The Gentle Touch-Methode geschieht das in verschiedenen Stufen. Während der Bodenarbeit (vergl. Seite 110ff.) lernt ein Pferd das Verständnis für Signalimpulse und deren Wirkung auf die Bewegung einzelner Beine. Es beginnt, Berührungsreize, Stimmsignale und Körperhaltung des Ausbilders mit engagierten, fleißigeren Tritten zu verknüpfen. Unter dem Reiter wird das fortgesetzt. Der Reiter seinerseits lernt, die Berührungsreize, z. B. Schenkelimpulse, im richtigen Timing zu geben. Zunächst wird das Pferd dadurch motiviert, die Schwebephasen einzelner Beine zu verlängern. Durch viele Gangart- und Tempowechsel wird es animiert, energischer abzufußen oder mehr Last aufzunehmen. Die Erziehung zum Fleiß ist dabei ebenso bedeutsam, wie eine begleitende, angemessene und im Timing präzise Impuls-Hilfengebung. Über einen längeren Zeitraum konsequent angewandt, kann mit einem solchen Verfahren eine Förderung der Schubkraft mit den Hinterbeinen erreicht werden. Das Pferd wird dadurch elastischer, weicher zu sitzen und kraftvoller in seinen Bewegungen.

Geht ein Pferd losgelassen und mit Schwung, so ist es für den Reiter bequem zu sitzen, da es den Reiter in der Bewegung „mitnimmt". Die Bewegung ist weich und harmonisch. Die bei vielen Reitern unbeliebten Stöße im Trab sind dann deutlich vermindert.

Ob Schwung entstehen kann, hat viel mit dem Tempo zu tun. Reiten Sie das Pferd unter seinem Grundtempo, so treten die Hinterbeine nicht genügend mit und es kann keinen Schwung entwickeln. Reiten Sie zu schnell wird das Pferd eilig. Statt langer, schwingender Tritte macht es dann viele kurze. Es entsteht ein „Nähmaschinen-Trab" oder abgehackter Galopp.

Es ist also nicht nur für Dressurreiter und ihre Pferde notwendig, an der Schwungentwicklung zu arbeiten, auch für Freizeitpferde ist eine Förderung des Schwungs in angemessener Form von Vorteil.

### Schwungentwicklung

Über viele Tempowechsel innerhalb von Trab und Galopp lässt sich der Schwung eines Pferdes entwickeln. Dabei verstärken die Wechsel die Schubkraft aus der Hinterhand und verfeinern die Reaktion des Pferdes auf die aktivierenden, vorwärtstreibenden Hilfen.

Ziel ist es, dass der Bewegungsimpuls des Pferdes vermehrt aus der Hinterhand kommt und nach vorn-aufwärts ausgerichtet ist. Das Pferd soll also größere und höhere Schritte machen. Es vermittelt dabei den Eindruck, es würde bergauf laufen.

Am Anfang ist es am einfachsten, den Schwung im Leichttraben zu entwickeln, da der Reiter hier den Takt gut steuern kann. Üben Sie im Leichttraben immer wieder, das Pferd vermehrt vorwärts zu reiten und danach wieder einzufangen. Sie werden relativ schnell feststellen, dass sich beim Zulegen des Tempos die Schwebephase verlängert. Das ist der erste Schritt in Richtung Schwung.

Anschließend sollten Sie diese Übung im Galopp wiederholen. Ziel ist hier ein rollender, nach oben gerichteter Galoppsprung, bei dem Sie die Aufwärtsbewegung deutlich spüren.

## Wie viel Schwung soll es sein?

Die meisten Schwierigkeiten bereitet die Schwungentwicklung vielen Reitern im Trab-Aussitzen. Hier bringt der veränderte Bewegungsrhythmus den Reiter aus dem Gleichgewicht und er stört dadurch wiederum das Pferd. Hilfsübungen, mit denen es erleichtert wird, bewusst entspannt zu sitzen und sich vom Pferd in der Bewegung mitnehmen zu lassen, sind hier hilfreich (vergleiche Seite 151).

Damit die so erzielten Erfolge nicht gleich wieder zunichte gemacht werden, sollten Sie die Schwungentwicklung langsam aufbauen. Zu Anfang reichen jeweils ein paar Trabtritte oder Galoppsprünge. Unterschätzen Sie dabei nicht, wie anstrengend es für Ihr Pferd ist, dieses neue Bewegungsmuster umzusetzen. Also reiten Sie lieber öfter kurze Stücke mit Schwung. Für ein Dressursportpferd ist die Entwicklung des Schwungs in größtmöglicher Ausprägung die Zielsetzung. Bei Pferden, die für andere Zwecke ausgebildet werden sollen, verhält sich das anders. Da genügt es, den Schwung nur bis zum fleißigen und engagierten Vorwärtsgehen zu fördern. In bestimmten Turnierdisziplinen der Westernreitweise verzichtet man bewusst auf schwungvolle Bewegungen. Der Schwung ist also ähnlich wie die Anlehnung ein Punkt der Ausbildungsskala, der auch abweichend von den Vorstellungen der FN-Dressurreiterei umgesetzt werden kann.

*Unter Schwung versteht man die energische Übertragung der Kraft aus der Hinterhand mit entsprechenden Schwebephasen. Im Trab lässt sich das am besten erkennen.*

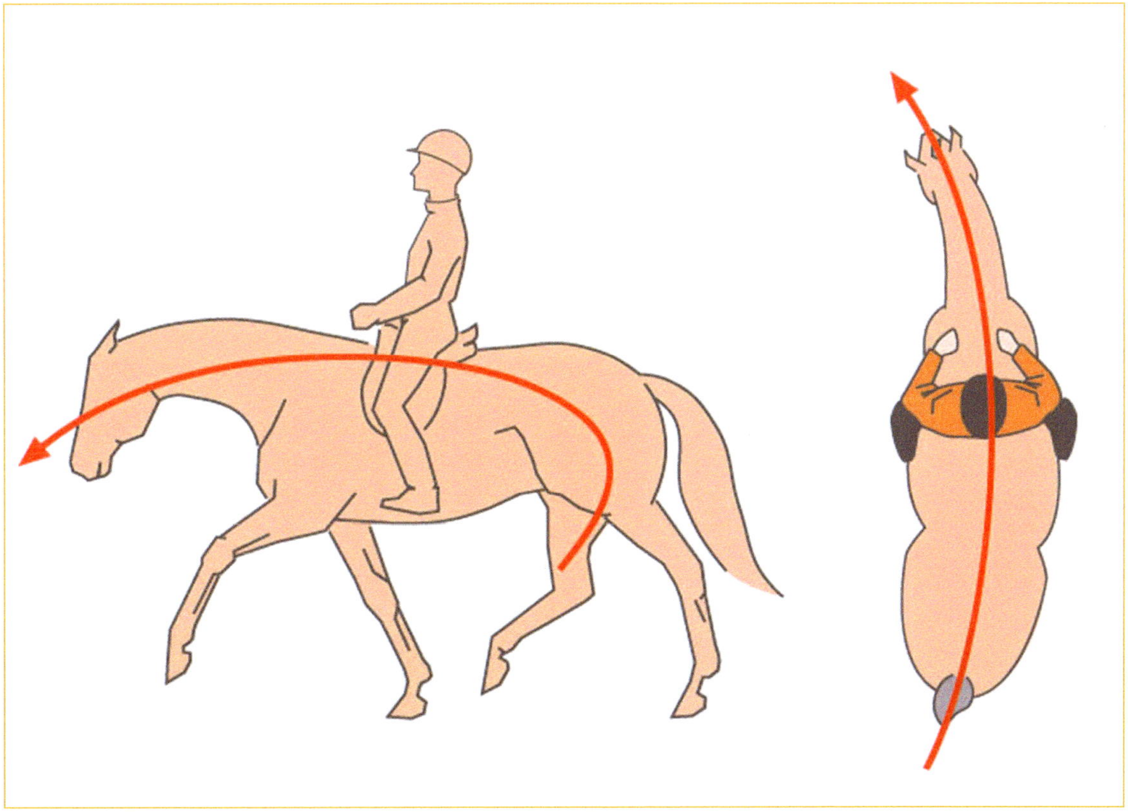

*Damit ein Pferd unter dem Reiter schwungvollere Bewegungen erlernt, muss er ihm Gelegenheit geben, sich über den Rücken etwas zu strecken. Auf gebogenen Linien muss das Pferd dabei mit den Hinterbeinen in die Spur der Vorderbeine fussen. Durch Tempo-, Gangart- und Richtungswechsel lässt sich der Schwung am leichtesten verbessern.*

Bei Pferden und Menschen kann die natürliche Schiefe durch sinnvolle Gymnastizierung verringert werden.

## Ist geradegerichtet gleich gerade?

Pferde sind wie wir Menschen von Natur aus in ihrer Muskeltätigkeit nicht symmetrisch. Man spricht von der natürlichen Schiefe. So wie wir links- oder rechtshändig sind, eine Körperseite also bevorzugt einsetzen, ist das bei Pferden auch der Fall. Ein Pferd kann mit dieser Schiefe durchaus problemlos umgehen. Doch wollen wir sie als Reitpferde einsetzen, so können daraus vielfältige Probleme entstehen. Ein Pferd mag z. B. nur Rechtsgalopp gehen oder es ist bei Wendungen zu einer Seite extrem steif. Solche und ähnliche Verhaltensmuster können zu einseitiger Überlastung führen, stören das Gleichgewicht und führen zu Verspannungen und Steifheiten. Um ein Pferd für seine Aufgabe als Reitpferd vorzubereiten, sollte es deshalb lernen, seine Muskulatur im Zusammenspiel aller Bewegungen zu synchronisieren, bis Beuge- und Streckmuskeln auf beiden Körperseiten gleichmäßig arbeiten können. Es ist also nicht nur beim Geradeausreiten gerade, sondern auch in Wendungen im Gleichgewicht. Mit dem Begriff Geraderichten meint man also, die Muskelbildung des Pferdes so zu beeinflussen, dass es sich mit linkem und rechtem Beinpaar in Raumgriff und Lastaufnahme gleich engagieren kann. Es setzt die Hinterbeine jeweils in die Spur der Vorderbeine oder diese vor die Hinterbeine. Die Formulierung „ein Pferd geraderichten" halte ich für missverständlich, weil sie suggeriert, der Reiter könne durch mechanische Einwirkung ein Pferd „gerade machen". Tatsächlich kann man nur im Rahmen der reiterlichen Einwirkungen (Hilfen) motivierend auf ein Pferd einwirken, um es zu veranlassen, in einer bestimmten Körperhaltung und in einem bestimmten Tempo auf einer gedachten geraden oder gebogenen Linie möglichst gleichmäßig und regelmäßig zu laufen. Führt man solche Übungen systematisch, regelmäßig, abwechslungsreich und wiederholt aus, so entwickelt das Pferd nach und nach ein verändertes Bewegungsverhalten mit dem Resultat, dass seine Muskulatur die Tendenz zu Schiefe verliert und gleichmäßiger arbeitet. Voraussetzung dafür ist aber, dass die Muskulatur stets locker genug ist. Auf einer Geraden wird seine Längsachse von oben gesehen mit der geraden Grundlinie, auf der es sich bewegt, übereinstimmen. Wird es auf einer gebogenen Linie, z. B. einem Zirkel geritten, so wird es mit seinen Hufen zwei Linien parallel zur Grundlinie des Zirkels beschreiben. Seine Hinterbeine fußen dann jeweils auf der Spurlinie der jeweiligen Vorderbeine. Damit es das überhaupt kann, muss seine Muskulatur locker sein. Die Dehnungsfähigkeit der Rumpfmuskulatur ist dafür wiederum eine wichtige Voraussetzung. Im Zusammenhang mit dem „Geraderichten" ist in der Reitlehre häufig von „Rippenbiegung" die Rede. Tatsächlich haben wissenschaftliche Untersuchungen gezeigt, dass der Rippenkasten des Pferdes sich nahezu gar nicht seitlich biegt. Hals- und Lendenwirbelsäule können sich biegen, Brust-, Rücken- und Kreuzbeinwirbel sind kaum seitlich beweglich.

## Sitzgefühl entwickeln

Um an diesem Punkt der Skala effektiv arbeiten zu können, muss man als Reiter ebenso in der Lage sein, den Körpermittelpunkt seines Pferdes genau zu erspüren wie die Spurtreue oder die Abweichung der Beine von einer gedachten Grundlinie. Man muss ein Pferd mit dessen Mittelpunkt über einer gedachten Linie (Bahnfigur) ausrichten und mit den Hilfen so „einrahmen" können, dass es daraus ableitet, der gedachten Linie in einer bestimmten Körperhaltung zu folgen. Dabei werden die Hilfen so platziert, dass es motiviert wird, in Biegung oder Geradeauslauf jeweils mit dem Hinterbein in die Spur des Vorderbeins zu treten. Sie müssen also in der Lage sein, das Bewegungsverhalten Ihres Pferdes präzise zu erfühlen und Sie müssen Ihre Idee (von der gedachten Linie und von der richtigen Biegung oder Körperhaltung) zur Idee Ihres Pferdes werden lassen. Dies ist eine der am schwierigsten zu entwickelnden reiterlichen Fähigkeiten und damit die größte Hürde, die es zu überwinden gilt, will man ein Pferd in allen Punkten der Ausbildungsskala korrekt arbeiten. Viele Reiter schaffen es in einem ganzen Reiterleben nicht, ihr Gefühl so weit zu entwickeln. Sie haben eine viel größere Chance, dieses Ziel zu erreichen, wenn Sie sich besonders in diesem Themenbereich mit The Gentle Touch-Hilfsübungen das Lernen erleichtern. Sowohl bei sich selbst wie auch bei Ihrem Pferd können Sie durch zweckmäßige, vorbereitende Übungen in der Bodenarbeit das Bewusstsein und die Techniken für die richtige Umsetzung aller Übungen, die dem Geraderichten dienen, entwickeln. Für die Arbeit eines Dressurpferdes in höherer Versammlung ist unabdingbar, dass es korrekt geradegerichtet ist. Doch auch für Reitpferde, die dieses hochgesteckte Ziel nicht erreichen müssen, ist die geraderichtende Arbeit bis zu einem bestimmten Punkt sinnvoll. Ihr Pferd wird geschmeidiger und es arbeitet auf beiden Händen gleichmäßig. Um Reiter und Pferd auf die Anforderung der geraderichtenden Arbeit besser vorzubereiten, bietet die The Gentle Touch-Methode viele Übungen im Bereich der Bodenarbeit und der Arbeit unter dem Sattel (Beispiele finden sie auf den Seiten 106f. und 156 bis 159). Sie sollen dem Pferd vor allem helfen, seine Muskulatur zu lockern und zu dehnen, bevor die Wechselwirkung von Beugen und Strecken in den Mittelpunkt der gymnastizierenden Arbeit rückt. Auch sollen sie das Bewusstsein und die Körperkoordination in Bezug auf „gerade" entwickeln und fördern. Die Thematik Geraderichten bekommt also in der Schulung eines Pferdes nach der The Gentle Touch-Methode nicht erst gegen Ende der Ausbildung Bedeutung, dieses Thema zieht sich von Anfang an als wichtiger roter Faden durch die Ausbildung. Schon beim Führtraining im Bereich der Bodenarbeit lernen Mensch und Pferd bewusst, sich möglichst gleichmäßig und gerade zu bewegen. Geraderichten und Balance stehen in enger Abhängigkeit zueinander und sollten stets Beachtung finden.

*In der The Gentle Touch-Methode lernt man, ein Pferd in korrekter Balance gerade zu reiten. Der Fußballspieler Horst Hrubesch ist dafür ein gutes Beispiel.*

*Ein gut geschultes Pferd soll stets mit den Hinterbeinen in die Spur der Vorderbeine fußen. Hat es das einmal gelernt, so bedarf es dazu keiner ständigen Hilfen mehr, nur eines ausbalancierten Sitzes.*

INFO

**Geraderichtende Übungen**
Es gibt eigentlich keine Einzelübungen, mit denen man ein Pferd geraderichten kann. Es gibt unterschiedliche Ausbildungsschwerpunkte, in denen Übungen helfen, das Pferd zu motivieren, seine Körpermuskulatur immer gleichmäßiger einzusetzen. Zunächst sind es Übungen zur Muskellockerung und Dehnung. Damit es nach und nach lernt, sie gleichmäßiger einzusetzen, ist ein häufiger Wechsel zwischen Arbeit auf der linken und rechten Hand sowie schwungvoll-energischem Gehen und locker entspanntem Gehen notwendig. Variationen auf engeren und größeren Volten und die Arbeit auf zwei Hufschlägen helfen, eine immer gleichmäßiger arbeitende Muskulatur aufzubauen. Zum Schluss werden solche Übungen in höherer Versammlung ausgeführt, das ist dann mit deutlich höherem Kraftaufwand der Rumpf- und Beinmuskeln verbunden. Deshalb sollte nur in kurzen Reprisen im Rahmen der physischen Möglichkeiten eines Pferdes auf dieser Ebene gearbeitet werden.

## *Was ist Versammlung?*

Der magische Begriff in der Reiterei heißt Versammlung. Nahezu jeder Reiter hat ihn schon gehört oder benutzt. Doch die meisten haben nur eine vage Vorstellung davon, was sich hinter diesem Fachbegriff verbirgt und wie dieser Zustand tatsächlich erreicht und erhalten werden kann. Versammelnde Übungen sind alle, in denen das Pferd seine Balance verändert und zeitweilig zu vermehrter Lastaufnahme mit den Hinterbeinen angeregt wird. Man könnte auch sagen, dass ein versammeltes Pferd seine Kräfte bündelt, um sich in dynamischer Bewegung optimal auszubalancieren.

Die Versammlung wird deshalb wie kaum ein anderer Begriff der Ausbildungsskala mit der Dressurreiterei als Reitsportdisziplin verknüpft. Und wohl kaum ein anderer Begriff ist mit so viel Mythos und Ehrfurcht behaftet. Aber auch kaum ein anderer wird so häufig falsch interpretiert. Dieser Begriff weckt den Ehrgeiz vieler Reiter und veranlasst sie, ihren Pferden Leistungen abzuverlangen, für die diese nicht seriös vorbereitet sind oder denen sie wegen anderer fehlender Voraussetzungen nicht entsprechen können.

Im System des Dressurreitens kommen versammelter Trab und versammelter Galopp ab der Klasse L vor. Je höher die Klasse, desto stärkere Versammlung ist gefragt. Der Gipfel der Versammlung in einer Dressurprüfung sind Lektionen wie z. B. Piaffe oder Galopppirouette.

### Sinn und Zweck der Versammlung

Ziel der Versammlungsarbeit ist es also, ein Pferd zu motivieren, mit der Hinterhand mehr Gewicht aufzunehmen. Dazu muss es alle seine Gelenke, vor allem die der Hinterhand, vermehrt beugen, was anstrengend ist. Die Hüfte muss gekippt werden, Knie und Sprunggelenk werden verstärkt gewinkelt. Dieses Phänomen nennt man „Hankenbeugung".

Durch die Hankenbeugung senkt sich die Kruppe in Relation zur Vorhand, Hals und Kopf heben sich. Das ergibt die „Aufrichtung" oder „Dressurhaltung". Das Pferd vermittelt so den Eindruck, als ob es bergauf gehen würde.

Versammelnde Übungen machen je nach Schwierigkeitsgrad eine vermehrte Lastaufnahme mit den Hinterbeinen notwendig. Geht man dabei zu forsch und zu schnell vor und erzwingt die Versammlung durch energischen oder groben Einsatz der Hilfen, so empfindet das Pferd dies als anstrengend und unbequem. Seine ganz natürliche Reaktion ist dann, sich davor zu schützen. Ein Pferd muss deshalb zuerst einmal lernen, was Sie von ihm erwarten. Übungen im Bereich der Bodenarbeit, sei es an der Hand, an der Longe oder der Doppellonge, sind dazu besonders geeignet.

Beim Reiten helfen Tempowechsel innerhalb einer Gangart, das Pferd zu mehr Aktivität der Hinterhand anzuregen. In engen Wendungen, z. B. beim Verkleinern eines Zirkels, muss sich das Pferd vermehrt versammeln, um das Gleichgewicht zu halten. Zu Beginn der versammelnden Arbeit sollten Sie es bewusst immer nur zu einigen wenigen versammelten Tritten in der dynamischen Vorwärtsbewegung anregen. Das Pferd muss zuerst die dafür nötige Muskelkoordination erlernen und auch kräftiger werden. Es darf die Freude an dieser Form der Arbeit nicht verlieren, deshalb darf es in diesem Punkt nie überfordert werden. Nach und nach fällt es ihm dann immer leichter, den sich steigernden Grad der Versammlung in verschiedenen Übungen anzubieten und beizubehalten. Voraussetzung dafür ist allerdings, dass es dabei nicht vom Reiter irritiert, gestört oder behindert wird. Auch zum Thema der Versammlung bietet die The Gentle Touch-Methode viele zweckmäßige Übungen an, die das Verständnis bei Reiter und Pferd für diese anspruchsvolle Gymnastizierungsarbeit fördern und den Einstieg in die praktische Arbeit erleichtern. Für Freizeitreiter liegt das Ziel solcher versammelnder Lektionen darin, das Pferd so weit in seinem Bewegungsverhalten zu fördern, dass es zu einer dauerhaften Selbsthaltung unter dem Reiter gelangt, in der es ausbalanciert, locker und gehorsam an leichten Hilfen in Reitbahn und Gelände zu reiten ist.

*Die verschiedenen Stadien der Versammlung erfordern eine unterschiedliche Grundspannung. Entsprechend ändert sich die Haltung eines Pferdes und damit seine Balance. Je höher die Versammlung, desto wendiger ist es. Der jeweils angestrebte Verwendungszweck eines Pferdes sollte also den Grad der Versammlung bestimmen.*

## *Wozu Versammlung?*

Unter Reitern ist die Meinung weit verbreitet, nur ein Reitpferd, das dressurmäßig geritten wird und in dementsprechender Versammlung geht, könne gesund bleiben.

Die Praxis zeigt, dass Pferde, die diesen Kriterien nicht genügen, in schwierigem Gelände und unter wesentlich anstrengenderen und belastenderen Bedingungen geritten werden, als der Dressurplatz sie bietet, und trotzdem unter solch erschwerten Umständen bis ins hohe Alter einsatzfähig bleiben können. Die Militärpferde z. B. mussten die Reiter mit ihrer gesamten Ausrüstung tragen, nicht selten mehr als 100 Kilogramm insgesamt. Sie legten dabei täglich zwischen 35 und 50 Kilometer zurück. Militärpferde verrichteten ihren Dienst bis zum 18. Lebensjahr und waren in der Regel bis zum Schluss voll einsatzfähig. Wenn wir uns einmal ganz konkret die Gesundheits- oder sollte ich besser sagen, die Krankheitsstatistik heutiger

*Ein Pferd zwischen Zügeln und Schenkeln einzuklemmen, hat nichts mit Versammlung zu tun, ebenso wenig wie die Biegung des Halses dafür ein verlässliches Kriterium ist.*

*Auch ohne aktive reiterliche Einwirkungen kann ein Pferd in Gebrauchshaltung und angemessener Versammlung geritten werden.*

Dressursportpferde anschauen, dann sind Zweifel an der obigen Aussage gerechtfertigt. Auch die Tatsache, dass es zur Standardausrüstung gehört, in den gehobenen Dressurklassen Pferde an allen vier Beinen zu bandagieren, sowohl während des Reitens als auch häufig noch lange danach, stimmt gelinde gesagt nachdenklich. Ich selbst kann aus meiner Erfahrung sagen, dass wir auf Goting Cliff viele Pferde hatten und zum Teil noch haben, die bis ins hohe Alter von weit über 20 Jahren einsatzfähig und bis über 30 Jahre gesund waren, obwohl sie weder „dressurmäßig" geritten wurden noch stets in höherer Versammlung gingen. Sie wurden in angemessener Weise zweckmäßig gymnastiziert. Sie wurden in Selbsthaltung, oft mit gebisslosen Zäumungen und die Lehrpferde sogar von ungeübten Reitern unter Anleitung, täglich in allen Gangarten in Halle, Reitbahn und Gelände geritten. Man muss der Tatsache wohl ins Auge sehen, dass Reitpferde auch dann gesund und zufrieden bleiben können, auch wenn sie nicht im Sinne aktueller, deutscher Dressurreiterei geritten werden.

## Versammlung im richtigen Maß

Reiten in hoher Versammlung stellt höchste Anforderungen an Pferd und Reiter. Der praktische Nutzen für das Wohlbefinden und die Bedürfnisse durchschnittlicher Reiter und ihrer Pferde ist aus meiner Sicht nicht gegeben. Auch werden die wenigsten in der Lage sein, solche Formen der Versammlung wirklich korrekt zu erarbeiten. In ihren Vorstufen sollte die Versammlung jedoch schon ein Thema für jeden Reiter sein. Ich sehe sie dann unter dem Aspekt situationsbedingter, zeitweiliger Bündelung der Kräfte eines Pferdes in der Balance. Denn nur, wenn es lernt, seine Kräfte kontrolliert zu „organisieren", seine Hinterbeine zeitweilig aktiver einzusetzen und kräftiger zu werden, wird es die dynamische Balance und geschmeidige Beweglichkeit unter dem Reiter wiedererlangen können, die es als Fohlen oder als Jungpferd hatte. Es wird als Folge solcher gymnastizierender Arbeit eine Gebrauchshaltung entwickeln, auf die der Reiter nicht ständig einwirken muss. Es wird Bewegungsabläufe automatisieren, die ihm in seiner Funktion als Reitpferd immer wieder abverlangt werden. Und es wird geschmeidiger und elastischer, also bequemer zu sitzen und an leichten Hilfen zu reiten sein.

Der letzte Punkt der Ausbildungsskala ist also für durchschnittliche Freizeitreiter ohne Turnierambitionen und ihre Pferde ebenso wie alle anderen Punkte geeignet, Rittigkeit und Durchlässigkeit und Leichtigkeit zu verbessern, da er zu mehr Harmonie zwischen Pferd und Reiter beitragen kann.

## *Das Ziel – Durchlässigkeit*

Mit der Skala der Ausbildung bezeichnet man also diejenigen antrainierten Eigenschaften bei Pferden, die ein willig mitarbeitendes und leistungsfähiges Reitpferd auszeichnen sollten. Wenn es dann nach entsprechender Ausbildung an feinen Hilfen leicht und kontrolliert zu reiten ist, nennt man das Durchlässigkeit. Dieser Zustand ist das eigentliche Ziel der Arbeit nach der Ausbildungsskala der Deutschen Reitlehre.

Ein guter Prüfstein für den Grad der Durchlässigkeit sind die Übergänge zwischen den Gangarten. Gelingen diese weich und fließend ohne Krafteinwirkung an leichten Hilfen und punktgenau, so stimmt die Durchlässigkeit. Gleichzeitig ist die systematische Arbeit an den Übergängen hervorragend geeignet, um die Durchlässigkeit zu verbessern. Ich möchte Ihnen am Beispiel einer Übung zur Verbesserung der Schritt-Trab-Schritt-Übergänge aufzeigen, wie in der The Gentle Touch-Methode darauf eingegangen wird.

### INFO

**Übergänge – Was lernt der Reiter?**
In dieser Übung lernt der Reiter, seine Einwirkungen weich, aufeinander abgestimmt und angemessen zu geben. Immer geringere und feinere Hilfen reichen aus, damit sich das Pferd in seinem „Bewegungsrahmen" entweder verkürzt oder erweitert, ohne die Vorhand mehr zu belasten. Er lernt, darauf einzuwirken, eine aktivere Lastaufnahme mit dem jeweils inneren Hinterbein des Pferdes zu bewirken, und motiviert es, sich dadurch mehr oder weniger versammelt zu bewegen. Er lernt, dem Pferd Zeit zu geben, bis es sich in Bezug auf Tempo, Haltung und Grundspannung mit den neuen Anforderungen vertraut gemacht hat.

**Was lernt das Pferd?**
Das Pferd lernt, zwischen begrenzenden, verhaltenden und aktivierenden Hilfen seinen Rahmen zu verkürzen, indem es vermehrt mit den Hinterbeinen Last aufnimmt und sich im Rücken und den Schultern hebt. Außerdem lernt es, seinen Rahmen zu erweitern, ohne dabei mehr Last auf die Schultern und Vorderbeine zu verlagern und somit seine Selbsthaltung unter dem Reiter zu verbessern. Zudem entwickelt es ein eindeutiges Bewusstsein für einen Gangartenwechsel. Es lernt mit der Zeit, am leichten Zügelkontakt oder gar am losen Zügel die Übergänge ausbalanciert, ruhig und weich auszuführen und eine Gebrauchshaltung zu festigen.

## ÜBUNG

**Schritt-Trab-Schritt-Übergänge**

**Phase 1:**
Im Schritt Kontaktaufnahme mit dem inneren Zügel bis zur weichen Nachgiebigkeit in Genick, Hals und Schulter ohne Veränderung der Linienführung oder des Tempos (vergleiche hierzu auch Ein-Zügel-Ein-Schenkel-Übung S. 138 ).

**Phase 2:**
Kontaktaufnahme mit dem äußeren Zügel bis zur weichen Nachgiebigkeit in Genick, Hals und Schulter ohne Veränderung der Linienführung oder des Tempos.

**Phase 3:**
Kontaktaufnahme mit dem inneren Schenkel und einen Moment später mit dem äußeren ohne Veränderung der Linienführung oder des Tempos. Bande oder Zaun begrenzen nach außen.

**Phase 4 (Aktiv-Phase):**
Aktivimpulse mit dem inneren Schenkel in mittlerer Position. Impulse werden von hinten nach vorn streifend immer dann gegeben, wenn das äußere Vorderbein und (einen Augenblick später) das innere Hinterbein in der Schwebephase sind. Die Impulse werden wiederholt, bis das Pferd die Gangart wechselt und ruhig trabt. Aufmunternde Stimmsignale und bei trägen Pferden touchierender Einsatz der Gerte können sinnvoll sein. Der äußere Schenkel ist passiv, da das Pferd durch die Bande begrenzt wird. Mit beiden Zügeln wird ein weicher, aber begrenzend „aushaltender" Kontakt mit nachgiebiger Tendenz gehalten.

**Phase 5:**
Der Außenzügel wird langsam nachgegeben. Das Pferd dehnt sich auf der Außenseite mit der Halsmuskulatur entsprechend nach vorwärts-abwärts. Dabei bleibt die innere Seite hohl (passiver Zügel- und Schenkelkontakt).

**Phase 6:**
Der Innenzügel wird langsam nachgegeben, das Pferd dehnt die Innenseite des Halses und wird gerade, eventuell mit minimaler Biegung nach innen.

**Phase 7:**
Innerer und äußerer Schenkel geben den Kontakt auf und hängen locker herunter. Das Pferd ist gerade oder ganz leicht gestellt und geht geradeaus.

Vom Trab zum Schritt wird im Prinzip in genau den gleichen Teilschritten verfahren. Nur in der Phase vier (Aktiv-Phase) wird man etwas anders verfahren. Hier müssen die Zügelimpulse etwas dominieren, während die Impulse des inneren Schenkels so gegeben werden, dass das Pferd nicht beschleunigt, sondern nur das innere Hinterbein aktiver untersetzt.

## Übergänge - Wie werden sie ausgeführt?

Man beginnt die Übung im Schritt am losen Zügel. Mit der inneren Hand greift man am Zügel dicht am Hals vor und stellt eine weiche Verbindung zum Pferdemaul her. Das Pferd dehnt die äußere Halsseite. Nun nimmt man am äußeren Zügel Kontakt zum äußeren Maulwinkel auf. Das Pferd gibt mit lockerem Maul im Genick nach, geht aber weiter ohne das Tempo oder die Richtung zu verändern. Als nächstes nimmt man mit dem inneren Schenkel behutsam Kontakt in mittlerer Position auf, mit dem äußeren in hinterer. Jetzt erst beginnt man aktiv mit dem inneren Schenkel in mittlerer Position einzuwirken. Das geschieht mit streifenden Impulsen immer dann, wenn das äußere Vorderbein und einen Moment später das innere Hinterbein in der Schwebephase sind.

Es kann sein, dass das Pferd davoneilen möchte, entsprechend baut man etwas mehr verhaltenden Zügeldruck auf. Das Pferd ist etwas unsicher und weiß nicht, wie es reagieren soll. Man gibt weiter, in gleicher Rhythmik, eventuell in gesteigerter Dosierung, Schenkelimpulse. Unter Umständen platziert man den Schenkel vorher etwas weiter zurück.

Es kann auch hilfreich sein, mit der äußeren Hand etwas nachzugeben, ohne jedoch den Kontakt zum Maul aufzugeben. Auch eine schnalzende Stimmhilfe im Rhythmus ist jetzt hilfreich. Das Pferd wird nun etwas engagierter mit dem inneren Hinterbein untertreten. Sein Genick wird sich etwas heben und noch zögerlich und etwas stockend geht es in den Trabrhythmus über. Sofort gibt man mit dem Außenzügel langsam in Richtung Pferdemaul nach, um durch diese Nachgiebigkeit die Richtigkeit seines Handelns zu bestätigen.

Das Pferd hält den ruhigen, gesetzteren Trab und dehnt nur die Halsaußenseite. Mit dem inneren Schenkel begrenzt man weiter, damit es nicht nach innen abweicht. Jetzt gibt man mit dem Innenzügel nach. Es dehnt sich auf dieser Seite mit dem Hals, hält aber das Tempo. Nun wird auch der innere Schenkel wieder passiv.

## Mit Ruhe und Geduld zum Ziel

Bei den ersten Übungen wird das Pferd das ruhige Trabtempo nach einigen Schritten nicht mehr beibehalten und eiliger werden, da Zügel und Schenkel ihm keine Anlehnung mehr geben und es noch nicht gelernt hat, sich selbst über einen längeren Zeitraum zu tragen. Man nimmt deshalb mit dem inneren Zügel wie zuvor beschrieben Kontakt auf. Es folgen ebenso der äußere Zügel und die Schenkel mit passivem Kontakt. Ist das Pferd wieder an die Hilfen gestellt, so beginnt man die Übung vom Trab zum Schritt hin anzuwenden.

Mit aktiv streifenden Schenkelimpulsen im Rhythmus der Schwebephasen des inneren Hinterbeins wird vermehrte Hinterhandtätigkeit angeregt. Das Pferd wird diese Impulse möglicherweise als Aufforderung verstehen, schneller zu traben und gegen das Gebiss drücken. In dieser Phase muss man konsequent, aber nicht hart, sondern mit weicher Hand den Kontakt zum Maul aufrechterhalten und aus einem der Handgelenke eventuell leichte Aufwärtsimpulse mit sich steigernder Tendenz geben, während der innere Schenkel weiter deutliche Impulse gibt (vergleiche auch Taktmäßige Einwirkungen S. 144f.). Der äußere Zügel bleibt dabei relativ passiv in Bezug auf die Einwirkung im Maul, er begrenzt aber mit Kontakt seitlich am Hals die Schulter. So wird das Pferd nicht eingeengt, sondern kann sich über seine äußere Hals- und Schultermuskulatur etwas dehnen und dabei locker bleiben. Eine verhaltende Stimmhilfe macht es Pferd und Reiter leichter, den Sinn der Übung zu verstehen. Während der ersten Übungen in dieser Phase wird der Reiter einer echten Geduldsprobe ausgesetzt. Es braucht einige Zeit, bis das Pferd erstmalig die richtige „Idee" hat und die Gangart wechselt.

Man wird ungewohnt viel Druck auf das Gebiss zu spüren bekommen und deutlicher mit dem Schenkel einwirken müssen, als das in allen anderen Übungen bisher der Fall war. Es hilft, wenn man ganz bewusst an „Schritt" denkt und den Schrittrhythmus schon verinnerlicht. Dann kommt der Moment, wo das Pferd in den

Schrittrhythmus übergeht. Sofort gibt man außen mit dem Zügel nach. Es dehnt sich an den inneren Gebissteil heran. Jetzt gibt man innen nach, es dehnt sich auf der inneren Halsseite, die Schenkel werden wieder passiv hängen gelassen, das Pferd geht mit engagierten Tritten am losen Zügel noch einige Schritte. Auch hier wird es sich nach einigen Metern lang machen und passiver treten.

### Mental übereinstimmen

Wiederholt man diese Übergänge zwischen Schritt, Trab und Schritt in der beschriebenen Weise zehn bis zwanzig Mal pro Trainingstag, so wird sich das Pferd mit der Zeit immer besser mental auf die Übung einstellen. Unsere Idee vom Gangartwechsel wird zu seiner eigenen. Unsere Hilfen müssen es nicht mehr aktiv zur Ausführung auffordern. Es denkt mit und gibt sich Mühe. Es beginnt, sich besser vorzubereiten, auszubalancieren, zu koordinieren und an immer leichteren Impulsen den Übergang weich und fließend auszuführen. Im Anschluss an den Übergang geht es ausbalanciert, ruhig und taktmäßig. Das tut es auch, wenn man den losen Zügel im Schritt oder im ruhigen Trab anbietet. Es kann diese Haltung immer länger beibehalten, da es Kraft und Rhythmus entwickelt. Es lernt, seinen Rahmen zu erweitern oder zu verkürzen, je nachdem, welcher Grad der Versammlung notwendig ist. Es lernt, sich in angemessener Gebrauchshaltung auf die jeweilige Situation einzustellen.

Dem Reiter fällt es mit zunehmender Routine leichter, sicher den Schritt- bzw. Trabtakt mit den entsprechend richtigen und fein dosierten Impulsen zu begleiten. Sein Reitgefühl verbessert sich dank der ruhigen und in einzelne Phasen aufgegliederten Übung, ohne dass es zu Verspannungen oder Blockaden kommt. Dies ist eine fortgeschrittene Übung, sie sollte nur probiert werden, wenn die notwendigen Voraussetzungen zuvor erarbeitet wurden. Dann jedoch ist sie eine äußerst nützliche und hilfreiche Übung, die wesentlich zu einem hamonischen Miteinander beiträgt.

## *Mein Resümee*

Mit der Skala der Ausbildung hat man versucht, die Wechselwirkungen der physiologischen Abläufe von Aktion und Reaktion, also die Gesetzmäßigkeiten des Bewegungsverhaltens bei Reitpferden, verständlicher zu machen und methodisch aufzuschlüsseln. In ihr wird nur in Begriffe gefasst, was beim Reiten zwischen einem Reiter und seinem Pferd stattfindet oder stattfinden soll. Die Dynamik des Reitens wird in ihre wesentlichen Bestandteile aufgegliedert, um sie besser verstehen und vermitteln zu können. Eine systematische, pferdegerechte Gymnastizierung von Reitpferden wird damit erleichtert. Die Ausbildungsskala der FN zeigt einen möglichen Weg der gymnastischen Vorbereitung von Dressurpferden für die Aufgabenstellung der Dressurprüfungen bis zum höchsten Niveau auf. Sie ist damit gleichzeitig auch richtungweisend für die anderen Reitsportdisziplinen dieser Organisation. Man sollte nun glauben, dass alle organisierten Reiter und besonders diejenigen, die mit ihren sportlichen Erfolgen Vorbildfunktion ausüben, dieser Leitlinie genau folgen. Doch selbst Weltmeister und Olympiamedaillengewinner interpretieren sie individuell und setzen sie in der Praxis durchaus abweichend von der „Richtlinie“ um. Der Widerspruch zwischen der Realität der Sportreiterei und dem intensiv vorgetragenen Anspruch auf Alleingültigkeit der Skala, wie er von Offiziellen der FN immer wieder öffentlich erhoben wird, verwirrt viele Reiter. Das hat sicherlich auch zu dem teilweise etwas gestörten Verhältnis mancher Reiter gegenüber dieser im Grundsatz sinnvollen Anleitung zu pferdegerechter Gymnastizierung beigetragen.

Für den durchschnittlichen Reiter kommt es vor allem darauf an, dass er sie in ihrem Sinn und in den einzelnen Komponenten versteht. Nutzen zieht er nur dann aus ihr, wenn er sie im Rahmen seiner individuellen Möglichkeiten und der seines Pferdes anwendet. In seinem Bemühen um pferdegerechtes Reiten kann sie ihm dann helfen, unerwünschtes Verhalten von

*Nur wenn das Pferd lernt, seine Kräfte kontrolliert unter dem Reiter zu organisieren und seine Hinterbeine zeitweilig aktiver einsetzt, erlangt es die optimale dynamische Balance und geschmeidige Beweglichkeit unter dem Sattel. Damit dies zwanglos und an feinen Hilfen gelingt, ist systematische Schulung notwendig.*

*Im Zustand erhöhter Anspannung und begrenzter Vorwärtsbewegung bieten Pferde verschiedene Formen der Versammlung selbstständig an.*

erwünschtem zu unterscheiden. Keinesfalls sollte man sie als ein starres Korsett verstehen, in das jedes Pferd gezwungen werden soll. Wenn Sie, liebe Leserinnen und Leser, je nach eigener Zielsetzung beim Reiten die einzelnen Punkte in ihrer Wechselwirkung individuell und angemessen umsetzen, dann kann Sie Ihnen die besten Dienste erweisen. Nehmen Sie sich die Zeit, sich theoretisch mit den einzelnen sechs Punkten intensiv auseinanderzusetzen, um sie besser verstehen zu lernen. Und vergessen Sie nicht: Erziehung, Verständigung und Vertrauen müssen erarbeitet sein, bevor Sie sich den Punkten der Ausbildungsskala zuwenden sollten.

Beim Reiten sollten Sie sich auf Ihr intuitives Gefühl verlassen. Situationsorientiertes Handeln erscheint mir wichtiger als stets buchstabengetreu theoretische Anleitungen umsetzen zu wollen. Bleiben Sie Reiter und werden Sie nicht zum „Paragraphenreiter". Denken Sie stets daran: Sie sollten für Ihr Pferd reiten und nicht für die Reitlehre oder den Reitlehrer.

Die Voraussetzungen, die in den sechs Punkten der Ausbildungsskala zusammengefasst sind, nämlich: Losgelassenheit, Takt, eine zweckorientierte Anlehnung und dementsprechend Schwung, gleichmäßige Muskeltätigkeit durch Geraderichten und eine zweckmäßige Form der Versammlung sind generell nützlich für jedes Reitpferd.

Jeder Reiter, der sich seiner Verantwortung bewusst ist, sollte sich im Rahmen seiner Möglichkeiten und der dem Pferd zugedachten Verwendungszielsetzung darum bemühen, sein Pferd entsprechend zu schulen. So kann er guten Gewissens unabhängig von Reitweise und Pferderasse eine möglichst pferdegerechte Form des Reitens betreiben.

Die Ausbildungsskala ist zunächst nur eine Ansammlung von Worten. Ursprünglich sollte sie helfen, einen Weg aufzuzeigen. Sie war als Orientierungshilfe gedacht, nicht als Korsett. Inzwischen ist sie von manchen Pferdeleuten zum Dogma erhoben worden. Damit verlieren die Inhalte ihren Wert. Was starr aufgezwungen wird, ohne verstanden zu werden, wird falsch umgesetzt. Was sich nicht auf breiter Basis im Alltagsgeschehen widerspiegelt und praktizieren lässt, das wird nicht angenommen oder verinnerlicht. Was auswendig gelernt wird, aber nicht mit Gefühl und Verstand im Zusammenspiel zwischen Mensch und Pferd eingeübt werden kann, das geht verloren.

## Nobody is perfect

Grämen Sie sich nicht, wenn es Ihnen geht wie vielen anderen Reiterinnen und Reitern: Am Anfang wird man nicht alles verstehen und es wird nicht immer gelingen, alle Punkte der Ausbildungsskala sofort zu realisieren. Das ist ganz

*Jeder Reiter kann aus den sechs Punkten der Ausbildungsskala Nutzen ziehen, wenn er sie richtig interpretiert. Doch das einzelne Pferd, die Aufgabenstellung und die Rahmenbedingungen werden unterschiedliche Auslegungen notwendig machen. Man sollte jegliche dogmatische Anwendung vermeiden und nie das Prinzip der Harmonie und der Leichtigkeit aus den Augen verlieren.*

normal. „Nobody is perfect", schon gar nicht beim Reiten. Die Ausbildungsskala der FN in ihrer heutigen Fassung will ein Ideal aufzeigen, ein Ideal, das auf die Bedürfnisse moderner Dressursportreiterei ausgerichtet ist. Das Leben lehrt uns, dass Ideale selten zu erreichen sind. Und wenn man unterschiedliche Ziele verfolgt, dann ergeben sich daraus auch unterschiedliche Ideale. Zwei wichtige Aspekte guten Reitens sind übrigens in der Ausbildungsskala nicht benannt, die Balance und die Leichtigkeit. Das sind die Eigenschaften, mit denen schon Fohlen auf die Welt kommen und mit denen sie uns bezaubern. Diese Eigenschaften sollten wir unseren Reitpferden wiedergeben bzw. erhalten. Dabei kann uns das Verständnis für Inhalte der Ausbildungsskala hilfreich sein. Das waren ursprünglich auch die Ziele in der Ausbildung der militärischen Gebrauchsreiterei, der Kampagneschule. Mit der The Gentle Touch-Methode werden diese Ziele ebenfalls angestrebt. Viele Übungen, für die Sie im dritten Teil dieses Buches Beispiele finden, sollen es dem Reiter und dem Pferd leichter machen, die Punkte der Ausbildungsskala nach und nach zu erarbeiten, um die Balance, die Leichtigkeit und damit die Harmonie beim Reiten zu verbessern.

## *Dressurarbeit mit Gefühl*

Das Verständnis über die Bedeutung der Ausbildungsskala innerhalb der Dressurarbeit und deren reittechnisch richtige Umsetzung kann bei der zweckmäßigen Gymnastizierung Ihres Pferdes unabhängig von Reitweise und Pferderasse sehr nützlich sein. Doch es kommt noch ein ganz wichtiger Aspekt hinzu:

Sie müssen Ihr Pferd außerdem bei guter Laune halten können. Sie müssen Wege finden, es entsprechend seiner Persönlichkeit zu motivieren und seine physischen und psychischen Grenzen erkennen können. Kurz gesagt: Mechanisches Reiten allein reicht nicht aus. Es muss ein Gleichgewicht geschaffen werden zwischen technisch-physiologisch richtigem reiterlichen Bewegungsverhalten und dem Gefühl für die individuelle Anwendung dieser Technik. Dazu gehört es auch, ein Gefühl dafür zu entwickeln, wie Sie Ihr Training planen, einteilen und gestalten. Dazu haben sich in der Praxis bestimmte Abläufe als zweckmäßig herausgestellt. Der Wechsel von Anspannungs- und Entspannungsphasen ist vor allem in diesem Zusammenhang zu nennen.

### Strukturiert Reiten

Es ist deshalb sinnvoll, jede Reitstunde in verschiedene Phasen zu unterteilen. Je nach Ausbildungsstand von Reiter und Pferd sowie der individuellen Tagesform sollte man einzelne dieser Phasen verlängern, verkürzen oder weglassen. Bei allen Reaktionen und Verhaltensweisen des Pferdes sollten Sie sich immer fragen, ob Ihre Haltung, Ihre Einwirkungen oder Ihre Forderungen angemessen und wirksam sind. Das gilt sowohl bei gewünschten wie bei unerwünschten Reaktionen des Pferdes. Nur, wenn Sie diese Selbstanalyse möglicherweise im Dialog mit Ihrem Ausbilder oder Trainer durchführen, lernen Sie bei jeder Reitstunde oder Trainingseinheit dazu. So gelingt es Ihnen, das Reitergefühl zu entwickeln, das notwendig ist, um immer

*Wer Dressurarbeit mit Gefühl und Verstand durchführt, für den sind Ausrüstungsgegenstände und Hilfsmittel letztlich nebensächlich.*

sicherer und effizienter mit Pferden zu arbeiten. Üblicherweise dauert eine Reitstunde oder Trainingseinheit in der Reitbahn je nach Reiter und Pferd zwischen 30 und 60 Minuten. In den Richtlinien der FN wird empfohlen, die Dressurarbeit in vier Phasen zu unterteilen:

- Lösungsphase
  Sie dient dazu, dem Pferd Gelegenheit zu geben, locker zu werden und die Losgelassenheit zu erreichen.
- Entspannungsphase
  Sie soll im Schritt am losen oder hingegebenen Zügel erfolgen.
- Arbeitsphase
  Das ist der Teil der Stunde, in dem das Pferd über vielfältige Lektionen und Übungen weiter gymnastiziert wird.
- Entspannungsphase
  Als Abschluss soll vom Pferd zur Überprüfung der Losgelassenheit nochmals im Trab und Galopp vornehmlich auf dem Zirkel und auf beiden Händen verlangt werden, den Zügel aus der Hand kauen zu lassen.

Eine vergleichbare, grundsätzliche Aufteilung ist sicherlich sinnvoll, ohne die von der FN vorgegebene als Dogma zu verstehen. Es ist z. B. ein großer Unterschied, ob man ein routiniertes, durchlässiges und motiviertes Pferd arbeiten möchte oder eines, das widersetzlich und verspannt ist. Ich möchte zur Trainingsgestaltung folgende Empfehlungen aussprechen:

Die Lösungsphase ist die wichtigste Phase, denn nur wenn das Pferd gelöst, also aufmerksam, locker und unverkrampft geht, ist es in der Lage, in Übungen und Lektionen gearbeitet zu werden, sich zwanglos versammeln zu lassen oder die Gangarten zu verstärken. Auch sollte am Beginn aller Arbeit eine mental motivierende Einstimmung stattfinden, deshalb sind Auseinandersetzungen, Unbequemlichkeiten und furchteinflößende Situationen zu vermeiden.

Bei jungen Pferden sollte der Schwerpunkt einer Trainingseinheit darauf abzielen, die Zwanglosigkeit, das Verständnis und die Gelassenheit zu fördern. Das sind dann Inhalte, die darauf abzielen, das Pferd zu lösen.

Obwohl also mit dem Pferd etwas Neues erarbeitet wird, ist dies doch nicht vergleichbar mit der Arbeitsphase, in der schwierige, gymnastizierende Lektionen vorkommen. Mit welchen lösenden Übungen man den besten Erfolg erzielt, ist also in der Praxis von Pferd zu Pferd sehr unterschiedlich. Übungen mit lösendem Charakter können beispielsweise sein: Stangenarbeit, Longieren, Arbeit an der Hand, häufige, flüssige Übergänge von Gangart zu Gangart und Tempowechsel.

## Erfolge motivieren

Jede Stunde sollte mit einem positiven Erlebnis für das Pferd enden. Wenn sich in der Arbeitsphase erweisen sollte, dass die gestellten Anforderungen für heute zu hoch waren, muss man im Trainingsaufbau notfalls auch mal einige Schritte zurückgehen und wieder an der Basis arbeiten!

Eine Entspannungsphase nach konzentrierter oder anstrengender Arbeit ist wichtig, um das Pferd nicht zu erschöpfen. Die nachlassende Forderung hat zudem deutlichen Belohnungscharakter und dient somit der Motivation.

Die zuvor beschriebene Einteilung einer Trainingsstunde in vier Phasen sollte nur generellen Charakter haben.

## Abwechslung macht Spaß

Sinnvolle, planmäßige Abwechslung und die Arbeit an Objekten weckt das Interesse der Pferde und gibt ihrem Handeln einen Sinn. Kontrollierte Freiräume fördern die Entspannungsfähigkeit. Rituale und Gewohnheiten geben Sicherheit. Jedes Pferd hat eine individuelle Persönlichkeitsstruktur und häufig eine Historie erworbener Verhaltensmuster. Darauf sollte man sich stets einzustellen versuchen. Unter Berücksichtigung dieses Umstandes werden im Rahmen der Arbeit nach der The Gentle Touch-Methode folgende Grundsätze zur Beachtung empfohlen:

- Man beginnt stets mit dem Bekannten, um dann eine Verknüpfung zum Unbekannten oder Neuen zu schaffen,
- man beginnt mit dem Einfachen, um sich kurzzeitig an das Schwierige heranzutasten,

*Ein wichtiger Aspekt für erfolgreiche Dressurarbeit ist, das Pferd bei guter Laune halten zu können. Zwängen Sie es nicht ein, geben Sie ihm Bewegungsfreiheit. Es muss sich strecken können, sein Gleichgewicht unter dem Reiter stabilisieren und lernen, sein Tempo selbstständig zu regulieren. Verzichten Sie auf mechanisches Reiten, reiten Sie mit Gefühl.*

- man nutzt Wiederholung, um dem Pferd eine „Idee“ zu vermitteln,
- aber: man wählt immer dann die Abwechslung, wenn sich eine Gewohnheit zu sehr zu verfestigen droht und Langeweile bzw. Übereifer und Vorausdenken des Pferdes den Lernfortschritt behindern,
- man wechselt in kurzen Reprisen ab zwischen konzentrationsintensiven und weniger anspruchsvollen Übungen,
- man wechselt in kurzen Abständen zwischen Anspannung und Entspannung,
- man variiert zwischen schwungvollem, energischem Vorwärts und eher langsamem, ruhigem Seitwärts,
- man bietet sich und dem Pferd kurze Verschnauf- und Denkpausen, um innere Ruhe, Gelassenheit und Geduld zu fördern oder eine gezielte Reizflut, um Interesse und Entscheidungsfähigkeit zu aktivieren,
- Bodenarbeit und Arbeit unter dem Sattel können sinnvoll miteinander verknüpft werden, der Wechsel zwischen Geländeritten und Bahnarbeit ist empfehlenswert.

*Der Wechsel zwischen konzentrierter Arbeit und Entspannung ist für Pferd und Reiter gleichermaßen wichtig. Nutzen Sie die Löse- und Lockerungsphasen, um Ihre eigene Balance und Losgelassenheit weiterzuentwickeln. Auf diese Weise wird Ihr Pferd lernen, sich vertrauensvoll und auf natürliche Weise immer schwungvoller und elastischer unter Ihnen zu bewegen.*

Beachtet man diese Grundsätze, dann wird sich das individuelle Trainingsprogramm für jedes Pferd herauskristallisieren. Wenn die Aufmerksamkeit des Pferdes abgleitet, dann ist Abwechslung angesagt; wenn Steifheiten, Blockaden oder Verspannungen vorhanden sind, dann sind ruhige, langsame Entspannungs- und Lockerungsübungen ohne Leistungsdruck sinnvoll. Wenn ein Pferd zu viel Vorwärtsenergie zeigt, kann diese Energie durch Arbeit auf zwei

*Denken Sie immer daran, nur ein motiviertes Pferd ist ein Pferd, mit dem die Arbeit Freude macht und dem sie selbst auch Freude macht. Nichts ist leichter bei der Reitbahnarbeit zu verlieren als die Motivation und nichts ist schwieriger zu erreichen und zu erhalten.*

*Sinnvolle, planmäßige Abwechslung und Aufgaben mit Objekten wie Pylonen oder Planen weckt das Interesse der Pferde und gibt ihrer Arbeit einen konkreten Sinn.*

Hufschlägen und Schrittarbeit an Objekten oder in Bodenarbeitsübungen umgeleitet werden.

Machen Sie vor allem nicht den Fehler, sich nur auf die Arbeitsphase zu konzentrieren und nur diesen Bereich als wichtig anzusehen. Ganz im Gegenteil! Ihr Pferd lernt immer, nicht nur in der Arbeitsphase. Und Reiter, für die nur die Arbeitsphase zählt, neigen zur Verbissenheit. Es mangelt ihnen in der Regel am Einfühlungsvermögen für ihr Pferd. Die Arbeitsphase wird unter solchen Voraussetzungen zur Tortur für Pferd und Reiter.

### Kurze Phasen schaffen Abwechslung

Häufig unterteile ich die Arbeitsphase in eine Folge von sehr kurzen Arbeitsphasen oder Reprisen, der immer eine kurze Entspannungs- und Belohnungsphase folgt. Dieses System hat den Vorteil, dass die Zeitspannen von Anstrengung und Konzentration sehr kurz gehalten werden und das Pferd sehr viele Positivverstärkungen, also Belohnungen, erfährt. Es beginnt, diesen Belohnungsphasen zuzustreben oder zuzuarbeiten und ist entsprechend stärker motiviert und agil. Die Gefahr, dass sich Fehler einschleichen und nicht bemerkt werden, ist bei diesem System auch deutlich reduziert. Besonders für weniger erfahrene Reiterinnen und Reiter wird das Risiko, dass ihr Pferd sich aufregt oder sie selbst sich verkrampfen, durch diesen steten Wechsel von An- und Entspannung deutlich gesenkt. Ich habe auch kein Problem damit, auf die Arbeitsphase mal ganz zu verzichten, also nur Entspannungsübungen ohne hohe Anforderungen an Konzentrationsfähigkeit und Kraftentfaltung des Pferdes durchzuführen. Denken Sie immer daran, nur ein motiviertes Pferd ist ein Pferd, mit dem die Arbeit Freude macht und dem sie selbst auch Freude macht. Nichts ist leichter bei der Reitbahnarbeit zu verlieren als die Motivation und nichts ist schwieriger zu erreichen und zu erhalten.

## Warum eigentlich Dressur?

Weil der Begriff „Dressur" so unterschiedlich von Reitern interpretiert wird, vermeide ich dieses Wort. Stattdessen verwende ich die Begriffe Erziehung, Verständigungsübungen und Gymnastik, wenn ich die verschiedenen Bereiche der Pferdeausbildung erklären möchte. Ich vertrete die Meinung, dass alles zusammen unter dem Begriff der Dressur zu verstehen ist. Im Rahmen der Gymnastizierungsarbeit in der Ausbildung wird vom Pferd erwartet, dass es sein gesamtes Handeln dem Willen seines Reiters unterordnet. Es werden Bewegungsabläufe gefordert, die es nicht im Alltagsverhalten ständig ausführt. Will man dieses Ziel zwanglos erreichen, so ist eine fein abgestimmte Verständigungsgrundlage dafür Voraussetzung.

## Leitfigur Mensch

Wie weit ein Pferd dann den damit verknüpften Leitanspruch eines Menschen akzeptiert und umsetzt, wird stark durch die Persönlichkeit und den Charakter von Mensch und Pferd beeinflusst. Je eindeutiger und unmissverständlicher die Verständigung klappt und je sicherer und konsequenter ein Mensch dem Pferd gegenüber auftreten kann, desto bereitwilliger wird sich ein Pferd darum bemühen, den Willensbekundungen der „Leitfigur" auf zwei Beinen oder gar im Sattel zu entsprechen.

Je häufiger Missverständnisse entstehen und je unentschlossener ein Mensch auftritt, desto mehr wird ein Pferd versuchen, sich dessen Einflüssen zu entziehen, sich dagegen zu sperren oder gar zu wehren, um seinen eigenen Willen durchzusetzen. Eine Ursache dafür können z. B. Ablenkungen durch Außenreize sein. Die Folge ist eine automatische Verspannung, die einen deutlichen Kontrollverlust zur Folge hat und sinnvolle Gymnastik nicht mehr zulässt. Solche negativen Stress-Situationen sind zudem kontraproduktiv und sie schmälern den Erlebniswert in der Beziehung zwischen Mensch und Pferd.

## Gute Manieren erleichtern die Arbeit

Wer sein Pferd und sich vor solchen ständigen Rückschlägen bei der Dressurarbeit schützen möchte, der wird deshalb zuvor eine Erziehungsphase durcharbeiten. In dieser lernt das Pferd, solche Außenreize systematisch auszublenden und sich stattdessen auf die Anleitung durch den Ausbilder zu konzentrieren.

Pferde verfügen wie wir Menschen über die Fähigkeit, bestimmte Wahrnehmungen auszublenden und sich auf andere zu konzentrieren. Diese Fähigkeit muss aber geschult werden, sie kann mit einem begrenzten Erfolg über die Gewöhnung, mit höherer Zuverlässigkeit jedoch über systematische Bewusstseinsbildung mit Erkenntniswert erreicht werden.

## Vom Pferd zum Reitpferd

Durch sinnvolle Erziehungsübungen kann jedes Pferd in relativ kurzer Zeit lernen, Verhaltensmuster zu verändern, damit es sich in seiner neuen Rolle als Reitpferd gelassen, sicher und kontrolliert zurechtfinden kann. Einem Pferd, das diese Weiterentwicklung vom Pferde- zum Reitpferdeverhalten durch eine zielgerichtete Erziehung gemacht hat, fällt es leicht, sich durch die reiterlichen Hilfen animieren zu lassen, in Linienführung, Haltung und Tempo sein Bewegungsverhalten nach dem Willen des Reiters zu verändern. Es lässt sich widerstandsfrei und zwanglos lenken und leiten und gymnastizieren. In der „Mutter der Deutschen Reitlehre", der Reitvorschrift von 1937 (HDV 12) wurden noch Erziehung und Gymnastizierung in dem Begriff Dressur zusammengefasst.

**INFO**

**Die Dressurausbildung von Militärpferden**

Reitvorschrift (HDV 12), Teil C. Ausbildung der Pferde, Kapitel XI Dressur der Pferde im 1. und 2. Jahr Punkt 62.

„Ziel und Grundsätze der Dressur:

Um alle Anforderungen, die der Truppendienst an ein kriegsbrauchbares (Anmerkung: diensttaugliches) Pferd stellt, erfüllen zu können, bedarf das rohe Pferd planmäßiger gymnastischer Durchbildung seines Körpers und sorgsamer Erziehung.

Beides zusammen nennt man Dressur. Sie setzt sich zum Ziel, das Pferd zur höchsten Leistungsfähigkeit auszubilden und gehorsam zu machen. Dieses Ziel wird nur erreicht, wenn das Pferd unter Erhaltung und Förderung seiner natürlichen Anlagen in eine Form und Haltung gebracht wird, in der es seine Kräfte voll entfalten kann. In solcher Form und Haltung wird das Pferd auch den Anstrengungen des Dienstes lange gewachsen bleiben."

## Ein sinnvolles Bewegungsprogramm

Verstehen Sie Ihre Dressurarbeit als ein Verständigungs- und Bewegungsprogramm, mit dem Sie unter Anleitung oder autodidaktisch versuchen, Ihrem Pferd in kleinen Schritten zu helfen, nach und nach eine andere Körperhaltung und andere Verhaltens- und Bewegungsmuster zu entwickeln. Versuchen Sie nicht, ihm diese Haltung aufzuzwingen. Sie lässt sich weder mechanisch herbeiführen und erhalten, noch kann sie nach einem festen Zeitplan eingefordert werden. Eine Reitpferdehaltung (Selbsthaltung) entwickelt sich nach und nach unter freundlicher Anleitung durch den Reiter.

### Kleine Schritte

Haben Sie bei Ihrem Pferd dann irgendwann tatsächlich eine erkennbare Haltungsänderung gefördert, so entspricht die noch lange nicht der eines Dressurpferdes. Ja, Ihre Dressurarbeit beginnt möglicherweise damit, dass Sie noch gar keine Haltungsänderung erzielen, sondern nur eine Verhaltensänderung. Durch Hilfsübungen, wie sie die The Gentle Touch-Methode anbietet, erarbeiten Sie sich zunächst eine bessere Verständigungsgrundlage und ein differenzierteres Bewegungsgefühl. Nach und nach gewinnen Sie auf diese Weise das Vertrauen Ihres Pferdes unter dem Sattel zurück, das Vertrauen, dass es Ihnen im Umgang vom Boden aus schon lange entgegenbrachte. Es beginnt, sich zu entspannen, weil es nicht mehr gestört oder behindert wird. Es erkennt die Regelmäßigkeit Ihrer wenigen, vorsichtig gegebenen aktiven Einwirkungen und stellt sich darauf ein. Es lernt, sich selbst für Tempo und Richtungsänderungen vorzubereiten und besser auszubalancieren, weil Sie diese Übungen jetzt systematisch und regelmäßig mit ausreichender Reaktionszeit für Ihr Pferd durchführen. Es versucht sich nicht mehr vor Ihren Einflüssen und Forderungen zu schützen oder sich zu entziehen, sondern es beginnt, mitzuarbeiten. Sie haben endlich Gelegenheit, es häufig für eine richtige Reaktion mit freundlichem Tonschlag in der Stimme oder mit einer über den Hals streifenden Hand oder einer Entspannungspause zu belohnen, und haben das Gefühl, dass eine Zusammenarbeit möglich wird. Es gelingt Ihnen, Ihrem Pferd mit behutsamem Körperkontakt und ruhiger Körperhaltung eine Vorstellung davon zu vermitteln, wo die gedachte Linie verläuft, auf der es laufen soll, um eine Hufschlagfigur auszuführen. Es folgt dieser gedachten Linie immer präziser und beginnt, sich zwischen Ihren Schenkeln, Zügeln und unter Ihrem Gewicht anders zu positionieren, eine andere Längsbiegung oder Haltung einzunehmen. Es reagiert auf feinen Kontakt, je weniger Sie mit Kraft einwirken. Sie versuchen schon lange nicht mehr, „Dressur" zu reiten, Sie kommunizieren mit Ihrem Pferd und üben das

*Begreifen Sie Ihre Dressurarbeit als Verständigungs- und Bewegungsprogramm, um dem Pferd seine Aufgaben als Reitpferd zu erleichtern.*

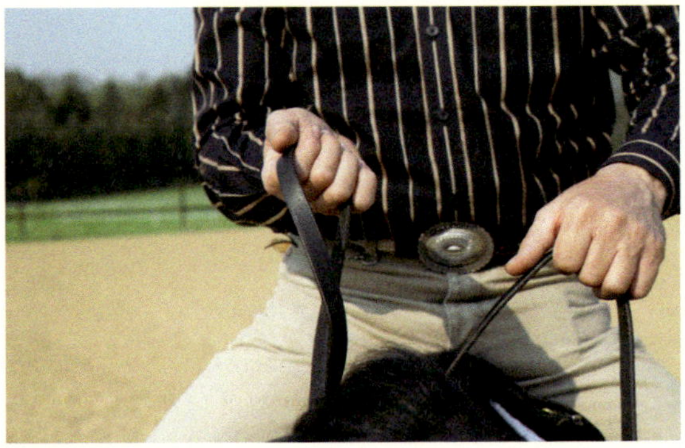

*Ausrüstung und Reittechnik werden individuell eingesetzt. Sie sollen dem Pferd das Lernen zwanglos erleichtern und zu möglichst wenig Missverständnissen führen.*

*Bei der Bodenarbeit lernen die Pferde, den Leitanspruch des Menschen willig zu akzeptieren. Sie setzen auf Wunsch einzelne Beine präzise, gehen auf gedachten Linien und akzeptieren ungewohnte Einflüsse. Der Mensch lernt, ohne direkten Körperkontakt zu kommunizieren. Teamarbeit wird selbstverständlich.*

Zusammenspiel zweier selbstständiger Körper und Geister. Ohne dass es Ihnen bewusst wurde, gymnastiziert sich Ihr Pferd selbst unter Ihnen und verbessert seine Haltung und Balance. Es wird immer kontrollierbarer und beginnt, zeitweilig gleichmäßiger, lockerer und taktmäßiger zu gehen. Es duldet mit lockerer und nachgiebiger Halsmuskulatur die Kontaktaufnahme zum Maul ohne Anzeichen von Verspannung, und wenn Sie den Zügel nachgeben, dehnt es sich vertrauensvoll und gleichmäßig nach vorneabwärts. Es lässt sich „fallen". Sie können es auf gebogenen und geraden Linien leiten, und es wird in seiner Muskeltätigkeit gleichmäßiger. Es übernimmt mehr Last mit den Hinterbeinen in den Übergängen zwischen den Gangarten und lässt sich innerhalb der Gangart im Tempo dynamisch variieren.

### Ein durchlässiges Pferd

Die Stufen der „Skala" sind in Ansätzen realisiert. „Das ist ja toll", sagen Sie jetzt, „doch es war Zufall und nicht das Resultat einer systematischen, dressurmäßigen Gymnastizierung." Ihrem Pferd ist das gleich, es fühlte sich wohl und es versuchte, sich auf Ihre behutsamen und vorsichtigen „Kontaktpflege-Übungen" einzustellen und sich anzupassen.

## *Wie gymnastiziert man richtig?*

„Nun gut", werden Sie jetzt sagen, „aber wie gymnastiziert man ein Pferd denn nun systematisch und gezielt?"

Das Pferd bewegt sich intuitiv, wie die meisten Menschen auch. Es denkt über seine Bewegungen nicht nach oder führt sie gar bewusst aus. Es weiß nicht, was ein fliegender Galoppwechsel oder ein Seitengang ist. Dennoch kann es diese Bewegungen ausführen, auch ohne Reiter. Doch das wird als Reaktion auf Umweltbedingungen geschehen, um das Gleichgewicht zu halten, um auszuweichen oder aus einer Gefühlssituation heraus im Imponiergehabe. Es läuft auch nicht auf einer vorgegebenen Linie exakt geradeaus oder auf einem gleichmäßigen Kreis. Wir können einem Pferd also nicht wie einem Menschen sagen: „Mach mal diese Bewegung zehn Mal hintereinander oder jene genau dort oder geh' mal 20 Schritte geradeaus."

Es hat auch kein Bewusstsein für „falsch" und „richtig"! Hat es eine bestimmte Bewegungsfolge einige Male unter Anleitung ausgeführt, leitet es daraus nicht automatisch ab, es sei richtig, das nun immer so zu tun und falsch, es anders zu machen. Einen Menschen durch ein Gymnastizierungsprogramm zu leiten,

Hat ein Pferd eine gute Ausbildung genossen, so kann man es auch zeitweilig ohne Hilfsmittel kontrolliert reiten.

ist dagegen einfach: Wir können ihm mit Worten erklären, was wir von ihm erwarten, es ihm vormachen und ihn zur Nachahmung auffordern. Wenn er sich wie gewünscht verhält, erklären wir ihm, dass er das alles richtig gemacht hat und loben ihn. Darauf ist er dann stolz und versucht es beim nächsten mal wieder richtig zu machen. Wir können einem Menschen erklären, dass es für seine eigene Gesundheit und sein Wohlbefinden besser ist, Rückengymnastik zu machen. Er wird auch begreifen, dass es besser ist, schwere Gegenstände in einer bestimmten Haltung zu heben. Jeder einsichtige Mensch wird sich dann aus eigenem Antrieb bemühen, dieser Anleitung zu folgen, allein schon um seiner Gesundheit willen oder um Schmerzen zu lindern. Manchmal braucht er eine Erinnerung oder eine Zusatzmotivation, denn aus Bequemlichkeit fällt er gern ins alte Verhalten zurück oder er erwirbt Schutzhaltungen, die ihm nicht zuträglich sind. Hat er aber erst einmal Routine in der anderen Körperhaltung und ist sie ihm durch Wiederholung zur Gewohnheit geworden, dann verhält er sich automatisch in der gewünschten Form.

Wir haben den Anstoß gegeben, eventuell neue Rahmenbedingungen für ihn geschaffen, doch letztlich hat er sich selbst gymnastiziert, also seine Muskeltätigkeit verändert. Pferden können wir nicht einfach mit Worten erklären, was wir für ihr Bestes halten. Bei Pferden funktioniert ein Gymnastizierungsprogramm also leider nicht so.

## Nonverbale Kommunikation

Wir müssen zunächst einen Weg finden, mit den Pferden eine nonverbale Verständigungsebene aufzubauen. Wir müssen ihnen verdeutlichen, dass wir ihre Aufmerksamkeit erwarten, und erwarten, dass sie sich von uns führen, lenken und leiten lassen, bis wir ihnen jeden Schritt und jede Bewegung vorgeben können. Dafür müssen sie ihr Bedürfnis zu selbstbestimmtem Handeln ein Stück weit aufgeben und sich zeitweilig komplett unserem Willen unterordnen. Wir müssen ihre angeborenen Instinkthandlungen (Flucht- und Selbstschutzverhalten, Herdentrieb usw.) umformen und wandeln, Respekt und Vertrauen dem Ausbilder gegenüber festigen. Wir müssen ihr Bewusst-

Dressurreiten, das bedeutet eigentlich das Zusammenspiel zweier selbstständiger Körper und Geister zu üben und zu perfektionieren. Gelingt es, das auf freundliche und lockere Weise umzusetzen, so kann es Pferd und Reiter gleichsam Freude bereiten.

sein für grundsätzliche Verhaltensmuster entwickeln wie z. B. langsam oder schnell, Kontaktdruck und Nachgiebigkeit, Warten oder Weichen, vor oder zurück. Daraus wird dann Schritt, Trab, Galopp, Rückwärts, Seitwärts, Bewegen der Vorhand oder Hinterhand bis hin zum bewussten Setzen der einzelnen Beine. Wir müssen bestimmte Reize, hauptsächlich Berührungen, mit bestimmten Körperreaktionen, hauptsächlich körperliche Nachgiebigkeit, verknüpfen. Diese Signale werden dann Hilfen genannt. Mit ihnen rahmen wir das Pferd ein, wir setzen seinen Bewegungen damit Grenzen oder lösen sie aus und begleiten sie. Das hat zur Folge, dass es sich zwischen unseren Berührungsreizen formt. Wir können nun Haltung, Richtung, Tempo und sogar Schritt- oder Trittlänge beeinflussen.

## Das System der Hilfen

Hilfen könnte man also auch als „freundliche Kontaktpflege" zum Zwecke der Verständigung bezeichnen. Eine solche differenzierte Verständigungsebene ermöglicht es dem Ausbilder oder Pferdebesitzer, seinem Pferd sowohl vom Boden wie auch vom Sattel aus alle wichtigen Informationen für das weitere Reitpferdetraining zu übermitteln. Damit können wir ihm einen Rahmen geben, in dem lernt es, sich in anderer Körperhaltung zu bewegen, solange wir mit ihm über die Hilfen kommunizieren. Es wird sich zwar so bewegen, wie wir es formen, doch es wird wieder in alte Bewegungs- und Verhaltensmuster zurückfallen, wenn wir damit aufhören. Wir müssen es nun wiederholt in einer bestimmten Haltung, Grundspannung, Gangart und Kadenz auf gedachten, mehr oder weniger gebogenen oder geraden Linien leiten, den Bahnfiguren. Dabei müssen wir es zwischen den Kontaktpunkten, die von unseren Hilfen direkt berührt werden, positionieren und dirigieren. Die Kontaktpunkte sind: linke und rechte Gebiss-Seite mit Wirkung auf Zunge und Maulwinkel (Lippen), linke und rechte Halsseite, an der Zügelkontakt entsteht, und die Körperseiten des Pferdes, an der linkes und rechtes Reiterbein in mehr oder weniger vor- oder zurückgenommener Lage mit weichem Druckkontakt der Waden einwirken. Dabei müssen wir darauf achten, dass wir durch systematische Beckenrotation mit unserem Sitz im Sattel die jeweiligen Rückenschwingungen des Pferdes ausgleichen, ohne im Sattel hin und her zu rutschen. Durch systematische Druckverlagerung im Sattel, durch Becken- und Haltungsänderungen des Rumpfes, müssen wir nun gezielt den Gleichgewichtssinn des Pferdes ansprechen. Das führt zu verschiedenen Bewegungsreaktionen des Pferdes. Sie gilt es nun möglichst systematisch zu vermitteln.

*Belohnt man eine gewünschte Reaktion häufig und mit freundlichem Tonschlag, einer über den Hals streifenden Hand oder einer Entspannungspause, so wird das Pferd gern mitarbeiten.*

## Kommunikation ohne Zwang

Das komplexe System der Reizübermittlung nennen wir lapidar „Hilfen". Mit diesem System kann man keine dauerhafte, mechanische Kontrolle über das Pferd erlangen, auch wenn das immer wieder, zum Teil mit allen möglichen

*Hat man gelernt, in guter Balance und mit feinen Hilfen zu reiten, so gibt es zwischen den Reitweisen keine gravierenden Unterschiede. Dann gelingen auch, wie hier zu sehen, Westernmanöver mit „englischer" Ausrüstung.*

Hilfszäumungen und Hilfsmitteln versucht wird, um dem Pferd den reiterlichen Willen aufzuzwingen. Man müsste seinen Willen brechen, es also mental unterwerfen, damit ein solches mechanisches Bedienungssystem funktionieren kann.

Das System der Hilfen dient der Verständigung und mit ihm können wir unserem Pferd im günstigsten Fall Botschaften übermitteln, die zu einem bestimmten Bewegungsverhalten führen. Im ungünstigsten Fall stören und behindern wir es damit und verursachen ihm damit Unbequemlichkeit oder gar Schmerzen. Wenn es uns vertraut (sich unserer Führung anvertraut), aufmerksam ist und unsere Einwirkungen versteht, dann und nur dann können wir es zwanglos lenken, leiten, kontrollieren und gymnastizieren. Auf der Basis von Verständnis, Vertrauen und Harmonie kann also das Pferd durch geeignete Übungen langfristig zu einer dauerhaften Veränderung seines Bewegungsverhaltens gelangen. Daraus entwickelt sich dann eine bleibende Haltungsänderung, sowohl in körperlicher wie in geistiger Hinsicht.

## Diagnostisches Reiten – das Reitergefühl

Reiterliche Hilfen dienen der Verständigung, im Grunde genommen sollen sie dem Pferd verstehen helfen, welches Verhalten der Reiter von ihm erwartet. Sie sollen im direkten Körperkontakt Hilfestellung geben, einen Rahmen bilden oder Bewegungsimpulse übermitteln. Sie sind nicht als mechanische Zwangsmittel gedacht. Sie sollen auf nonverbalem Wege über den Haut- und Tastsinn und den Gleichgewichtssinn des Pferdes Botschaften übermitteln.

Reitet man ein gut ausgebildetes Pferd, so hat der Reiter „User-Status", um es mit einem Beispiel aus der Computerwelt zu beschreiben. Er folgt der Bedienungsanleitung und bedient es sozusagen per Knopfdruck. Er greift über die Tasten der Tastatur auf schon vorhandene Programme zurück, (Tastsinn, Gleichgewichtssinn). Er gibt Tastenkombinationen (Hilfen im Zusammenspiel) ein, die den Charakter von Botschaften oder Signalen haben und mit Hilfe der Software (beim Pferd erlernte Reaktion) bestimmte

Arbeitsvorgänge in der Hardware (beim Pferd Bewegungsabläufe) auslösen. Möchten wir ein Pferd aktiv gymnastizieren, so reicht der „User-Status" nicht aus, wir müssen über „Programmierer-Fähigkeiten" verfügen. Das setzt eine ganz andere Kompetenzebene voraus, je nachdem, welche „Programmänderungen" wir vornehmen möchten.

## Senden und empfangen

Um mit einem Pferd erfolgreich gymnastizierend arbeiten zu können, müssen wir in jedem Moment solche Signale oder Botschaften nicht nur senden, sondern das „Echo" (vergleiche Seite 102) auf unsere Einwirkungen, also die direkte Körperreaktion des Pferdes, erfühlen und analysieren. Wollen wir z. B. auf einer Volte in gleichmäßiger Biegung reiten, müsste unser Pferd sich exakt auf der Grundlinie der Volte bewegen und den Hufschlag dort wieder erreichen, wo wir die Volte begonnen haben. Es müsste dabei mit den Hinterbeinen in die Spur der Vorderbeine fußen und taktmäßig gehen. Das wäre die ideale Ausführung. Wir müssen nun erfühlen, ob es all diese Erfordernisse tatsächlich erfüllt oder zeitweilig davon abweicht.

Entsprechen die Bewegungs-Reaktionen unserer Hilfengebung und dem gewünschten Idealzustand, so bezeichnen das viele Reiterinnen und Reiter häufig als „richtige" Reaktion. Gibt es Abweichungen, so bezeichnen sie das dann als eine „falsche" Reaktion. Um ein Pferd schulen zu können, muss ein Reiter in der Lage sein, in Sekundenbruchteilen zu entscheiden, ob eine „richtige" oder „falsche" Reaktion des Pferdes auf seine Anfragen oder Botschaften erfolgte. Er muss sozusagen über diagnostische Fähigkeiten verfügen, um Ursache und Wirkung sofort richtig einschätzen zu können. Im Rahmen der Übungen der The Gentle Touch-Methode können Sie schon während der Bodenarbeit Ihr Bewusstsein dafür entwickeln und entsprechende Fähigkeiten in den Grundlagen erwerben. So fällt es dann viel leichter, auch vom Sattel aus ebenso zu handeln. Nur wenn wir jede erwünschte Reaktion des Pferdes sofort mit etwas Angenehmem, Positivem verknüpfen, wird sich das Pferd dies merken und immer wieder so handeln. Man nennt das eine positive Verstärkung. Dieses Prinzip ist die Grundlage jeglicher gewaltfreier Pferdeausbildung. Bei unerwünschten Reaktionen müssen wir sofort entscheiden, wie wir darauf reagieren wollen, damit es lernt, die „falschen" Reaktionen nicht mehr anzubieten bzw. die unerwünschten Bewegungsabläufe zu unterlassen. Das Denken in den Kategorien „Richtig" und „Falsch" verleitet viele Reiter dazu, von Pferden „richtiges" Verhalten zu erwarten oder gar einzufordern. Dies spiegelt unzulängliches Pferdeverständnis oder schlechte Horsemanship wider.

**INFO**

**Pferdelogik**

**Ein Pferd hat weder Verständnis für richtiges noch für falsches Handeln. Es speichert nur in seinem Gedächtnis, welche Handlungen oder Situationen mit angenehmen und welche mit unangenehmen Erfahrungen verbunden waren. Es wird sich vor den unangenehmen schützen wollen, den angenehmen strebt es zu.**

## Ein Wort zur Strafe

In diesem Zusammenhang möchte ich auch verdeutlichen, dass Strafe weder als Gedanke noch als Handlung im Rahmen meiner Arbeit mit Pferden einen Platz hat. Schon gar nicht sollte man mit Mitteln, die sonst der Verständigung dienen, ein Pferd bestrafen wollen. Es würde das Vertrauen in die Kommunikationsmittel und -techniken verlieren und sich Schutz- oder Abwehrreflexe angewöhnen. Im Umgang mit Pferden sollte es keine Strafen geben, da Pferde kein Bewusstsein für „falsch" haben. Ich kann Grenzen setzen und angenehme oder unangenehme Rahmenbedingungen schaffen. Manchmal ist aber im Bereich der Erziehungsarbeit, die der Gymnastizierungsphase vorgeschaltet

Gutes Reitergefühl ist in jeder Reitweise gefragt, für sicheres Geländereiten ebenso wie für die Arbeit in der Reitbahn.

sein soll, eine disziplinarische Einflussnahme notwendig, um den Respekt eines Pferdes dem Menschen gegenüber einzufordern. In solchem Falle ist es legitim, in angemessener Form energisch körperlich einzuwirken, um ein Pferd zu veranlassen, Grenzen zu respektieren, den Standort zu verändern oder den Individualbereich des Menschen zu respektieren. Das alles hat aber weder den Charakter einer Bestrafung noch habe ich jemals das Bedürfnis, ein Pferd „abstrafen" oder „bestrafen" zu wollen. Ich würde mich freuen, wenn es auch Ihnen gelänge, im Umgang mit Pferden dieses Wort und die damit verknüpften Empfindungen und Handlungen komplett zu streichen. Sie verlieren dadurch nichts, aber Sie gewinnen sehr viel.

## Belohnen

Hat ein Ausbilder oder Reiter gelernt, in differenzierter Form seine Hilfen gezielt einzusetzen, und verfügt er außerdem über das entsprechende Einfühlungsvermögen und die Erfahrung, die richtigen Schlüsse aus den Reaktionen des Pferdes zu ziehen, so wird er kaum Grund haben, disziplinarisch auf sein Pferd einzuwirken. Er ist dann in der Lage, jedem Pferd in kürzester Zeit durch entsprechende Einwirkungen in Form von Hilfen eine Idee davon zu vermitteln, wo es sich bewegen soll, wie es das tun soll und wann es welches Verhalten zeigen soll. Reflektiert er jede gewünschte Handlung mit deutlichen Positivverstärkungen, so versucht das Pferd durch entsprechendes Verhalten, diese Belohnungen wieder und wieder zu erhalten. Es beginnt nun von sich aus, diese Handlung anzubieten. Die Kunst der Pferdeausbildung liegt nun einzig darin, dem Pferd die Freude an den Bewegungen nicht zu nehmen und sein motiviertes Mitdenken und Mitarbeiten durch häufige und auf den Punkt gewährte Belohnungen zu fördern. Belohnungen sind: Nachlassen der Forderung, nachgeben oder reduzieren von Körperkontaktdruck, verharren lassen, positive Stimm- und Kontaktsignale usw.

Futtergaben aus der Hand als Belohnung gehören in diesem Zusammenhang nicht zu dem von mir empfohlenen Belohnungsangebot. Sie fördern nur systematisch ein Suchtverhalten, das bald nicht mehr zu kontrollieren ist und von vielerlei negativen Effekten für Pferd und Mensch begleitet wird. Gute Horsemanship kommt ohne Leckerlis aus!

## Motivation erhalten

Ohne Motivation ist keine effektive Gymnastizierung möglich. Bedenken Sie stets: Nicht Sie gymnastizieren dann nach meinem Verständnis Ihr Pferd, es gymnastiziert sich selbst.

Das ist vergleichbar mit einem Menschen, der sich im angeleiteten Training selbst gymnastiziert. Um die Motivation eines Pferdes zu erhalten, sollten Sie stets den Grundsatz anwenden: In kleinen Schritten vom Leichten zum Nächstschwierigeren.

Dies gilt besonders dann, wenn die Bewegungskoordination schwierig wird, wie z. B. bei allen Diagonalbewegungen, oder der Kraftaufwand im Bereich einzelner Muskelgruppen höher wird. Ein Ausbilder, der es versteht, die Steigerungen in feinen Abstufungen vorzunehmen und beim geringsten Anlass, beim leisesten Versuch deutlich zu belohnen, wird zwar auf den ersten Blick langsam vorankommen, doch im Ganzen betrachtet wird er sein Ziel sicher und ohne Rückschläge erreichen. Dies ist letztlich wieder deckungsgleich mit dem Konzept der Ausbildungsskala.

Die The Gentle Touch-Methode leistet Ihnen gute Hilfestellung beim Erlernen von sinnvollen und angemessenen Arten ein Pferd zu belohnen. Gehen Sie dabei geschickt und systematisch vor, so lernen Sie im Zusammenspiel mit Ihrem Pferd sehr viel über dieses wichtige Element guter Horsemanship.

Während Ihr Pferd bei gezielten Koordinationsübungen lernt, wieder so taktmäßig, locker und ohne Berührungsängste (in leichter Anlehnung) unter Ihnen zu laufen, wie es das schon ohne Reiter konnte, entwickeln Sie Ihr feinmotorisches Reitergefühl weiter. Der Weg zum feinen Reiten ist damit geebnet.

### TIPP

**Grundsätze für gesundes Pferdetraining**

Gelingt es, dem Pferd regelmäßig wiederkehrende Positivverstärkungen anzubieten und sie gezielt mit bestimmten Bewegungen zu verknüpfen, so beginnt es, sich selbst zu gymnastizieren.

- Dazu muss der Reiter es nur auf gedachten Linien so leiten und positionieren, dass es mit den Hinterbeinen dabei entweder in die Spur der Vorderbeine tritt (geraderichtet),
- oder es mit Vorhand oder Hinterhand seitlich versetzt zur Originallinie (Reiten auf zwei Hufschlägen) positionieren.
- Dabei muss er es zeitweilig zu fleißigen und energischen Tritten animieren.

Damit sind alle Voraussetzungen für eine dressurmäßige Gymnastizierung gegeben.

*Reflektiert der Ausbilder jede gewünschte Handlung mit deutlichen Positivverstärkungen, so versucht das Pferd durch entsprechendes Verhalten, diese Belohnungen immer wieder zu erhalten.*

*Hilfen sind bestimmte Reize, hauptsächlich Berührungen, die mit bestimmten Körperreaktionen verknüpft werden.*

# Die Methode für anspruchsvolle Freizeitreiter

*Sie sind sich nun Ihrer Einstellung zum Reiten, Ihrer Erwartungen und Fähigkeiten bewusst. In diesem Kapitel können Sie neue Wege mit der The Gentle Touch-Methode gehen. Sie lernen die Grundbegriffe der Methode und ihre Philosophie. Mit diesen Anregungen und praktischen Übungen für die Bodenarbeit und das Reiten lernen Sie feine, pferdefreundliche Horsemanship.*

# Die The Gentle Touch-Methode

In diesem Kapitel werden wir uns die The Gentle Touch-Methode näher anschauen. An ihr ist nichts Geheimnisvolles. Sie können mit ihr keine Wunder vollbringen. Sie ist vor allem nicht neu von mir erfunden worden. Ich habe nur die Erfahrungen zusammengefasst, die ich in meinen Kursen und Seminaren sowie bei der Korrekturarbeit und beim Anreiten von Freizeitpferden gesammelt habe. Die Übungen und Techniken, die sich besonders bewährt haben, weil sie unkompliziert und einfach anzuwenden sind, habe ich herausgefiltert und methodisch zusammengefügt. Dadurch wird es anderen Ausbildern möglich, nach meinem System zu arbeiten und es an viele interessierte Pferdeleute weiterzuvermitteln.

Die grundsätzlichen Übungen, die verwendet werden, habe ich in anderem Zusammenhang in Büchern und Videos und in meinen Seminaren fast alle schon dargestellt (vergleiche S. 170f.). Es sind zum Teil Techniken und Hilfsübungen dabei, die auf den ersten Blick etwas ungewöhnlich erscheinen, doch sie sind letztlich allesamt mit grundsätzlichen reiterlichen Prinzipien in Einklang zu bringen und haben sich in der Praxis vielfach bewährt. Die Methode ist reitweisenübergreifend. Sie schließt allerdings Techniken aus, die sich erst im Zuge von Modetrends oder einer reitsportlichen Spezialisierung entwickelt haben.

Sie berücksichtigt das Wissen und Gedankengut unterschiedlicher Reitweisen, soweit das der Verfeinerung der Einwirkungen und der Klarheit in der Verständigung zwischen Mensch und Pferd dient. Man könnte sagen: das Beste aus verschiedenen Reitweisen!

Das verbindende Element hinter diesen Praktiken ist die Philosophie oder die Grundeinstellung, mit der sie angewandt werden. „The Gentle Touch", das soll nicht nur ein schöner Slogan sein. Dahinter verbirgt sich eine freundliche und sanfte Art, wie man ein Pferd formen und ihm seine notwendige Erziehung angedeihen lassen kann. Mit dieser Philosophie sollen Freizeitreiter gefühlvolles und zweckmäßiges Reiten an leichten Hilfen erlernen bzw. ihre Fähigkeiten diesbezüglich weiterentwickeln.

Der aus der Natural-Horsemanship-Tradition abgeleitete Grundsatz von Ray Hunt „Let it happen, make the right things easy and the wrong things difficult!" („Lass es geschehen, mach das „Richtige" einfach und das „Falsche" schwierig") kann als Leitfaden für diese Gesinnung dienen.

*Beim Führtraining ist es anfangs wichtig, die Impulse am Halfter auf die Schwebephasen des richtungweisenden Vorderbeins abzustimmen, um den Schwung nicht zu behindern.*

*Gutes Timing ist auch unter dem Reiter bei allen Manövern oder Aufgaben wichtig. Wurde das Gefühl dafür bereits am Boden gefestigt, so fällt es beim Reiten umso leichter.*

Das schließt nicht aus, auch einmal energisch, konsequent und strikt zu sein, um einen notwendigen, erzieherischen Effekt zu erzielen. Doch stets sollte die Grundeinstellung und das Handeln grundsätzlich durch Fairness, Freundlichkeit und Sanftheit geprägt sein. Wie man das nach und nach erlernen und Technik und Philosophie in Einklang bringen kann, das möchte ich mit der The Gentle Touch-Methodik vermitteln. Ich zeige damit einen praktikablen Weg für jedermann auf, eine durch Leichtigkeit geprägte Reitweise zu erlangen.

## Verknüpfung der Bereiche

Die Methode ist zwar in die Bodenarbeit und die Arbeit unter dem Reiter unterteilt, doch diese Bereiche sind miteinander verknüpft und ergänzen sich. Damit soll bewusst die verbreitete Trennung von Natural-Horsemanship, Bodenarbeit und pferdegemäßer reiterlicher Schulung aufgehoben werden. Die Bodenarbeit schafft die Voraussetzung für die reiterlichen Aktivitäten. Sie ist nicht Selbstzweck sondern baut Reiter und Pferd eine Brücke vom Umgang am Boden zur Arbeit im Sattel.

Alle Übungen haben sich in vielen Jahren praktischer Kurs- und Seminartätigkeit bewährt. Es sind Übungen, die die tatsächlichen Voraussetzungen durchschnittlicher Reiter und ihrer Pferde berücksichtigen. Die Ausgangssituation „erfahrener Ausbilder und junges Pferd“ und „erfahrenes, gut geschultes Pferd und ungeübter Reiter“, von der in der Theorie der Deutschen Reitlehre ausgegangen wird, habe ich in der Realität nur in seltenen Ausnahmefällen vorgefunden. Dieses Problem wird in der The Gentle Touch-Methode gezielt berücksichtigt. Mit Hilfsübungen werden die bei Pferden wie beim Reiter noch mehr oder weniger vorhandenen Unzulänglichkeiten bewusst gemacht und korrigiert. Je nach individueller Situation werden Probleme selbstständig oder besser mit einem The Gentle Touch-Trainer auf ihre Ursachen hin analysiert. Im nächsten Schritt erarbeitet dann der Reiter mit seinem Pferd systematisch Grundlagen der Verständigung und der körperlichen Bewegungsabläufe. Im Bereich der Bodenarbeit oder der Übungen unter dem Reiter werden individuell passende Übungsabläufe aus dem breiten Spektrum der Möglichkeiten ausgewählt. Alle Übungen sind so angelegt, dass Pferd und Reiter miteinander lernen und sich weiterentwickeln können, ohne dass es zu gravierenden Missverständnissen mit nachhaltigen, negativen Folgen kommen muss. Schwerpunktmäßige Arbeit unter Anleitung des Trainers und Phasen autodidaktischen Arbeitens wechseln sich ab.

Gefühl, Vertrauen, Respekt und planvolles Handeln, das sind übergeordnete Begriffe. Jeder hat sie schon gehört und auch benutzt. Doch für die meisten Reiter scheint es nahezu unerreichbar zu sein, diese Eigenschaften in ein ausgewogenes Gleichgewicht zu bringen. Nur durch praktische Erfahrung im geregelten Umgang mit Pferden lassen sich diese Eigenschaften fördern und weiterentwickeln. Ohne Anleitung ist es kaum möglich, dieses Ziel zufriedenstellend und sicher zu erreichen.

**INFO**

**Aus dem Bewährten das Beste – der Grundsatz der Methode**

Mit der The Gentle Touch-Methode soll keine neue oder andere Reitweise propagiert werden. Ihre Übungen sind gezielt darauf abgestimmt, dass beim Pferd wie beim Reiter noch mehr oder weniger deutliche Unzulänglichkeiten vorhanden sind. Das ist die alltägliche Realsituation der Mehrheit aller Reiterinnen und Reiter und ihrer Trainer. Sie erfüllen den Zweck von Hilfsübungen, die es erleichtern, korrekte reiterliche Grundlagen zu erwerben.

Alle Inhalte und Techniken sind aus bewährten traditionellen Formen pferdegerechter Erziehung und Ausbildung abgeleitet. Ich habe ohne ideologische Vorbehalte aus verschiedenen Quellen geschöpft. Zunächst einmal aus dem Bereich der „Natural Horsemanship“-Bewegung, wie sie aus den Vaquero-Traditionen der amerikanischen Westküste hervorgegangen ist. Auch bewährte Techniken und Methoden der Gebrauchsreiterei mit militärischem Ursprung (Kampagne-Reitweise), wie sie in der Reitvorschrift von 1937, der HDV 12 und Ausführungsrichtlinien übermittelt werden und moderne Erkenntnisse der Bewegungslehre und der Pädagogik flossen mit in das Konzept ein.

INFO

**Natural Horsemanship**

Der Begriff „Natural Horsemanship" ist vor circa zehn Jahren aus dem Westen der USA nach Europa gekommen. In diesem Begriff werden Philosophie und Praxis eines gewaltlosen Umgangs mit Pferden zusammengefasst.
Sie geht auf die traditionelle, kalifornische Vaquero-Tradition zurück. In heutiger Form wurde sie von dem inzwischen verstorbenen Tom Dorrance ins Leben gerufen. Sein Schüler Ray Hunt wurde zum aktivsten Wegbereiter dieser Methode und inspirierte viele Pferdeleute seit den 60er Jahren des letzten Jahrhunderts. Er zeigte vielen Cowboys und Trainern Wege auf, die natürlichen, im Instinktverhalten verankerten Lernanlagen des Pferdes auf intelligente Weise zu nutzen und revolutionierte damit die Ranchpferdeausbildung.
Die rauhen Zwangsmethoden wichen Techniken, bei denen dem Pferd auf sanftere und intelligentere Art als bisher Erkenntnis und Einsicht in die wünschenswerten Verhaltensweisen eines Reitpferdes vermittelt wurden.
Der Ausbilder bedient sich dazu vor allem einer pferdeverständlichen, eindeutigen Körpersprache. Besonders Ray Hunt verbreitete in Seminaren und Workshops dieses Wissen und die Techniken. Er fasste seine Philosophie in dem Leitgedanken „Let it happen. Make the right things easy and the wrong things difficult", zusammen („Lass es geschehen, mach die richtigen Dinge leicht und die falschen schwierig").
Seit den späten 70iger Jahren übernahmen immer mehr Cowboys und Pferdetrainer seine Methode, die auch als Round-Pen-Ausbildung populär wurde.
Nach und nach wurden Fachpresse und Medien auf ihre Arbeit aufmerksam.
Nach dem großen Kino- und Bestsellererfolg des Romans „Der Pferdeflüsterer" erkannten einige geschäftstüchtige, smarte Trainer mit mehr oder weniger fundiertem Hintergrund die Attraktivität und Vermarktbarkeit dieses Begriffs.
Besonders populär sind verschiedene Formen der Bodenarbeit im Round-Pen.
Mit unterschiedlichen Verhaltens- und Bewegungsritualen wie z. B. intensivem Antreiben verschafft sich der „Pferdeflüsterer" die Aufmerksamkeit des Pferdes. Kommt das Pferd dann zu dem Ausbilder, folgt ihm oder geht neben oder vor ihm her und beginnt, auf die Körpersignale regelmäßig zu reagieren, so wird daraus abgeleitet, er spreche die „Pferdesprache". Durch das Ritual habe sich das Pferd nun untergeordnet und werde stets dem Willen des Menschen entsprechen. Besonders bei Pferden mit Verhaltensproblemen, die letztlich aus falscher Behandlung oder Umgangsformen seiner Besitzer und Ausbilder herrühren, lassen sich für Laien verblüffende Reaktionen in kurzer Zeit erzielen.
Diese Thematik wird von den Medien immer wieder gern aufgegriffen und häufig in realitätsferner Verklärung aufbereitet. So ist es zu verstehen, dass der Mythos der Pferdeflüsterei, den es bereits zum Ende des 19. Jahrhunderts gegeben hat, wieder zu neuer Blüte gelangt ist. Diese „Pferdeflüsterer-Rituale" können aber weder eine dauerhafte Lösung der Verhaltensprobleme bei Pferden herbeiführen noch ersetzen sie eine seriöse, individuelle Grunderziehung und Reitausbildung.

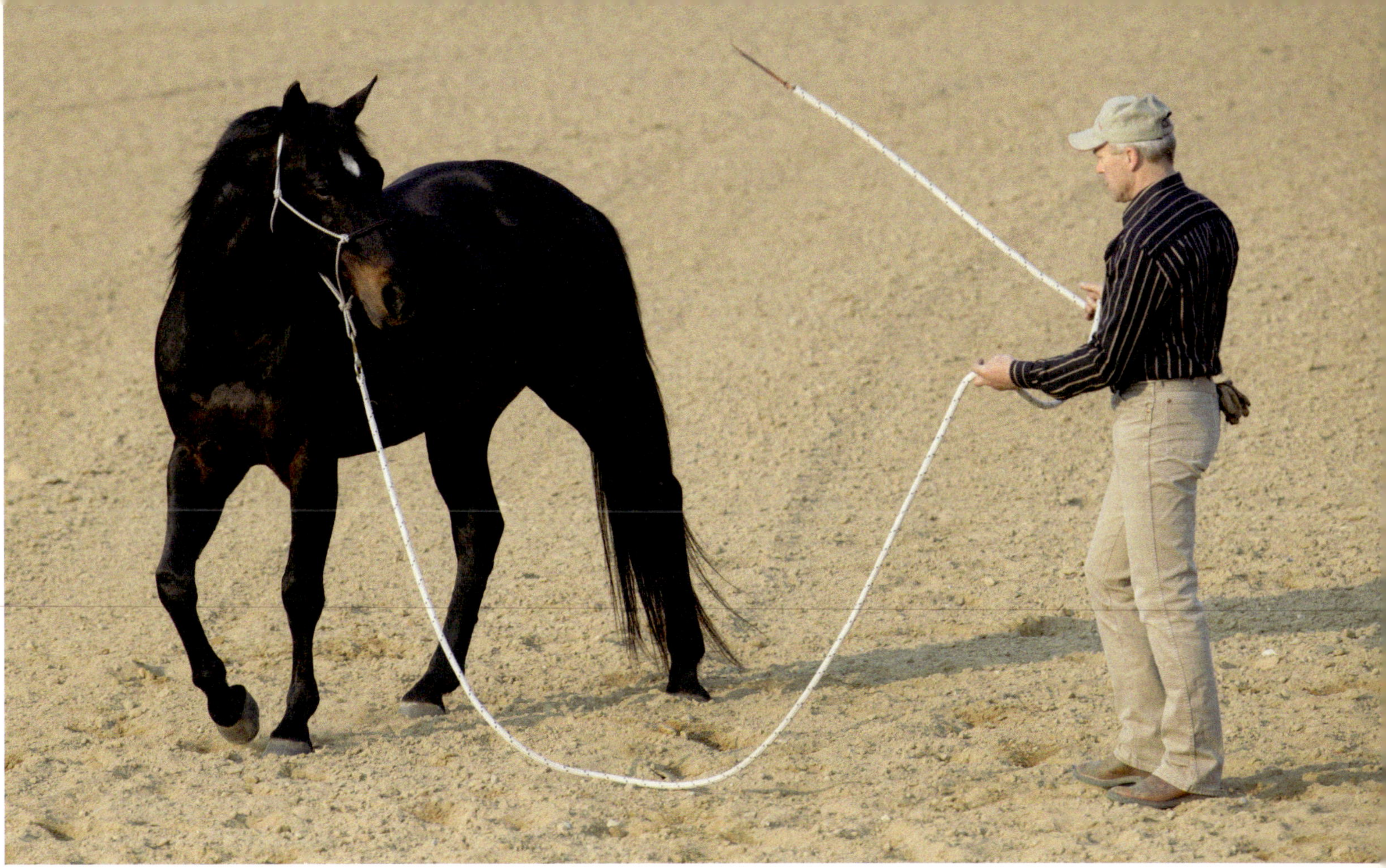

*Ruhe, Geduld, Angemessenheit und Konsequenz zeichnen einen guten Ausbilder aus. Diese Eigenschaften werden in der The Gentle Touch-Methode systematisch vermittelt.*

## *Ruhe, Geduld, Angemessenheit, Konsequenz*

Damit wir beim Pferd Gefühl, Vertrauen und Respekt hervorrufen können, müssen wir selbst über vier wichtige Voraussetzungen verfügen: Ruhe, Geduld, Angemessenheit und Konsequenz. Diese Eigenschaften werden zu planvollem und zweckmäßigem Handeln zusammengefügt. Wie sieht Ruhe aus und wo beginnt Unentschlossenheit, was ist angemessen und wo wandelt sich Konsequenz in grobes oder gar brutales Verhalten? Wie kann man Methode in die Handlungen bringen, damit ein Pferd die Regelmäßigkeit und den Sinn dahinter erkennt?

Diese Fragen lassen sich nur in der Praxis individuell unter Anleitung präzisieren und beantworten, da jeder Reiter und jedes Pferd in ihrer Kombination einzigartig sind und sich entsprechend individuelle Lösungsansätze aus dieser Kombination ergeben.

Das richtige Maß dafür zu finden, ist eine der wichtigen Lernleistungen, die jeder Reiter vollbringen muss, wenn er seine Selbstständigkeit und Entscheidungsfähigkeit entwickeln und festigen möchte. Genau darum geht es auch in der The Gentle Touch-Methode. Reiter und Pferde bekommen Hilfestellung zu richtigem und zweckmäßigem Handeln, sie lernen damit, sich selbst zu helfen.

### INFO

**Selbstständig Reiten lernen**
Im Rahmen der The Gentle Touch-Methode wird das bewusste und eigenständige Handeln bei Reiterinnen und Reitern von Anfang an gefördert. Die Ausbilder geben ihnen Hilfestellung, um das Gefühl und das Wissen für zweckmäßiges, angemessenes und situationsbezogenes Handeln zu entwickeln. Die The Gentle Touch-Methode zielt darauf ab, denkende Reiter und mitdenkende Pferde zu schulen!

## Lernen in konkreten Zusammenhängen

Meine Erfahrungen aus den Kursen und Seminaren haben mich zu der Erkenntnis geführt, dass es für Mensch und Pferd umso schwerer ist, dieses Ziel zu erreichen, je abstrakter die Rahmenbedingungen sind, unter denen sie erlernt werden sollen. Kann man Gefühl messen? Nein, es spielen zu viele Faktoren mit. Letztlich sind es aber immer Gefühle, die das Handeln bestimmen. Gefühle entscheiden, wie Situationen wahrgenommen und gedeutet werden und sie beeinflussen, wie Handlungen gewertet und reflektiert werden. Ich zeige das gern an einem Beispiel auf: Sie besuchen Ihr Pferd im Sommer auf der Koppel. Auf seiner Brust sitzt eine Stechfliege oder Bremse. Sie schlagen mit der flachen Hand kräftig drauf, so dass es klatscht. Ihr Pferd erschrickt sich nicht, springt nicht weg und wehrt sich nicht! Im Gegenteil, es scheint Ihre Maßnahme zu mögen. Zu einem anderen Zeitpunkt bei anderer Gelegenheit klopfen Sie es energisch an derselben Stelle, aber nicht stärker, als der Schlag auf der Koppel war. Sie tun das, weil das Pferd Sie in der Box etwas bedrängt hat. Es weicht ein wenig erschrocken zurück. Wie kommt es nun zu so unterschiedlichen Reaktionen, wo doch die rein körperliche Wahrnehmung, das Gefühl des Schlages auf der Haut, nahezu identisch war? Nun, die Rahmenbedingungen bewirkten, dass ihre Handlungen unterschiedlich interpretiert wurden. Einmal reagierte Ihr Pferd vertrauensvoll, ein anderes Mal respektvoll. Sie haben ihm den Unterschied nicht systematisch beigebracht und dennoch scheint das Pferd Sie verstanden zu haben. Ihre Idee wurde zu seiner Idee. Kann Ihr Pferd Gedanken lesen? Nun, seine Handlungen gehörten zu seinem artspezifischen Verhaltensrepertoire. Auf der Koppel wedeln sich die Pferde die Fliegen weg, doch wenn nichts anderes hilft, rempeln sie sich auch gegenseitig massiv an, um die blutsaugenden Quälgeister abzustreifen, und man nimmt es sich nicht übel. Doch wenn keine Fliegen da sind, dann wird das Unterschreiten des Individualabstandes, (rempeln) sofort mit einem Biss oder mit einem Tritt, zumindest aber mit einer massiven Androhung dieser Maßnahme geahndet, was dazu führt, dass der Zurechtgewiesene einen Satz zur Seite macht.

*Die Ausbildung in abwechslungsreichem Gelände lässt sich gut mit der Bahnarbeit verbinden und ergänzt sie. Dort fällt dem Pferd das Lernen leichter.*

## Angemessen Handeln

Artgerecht aufgezogene Pferde haben vom Fohlenalter an gelernt, sich in diesen unterschiedlichen Situationen entsprechend zu verhalten, wenn sie bestimmte Signale (Reize) wahrnehmen. Ihr Gefühl hilft ihnen, die Situation zu bewerten und dann angemessen zu reagieren. Sie lernten ursprünglich aus Erfahrungen und reagieren nun auf Reize. Zurück zu unserem Beispiel: Ihre Handlungen waren nicht identisch, sie hatten aber eine ähnliche Signalwirkung, weil sie noch in das erlernte Verhaltensprofil passten. Deshalb reagierte Ihr Pferd entsprechend. Hätte ich Ihnen die Aufgabe gestellt: Bringen Sie Ihrem Pferd bei, dass es einmal bei einem Schlag auf die Brust respektvoll weicht, ein anderes Mal aber vertrauensvoll stehen bleibt, dann hätte Ihnen das vermutlich viel Kopfzerbrechen bereitet. Sie hätten bei Ihrem Pferd viel Verwirrung gestiftet und das vorgege-

bene Lernziel wahrscheinlich gar nicht erreicht. Stattdessen haben Sie aus dem Gefühl heraus gehandelt. Doch nicht immer ist es so einfach, aus dem Gefühl heraus die richtige Entscheidung zu treffen. Nur durch Erfahrung entwickelt man das Gefühl für das richtige Maß. Unter Anleitung eines kompetenten Ausbilders und in extra dafür gestalteten Lernsituationen gelingt es sehr viel leichter, diesen wichtigen und schwierigen Lernvorgang zu bewältigen.

## *Objektbezogenes Arbeiten*

Wenn man Lernsituationen schafft, die einen praktischen Bezug zu Alltagssituationen herstellen, dann fällt das Erlernen bestimmter Verhaltensweisen und ihre Festigung zu abrufbaren Verhaltensmustern (Konditionierung) Mensch und Pferd sehr viel leichter. Deshalb habe ich bei der Ausbildung junger Pferde sehr viel Zeit im Gelände verbracht, mindestens ebenso viel wie in der Arena. Und ich habe es mir auch zur Gewohnheit gemacht, die Vielfältigkeit des Geländes zumindest in abgewandelter Form teilweise in die Arena zu holen und sie als Lernhilfe sowohl für die Pferde wie für die Menschen zu nutzen. Pylone, Plastiktonnen, Bodenstangen, Bodenricks, Planen und Ähnliches sind zweckmäßige und nützliche Hilfsmittel, die als Orientierungspunkte dienen. Man reitet in bestimmten Abständen herum oder über sie hinweg. Wenn Sie z. B. ein Pferd über Bodenricks gehen lassen, dann hebt es die Beine aktiv und winkelt sie. Lassen Sie es mehrere Volten mit drei Metern Abstand um eine Plastiktonne oder einen Hindernisständer gehen, so beginnt es, sich selbstständig zu biegen, es gleicht den Abstand aus und die Volten werden immer gleichmäßiger. Schlangenlinien gelingen gleichmäßig und flüssig, wenn man sie zwischen einer Anzahl von Pylonen, die in gleichem Abstand aufgestellt sind, ausführt. Wenn Sie auf einem Zirkel traben und an einem bestimmten Punkt um eine Tonne oder Pylon stets ein oder zwei Volten im Schritt reiten, dann beginnt Ihr Pferd schon nach einigen Wiederholungen das Tempo rechtzeitig zu verlangsamen, es balanciert sich besser aus und versammelt sich selbstständig. Ihre Idee, Verlangsamen und Versammeln, wird zu seiner Idee. Sie müssen viel weniger intensiv mit den Hilfen einwirken und können sich auf deren Feinabstimmung konzentrieren.

### „Pferdelogische" Aufgaben

Übungen mit realem Bezug zu Objekten machen es Pferd und Reiter wesentlich leichter, ansonsten recht komplizierte Bewegungsabläufe zu harmonisieren und zu konditionieren. Noch ein zusätzlicher positiver Effekt stellt sich ein. Es wird für Ihr Pferd zur Selbstverständlichkeit, sich aufmerksam Ihren Hilfen anzuvertrauen und sich von Ihnen leiten und lenken zu lassen, ganz gleich welche Umweltreize es gerade wahrnimmt. Das tut es, weil es einen Grund darin sieht, sich von Ihnen um oder über Objekte leiten zu lassen. Die Einbeziehung des Gesichtssinnes, des zielgerichteten Sehens fördert seine

*Mit Hilfsmitteln und Objekten kann man „naturnahes" Lernen auch in der Reitbahn praktizieren. Pferd und Reiter lernen zu taxieren und Bahnfiguren um Objekte herum geben auch für das Pferd einen Sinn. Orientierungspunkte fördern eine gleichmäßige Linienführung an minimalen Hilfen.*

Konzentrationsfähigkeit und hilft ihm, sich auf die gemeinsame Aufgabe zu fokussieren. Es lernt, sich nicht ablenken zu lassen und sich nicht zu erschrecken. Sie machen es ihm leichter, Ihre Idee zu seiner werden zu lassen. Während dem Pferd das Lernen erleichtert wird, profitieren Sie in gleicher Weise von den Lernsituationen. Vor einer gemeinsam zu bewältigenden Aufgabe reduzieren sich Missverständnisse und die Motivation verbessert sich wesentlich.

INFO

**Objektbezogenes und sinnvolles Arbeiten**
Arbeiten in konkreten Zusammenhängen bringt sowohl dem Pferd als auch dem Menschen viele Vorteile:

- Die Verständigung wird erleichtert.
- Die Idee des Ausbilders wird automatisch auch zur Idee des Pferdes.
- Optimale Linienführung und Abstände ergeben sich wie von selbst.
- Tempoveränderungen und Gangartenwechsel werden vom Pferd angeboten.
- Haltung und Balance ergeben sich aus der Übung.
- Die Hilfen können immer feiner gegeben werden.
- Pferd und Reiter erarbeiten gemeinsam ein konkretes Ergebnis.

## *Übergeordnete Ziele der Methode*

Die The Gentle Touch-Methode kann man auch als Zusatz- oder Begleitprogramm für besseres und pferdegerechtes Reiten bezeichnen. Ich möchte das an einem Beispiel aus dem Alltag deutlich machen: Wenn Sie schon viele Jahre Auto fahren und das möglicherweise sogar unfallfrei, dann sind Sie der Meinung, es gut zu können und jeder Situation gewachsen zu sein. Tests haben aber gezeigt, dass das in vielen Fällen ein Irrglaube ist. Besuchen Sie einmal einen ADAC-Übungsplatz und probieren Sie dort aus, wie umweltbewusst, sicher und kontrolliert Sie wirklich fahren. Sehr schnell erkennen Sie, dass Sie noch viel dazulernen können in Bezug auf ökonomische, treibstoffsparende und materialschonende sichere Fahrweise. Sie erkennen, dass Sie beim präzisen Einparken ebenso große Defizite haben wie beim Fahren auf nassen Straßen. In Fahrkursen können Sie unter Anleitung Ihre Geschicklichkeit, Sicherheit und Reaktionsfähigkeit verbessern. Diese Fähigkeiten können jedoch nur in der Praxis vermittelt werden, denn Sie müssen Gefühl und Technik in Ihren Handlungen weiter entwickeln.

Mit der The Gentle Touch-Methode können Sie Ihre reiterlichen Fähigkeiten verbessern, ähnlich wie Sie als Autofahrer durch Geschicklichkeits- und Sicherheitstraining Ihre Fahrtechnik und Fahrweise verbessern können.

## *Verständigung*

Das erste, wichtigste Ziel der The Gentle Touch-Methode besteht darin, eine Verständigungsgrundlage zwischen Mensch und Pferd auf der Basis natürlicher Verhaltensmuster zu schaffen. Dafür ist es notwendig, beim Menschen erst einmal ein grundsätzliches Verständnis für die Situation des Pferdes in der ihm zugedachten Reitpferdefunktion zu vermitteln.

Was fühlt ein Pferd wirklich, wie sollte es sich bewegen? Wo sind ihm natürliche Grenzen gesetzt und wie kann es lernen? Warum ist es mal kooperativ und mal nicht? Warum erschrickt es und kann das geändert werden? Wie kann man es motivieren? Welche Reaktionen sind erwünscht und welche nicht? Woher rühren Verhaltensstörungen oder Rittigkeitsprobleme?

Solche und viele andere Fragen müssen geklärt werden, damit ein Reiter seinem Pferd in seinen Handlungen gerecht werden kann. Menschen untereinander verständigen sich im bewussten Bereich hauptsächlich durch Worte, durch die Sprache.

Diese Kommunikationsmethode funktioniert bei Pferden nicht oder nur sehr eingeschränkt durch Verknüpfung von Lauten mit anderen Verständigungsformen. Pferde haben so gut wie keine Lautsprache, sie können Unbehaglichkeit, Angst, Unverständnis oder gar Schmerzen nicht durch Laute zum Ausdruck bringen. Mit Pferden muss man sich verständigen, wie mit einem taubstummen Menschen. Die Zeichensprache, die Gestik vor allem, ist das Mittel der Verständigung. Dies bedeutet das Erlernen eines komplett neuen Verständigungssystems wie beispielsweise der Taubstummensprache.

Da der Mensch das intelligentere Wesen ist, muss er versuchen, sich dabei möglichst an den Verständigungstechniken über Körpersignale zu orientieren, die den Pferden naturgemäß gegeben sind. Verknüpfungen von Reiz und Reaktion, von Zeichen und Handlung führen durch Wiederholung zu regelmäßigen Verhaltensmustern, die zur Gewohnheit werden. In der Lernphase kann ein Pferd eine Geste, eine Berührung oder eine Körperhaltung des Trainers als Irritation, Attacke, Rückzug oder Flucht, als Aufforderung oder Ablehnung interpretieren.

Durch Anleitung und Erfahrung kann jeder Mensch lernen, seine Verhaltensmuster so zu ordnen und seine eigene Körpersprache so zu strukturieren, dass er dem Pferd nur die von ihm gewünschten Botschaften übermittelt. Es ist darüber hinaus notwendig, dass der Mensch umgekehrt lernt, die Körpersprache des Pferdes richtig zu interpretieren.

## Koordination

In zweckmäßigen Übungen wird nicht nur die Verständigungstechnik vermittelt, sondern auch die Fähigkeiten zur richtigen Anwendung von Kommunikationstechniken. Nehmen wir an, Sie gehören zu jenen Menschen, die das eingesehen haben. Nun bemühen Sie sich darum, sich so zu verhalten, dass die Pferde Sie besser verstehen können. Jetzt werden Sie eine frustrierende Erfahrung machen:

Jeder hat im alltäglichen Leben erworbene und fest geprägte Verhaltensmuster. Diese automatisierten Verhaltensmuster stehen oft im Widerspruch zu dem Verhalten, das wir zeigen müssten, wenn wir mit Pferden kommunizieren wollen. Die liebe Gewohnheit schlägt uns hier anfänglich ständig ein Schnippchen. Menschen, die den größten Teil ihrer Lebenszeit mit Pferden verbringen, haben dieses Problem selten in so deutlicher Form. Sie haben gelernt, sich so zu verhalten, dass die Irritationen für ihre Pferde im Rahmen bleiben.

Für Menschen, die nur hin und wieder eine Stunde mit Pferden verbringen, ist es deshalb

*L Geschicklichkeit, Sicherheit und Reaktionsfähigkeit lassen sich mit Übungen wie dem Seitwärts über einen Cavaletti-Block verbessern.*

*Durch Anleitung und Übungen lernt man, seine Verhaltensmuster zu ordnen und die eigene Körpersprache so zu strukturieren, dass sie nur die erwünschten Botschaften übermittelt.*

„normal", Verhaltensweisen zu zeigen, die Pferde irritieren oder verwirren.

Die Folge ist, dass die Pferde dieses „unverständliche" Verhalten entweder im günstigsten Fall ignorieren und Entscheidungen freundlich, aber bestimmt für sich selbst fällen oder aber im ungünstigsten Fall mit totaler Verunsicherung und Angst reagieren. Sie werden dann hektisch, panisch oder sogar aggressiv.

## Gezielte Übungen

Um das Erlernen der neuen „Bewegungssprache" im Umgang mit Pferden für Anfänger zu erleichtern, habe ich aufeinander abgestimmte Übungen entwickelt, die sich bewährt haben. In ihnen wird die Körperkoordination so weit entwickelt, dass durch wiederholte, bewusste Bewegungsübungen das gewünschte Bewegungsverhalten automatisiert wird. Man kann das mit dem Erlernen einer Fremdsprache vergleichen. So wie man Aussprache, Grammatik und Vokabeln systematisch erlernt, so müssen im Bereich der Körpersprache Koordination, Technik und angemessene, gefühlvolle Anwendung geübt werden, bevor man Resultate erwarten kann. Das gelingt am schnellsten und am einfachsten, wenn man die komplizierten Bewegungsketten in ihre einzelnen Glieder zerlegt und dann Glied für Glied zusammenfügt. Zunächst nur zu kurzen Sequenzen und dann zu ganzen Bewegungsfolgen. Erkenntnisse der Sportpädagogik aus anderen Sportarten werden dazu prinzipiell genutzt.

*Wie bei einem „Echolot-System" gibt man gezielt Signale, beobachtet und bewertet die Reaktionen des Pferdes. Man entscheidet dann, ob die eigene Signalsprache verändert, variiert oder angepasst werden muss, damit das Pferd wie gewünscht reagiert.*

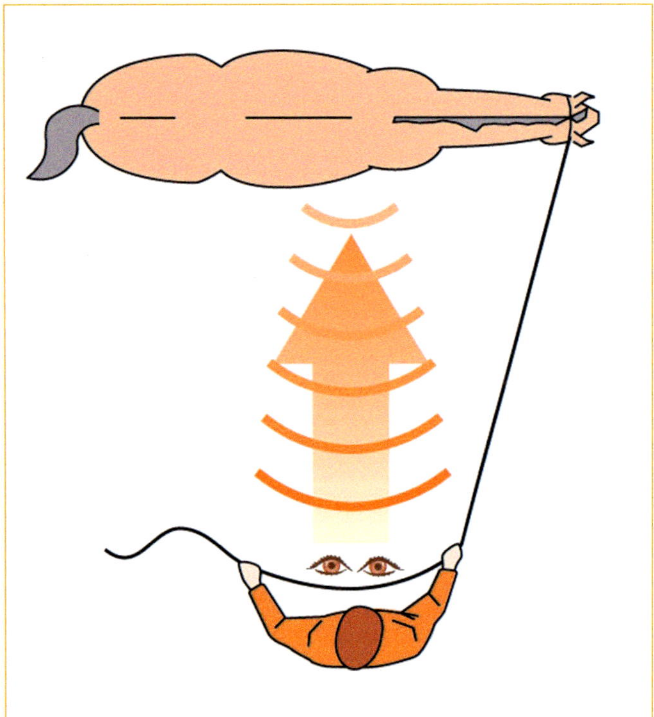

Doch nicht nur der Mensch verbessert seine Bewegungstechnik im Rahmen zweckmäßiger Übungen, auch die Pferde müssen neue Bewegungsfolgen und Haltungen erlernen, bevor sie diese in regelmäßiger Wiederholung automatisieren können. Koordinationsübungen sind deshalb sehr wichtig, damit eine Erfolg versprechende Gymnastizierung folgen kann.

**INFO**

**Verständigungskurs**
Bewegungssprache zur Verständigung mit dem Pferd muss systematisch unter Anleitung erlernt werden. Dazu werden systematisch zweckmäßige Übungen durchgeführt.

## *Bewegungsgefühl*

Koordinierte Bewegungsabläufe sind generell eine wichtige Voraussetzung, um Verhaltensmuster, die der Verständigung dienen, systematisch zu automatisieren.

Vergleichen Sie das zum Beispiel mit dem Autofahren. In der Fahrschule dauert es einige Zeit, bis die Fahrschüler Gas-, Brems- und Kupplungspedal immer in der richtigen Reihenfolge treten können, ohne dabei an ihre Beine zu denken. Gelingt ihnen das, so folgt als Nächstes die situationsbedingte Anwendung des Erlernten: Rote Ampel – Gas weg – Bremsen – Auskuppeln! Wieder Anfahren – Kupplung – Bremse loslassen – Gas geben – Kupplung langsam kommen lassen. Wenn das auf ebenem Boden klappt, folgt die gleiche Routine unter schwierigeren Umständen am Hang. Nun kommt es auf genaueres Zusammenspiel an, damit die Übung gelingt.

*Bei der The Gentle Touch-Methode lernt der Reiter, das Gefühl für den richtigen Moment, die richtige Dauer und Dosierung oder Platzierung eines Reizes oder Signals zu bekommen und die Reaktionen der Pferde zu deuten.*

*Wenn Balance, Gefühl und Linienbewusstsein entwickelt sind, gelingt es wie hier spielerisch, selbst im Galopp an feinen Hilfen zwischen den eng aufgestellten Blöcken präzise hindurchzureiten.*

## Dosierung und Timing

Bei allen Einwirkungen, vom Boden und vom Sattel aus, ist der noch etwas ungeübte Reiter in ähnlicher Situation wie der Fahrschüler: Auch hier kommt es auf die richtige Dosierung bei der Anwendung an!

So wenig wie möglich, so viel wie nötig – so einfach diese Regel auszusprechen ist, so schwierig ist sie anzuwenden. Das Gefühl für den richtigen Moment, die richtige Dauer und Dosierung oder Platzierung eines Reizes oder Signals, diese gefühlvolle Kontaktpflege kann nur in der Praxis erworben werden, ebenso wie die Bewegungskoordination.

Besonders wichtig ist es, das „Echolot-System“ umzusetzen. Dabei geben Sie bewusst ein Signal, beobachten und bewerten die Reaktion des Pferdes und entscheiden dann, ob Sie Ihre Signalsprache etwas verändern, variieren oder anpassen müssen, damit sich die gewünschte Reaktion des Pferdes einstellt. Unter optimaler Anleitung im Dialog mit dem Ausbilder lässt sich das Körper- und Bewegungsgefühl am besten erwerben und vertiefen.

Auch auf die Pferde hat dieser Lernprozess ein grundlegende Wirkung. Die zunehmende Ruhe des Reiters strahlt auf sie aus, sie werden selbstsicherer, vertrauensvoller, gelassener und ausgeglichener. Sie reagieren sensibler und orientieren sich mehr und mehr am Reiter. Sein regelmäßiges, ruhiges und konsequenteres Verhalten führt dazu, dass ihr Respekt vor ihm „wie von selbst“ wächst und williger Gehorsam zur Selbstverständlichkeit wird. Das Verhältnis zum Pferd verbessert sich stetig.

### TIPP

**Reiten lernt man nur durch Reiten!**
Dieser Spruch birgt ein Stück Wahrheit. Durch ruhige, bewusste und angeleitete Übung kann das Bewegungsgefühl von Mensch und Pferd in der Praxis am besten entwickelt und verbessert werden. Ein methodischer Aufbau der Lerneinheiten und kompetente Anleitung sind dabei wichtig.
Deshalb wird in der The Gentle Touch-Methode nach meinem Grundsatz Langsam – Wenig – Richtig das Körpergefühl und die Koordination entwickelt.

*Das richtige Timing der Hilfen und Einwirkungen gefühlvoll auf die Pferdebewegungen abzustimmen, ist bei richtiger Anleitung kein unerreichbares Ziel.*

## Timing, Rhythmus, Takt

Ein wichtiger Part bei der Entwicklung des Bewegungsgefühls ist gutes Timing. Das gilt für alle Bewegungsübungen in allen Sportarten. Beim Reiten wird dieser Lernprozess dadurch noch erschwert, dass die Bewegungsrhythmen von zwei Lebewesen, Reiter und Pferd, in Einklang gebracht werden müssen. Das gilt besonders für das richtige Timing in der situationsorientierten Anwendung der Hilfen und Einwirkungen. Das Gefühl der Pferdebewegungen aufzunehmen, zu analysieren und bei der Hilfengebung entsprechend zu berücksichtigen, erscheint vielen Reitern auch nach längerer Reitpraxis noch als ein unerreichbares Ziel. Oder können Sie im Schritt und im Trab genau den Moment erfühlen, in dem Ihr Pferd z. B. mit dem rechten Hinterbein abfußt oder sich mit dem linken Vorderbein in der Schwebephase befindet. Solches Körpergefühl kann nur in der Praxis erworben werden. Manche Reiter benötigen Monate dafür, diese Fähigkeit zu entwickeln. Mit Hilfe sinnvoller Übungen kann dieses Ziel aber auch innerhalb einer Reitstunde schon in Grundlagen erreicht werden. Das zeigt die Praxis in den Kursen, sehr zur Verblüffung der Reiter, die zunächst nicht daran glauben, dass das möglich ist. Daraus wird sich das Rhythmus- und Taktgefühl entwickeln, das für sanfte Gymnastizierung und ein harmonisches Zusammenwirken zwischen Mensch und Pferd so wichtig ist. Als Resultat können Sie Taktfehler beim Pferd erkennen und ihm durch abgestimmte Einwirkungen helfen, den Takt wieder zurückzugewinnen.

### TIPP

**Rhythmus und Sitzgefühl**
Je früher sich ein Reiter bewusst mit dem Rhythmus der Pferdebewegung in Übungen vom Boden und vom Sattel in der Praxis befasst, desto leichter fällt es ihm später, seine Hilfen auch präzise auf den Bewegungsrhythmus der Pferdebeine in den verschiedenen Gangarten abzustimmen.

## Balance

Die größte reiterliche Herausforderung ist, die eigene Balance auf dem sich bewegenden Pferd wiederzufinden. Im zweiten Schritt gilt es dann, sie so weit zu kultivieren, bis man jederzeit differenzierte, aufeinander abgestimmte Einwirkungen vornehmen kann. Sie vermittelt dem Pferd dann in ihrer Regelmäßigkeit als Hilfen Richtung, Rahmen und Impulsion.

Man nennt dies auch einen anschmiegsamen und unabhängigen Sitz. Doch der Reiter muss dazu nicht immer mit dem Gesäß fest im Sattel sitzen. Wichtig ist, dass seine gesamte Haltung ausbalanciert ist. Dabei ist es für das Pferd zunächst unerheblich, ob das Reitergewicht nun hauptsächlich auf dem Sattelsitz ruht oder ob es auf die Bereiche von Steigbügeln, Oberschenkellage und Gesäß verteilt wird oder zwischen diesen Positionen variiert.

Was in der Theorie sehr einfach klingt, ist für die meisten Reiter eine echte Herausforderung: Das Harmonisieren von Schwerpunkt und Stützpunkt in der Bewegung ist in der Praxis nicht leicht herzustellen und zu erhalten. Übungen, die helfen, diese Voraussetzungen für gutes Reiten zu verbessern, ohne das Pferd zu sehr zu stören, sind für die meisten Reiter deswegen besonders empfehlenswert und förderlich.

Je besser ein Pferd ohne Reiter gelernt hat, sich in den Reitpferdebewegungsmustern ausbalanciert zu bewegen, desto leichter fällt es ihm, das auch beizubehalten, wenn der Reiter auf seinem Rücken sitzt und zeitweilig mehr stört als hilft.

### Zwanglos und natürlich reiten

Bei jeglicher Arbeit mit dem Pferd vom Boden und vom Sattel aus spielt die Verbesserung seiner Balance also eine wichtige Rolle. Viele Übungen verfolgen deshalb den Zweck, dem Pferd ein möglichst gutes Balancegefühl zu vermitteln. Je besser das gelingt, desto weniger ist es auf eine feine und perfekt angepasste Hilfengebung angewiesen. Die können in der Praxis die wenigsten Reiter ihren Pferden wirklich anbieten. Es ist wenig hilfreich, Reiter mit Gewalt in eine Haltung pressen zu wollen, die nur aus langjähriger, intensiver reiterlicher Routine erwachsen kann. Förderung der zwanglosen Lockerheit hilft ihre Balance so weit zu entwickeln, dass die Pferde möglichst wenig beeinträchtigt werden. Alle Übungen der The Gentle Touch-Methode sind deshalb darauf ausgerichtet, Pferd und Reiter je nach tatsächlichem Ausbildungsstand im Gleichgewicht in eine möglichst optimale Übereinstimmung zu bringen und vor allem Störungen zu minimieren oder zu vermeiden.

L *Perfekte Balance ist die Voraussetzung für gutes Reiten. Man kann sie durch häufige Haltungsänderung und Tempowechsel am losen Zügel lernen.*

*Der Versuch, gerade und ausbalanciert zu sitzen, darf nie zu Steifheiten oder gar zu einer Stabilisierung der Haltung mit den Zügeln im Pferdemaul führen.*

### Koordination lernen

Balance in der dynamischen Bewegung ist die Fähigkeit eines Pferdes, seine Hufe koordiniert als Stützpunkte möglichst optimal unter den Körperschwerpunkt zu setzen. Je abwechslungsreicher es sich in Tempo, Richtung und Haltung bewegen muss, desto eher wird es motiviert, sich selbst um Koordination und Balance zu bemühen. Im Spiel junger Pferde kommt diese angeborene Fähigkeit deutlich zum Ausdruck. Bedingt durch wenig artgemäße Formen der Haltung und Nutzung verkümmert sie bei erwachsenen Pferden, geht aber nicht gänzlich verloren. Bei entsprechender Animation oder Motivation beginnen sie, diese Fähigkeit wieder zu entwickeln und auch zu verbessern. Voraussetzung dafür ist, dass sie dabei nicht ständig behindert und gestört werden. Mit der Arbeit am langen Leitseil und Knotenhalfter kann diese Tendenz ohne Störungen durch den Reiter in vielfältigen Übungen gefördert werden. Die Übung „Setting" oder „Fencing" ist unter anderem dafür gut geeignet.

### Wendigkeit

Im Grundsatz lässt man das Pferd in der Nähe einer hohen Reitbahneingrenzung im Trab einen Kreis laufen (vergleiche Illustrationen Seite 107 rechts). Durch eine Standortveränderung in Richtung der Begrenzung wird aus dem Zirkel ein Halbkreis, dessen beide Endpunkte an der Begrenzung enden. Dem Pferd bleibt nichts anderes übrig, als aus dem Trab anzuhalten, weil es durch die Begrenzung an weiterer Vorwärtsbewegung gehindert wird. Versucht es nun, nach innen zum Ausbilder oder nach außen von ihm fort zu wenden, so wird es mit den ihm durch Vorübungen bekannten Signaleinwirkungen daran gehindert. Es bleibt ihm also nichts anderes übrig, als stehen zu bleiben.

Durch eine Positionsveränderung gibt der Ausbilder dem Pferd dann Raum, damit es in seine Richtung wenden kann. Er sendet es umgehend auf die ursprüngliche Halbkreislinie zurück und animiert es zum flotten Trab. Nach einer halben Runde ist dem Pferd der Weg wieder durch die Begrenzung versperrt und die Übung wiederholt sich.

Durch eindeutige Positionsveränderungen, Körpersprache, akustische Signale und Zeichen mit dem Leitseilende kann der Ausbilder das Pferd zum Lauf auf dem Halbkreis, zum geraden Anhalten vor der Begrenzung, zur hinterhandaktiven Wendung um 180 Grad und zum Antraben aus der Wendung animieren.

### Natürliche Manöver

Nach einigen Übungen wird das Pferd diese Bewegungen immer besser ausbalanciert und koordiniert ausführen. Es hat ein eigenes Interesse

*Je besser ein Pferd gelernt hat, sich auch ohne Unterstützung durch den Reiter auszubalancieren, desto leichter fällt es, in guter Balance auf seinem Rücken zu sitzen. Hat es in sinnvollen Bodenübungen gelernt, sich zu versammeln und stets im Gleichgewicht zu bewegen, so wird es das unter dem Reiter umso bereitwilliger anbieten.*

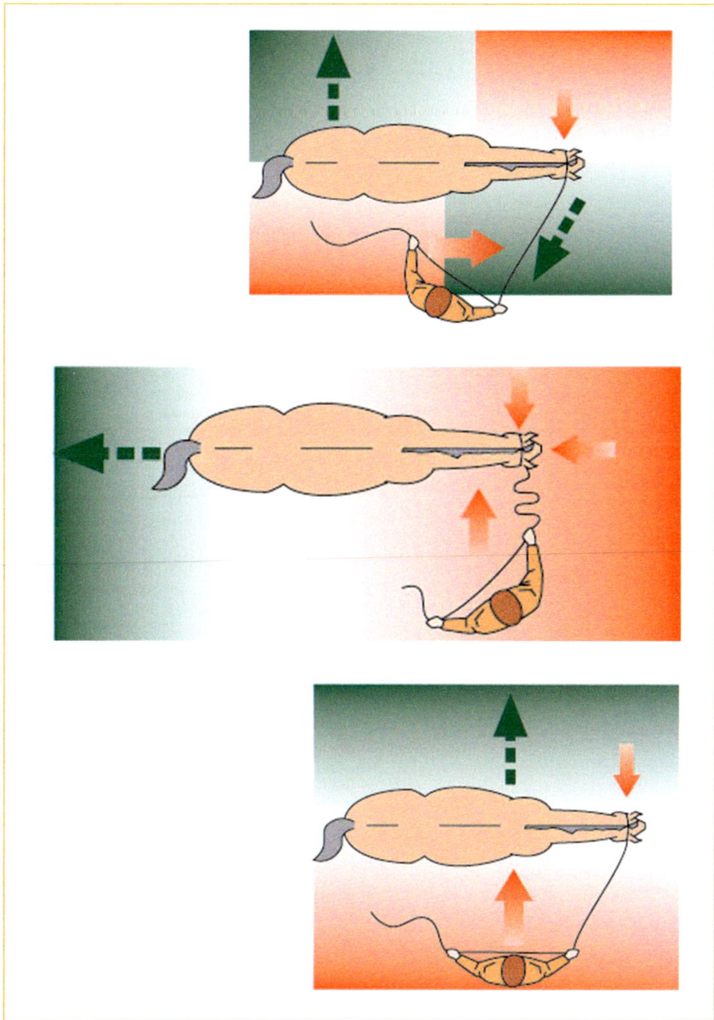

*Schon bei der Bodenarbeit am Leitseil lernt das Pferd, sich mit Leichtigkeit auf Signale hin zu bewegen. Vom indirekten Druck (rot) weicht es stets in Komfort-Zonen (grün). Um das tun zu können, muss es sich stets optimal ausbalancieren.*

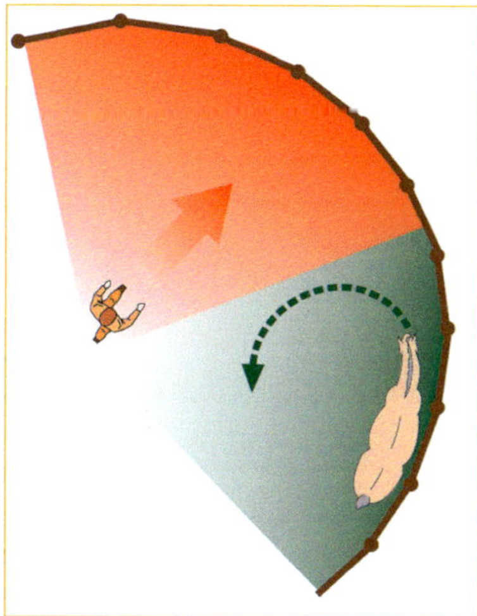

*Im Round Pen oder am Leitseil wird durch entsprechende Körperpositionierung und Richtungsänderung Territorium beansprucht (Diskomfort-Zone, rot). Das Pferd wendet in die Komfortzone ab.*

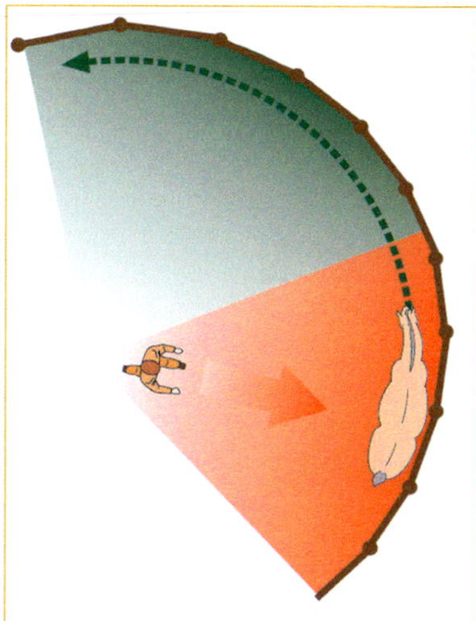

*Um ein Pferd zu aktivieren oder anzutreiben, wird der indirekte Druck auf seine Position entsprechend erhöht (rot). Es läuft dann in die druckfreie Komfortzone (grün).*

das zu tun und wird nicht dabei behindert. Es lernt auf Signalgebung hin zu laufen, ausbalanciert anzuhalten, zu warten, zu wenden und wieder anzuspringen.

Mit der Zeit kann man es auf einem kompletten Zirkel arbeiten und es wird diese Manöver aus allen Gangarten auf Signalgebung hin ausführen. Es hat sein Balancegefühl wesentlich verbessert und kann sehr wichtige Reitpferdemanöver auf Signalhilfen hin ausführen.

Mit einem Reiter auf seinem Rücken, der es weder durch ungeschickte Bewegungen oder steife Haltung behindert, wird es diese Aufgabe ebenso locker und leicht ausführen können.

Diese Übung ist ein Beispiel für das Spektrum vieler aufeinander aufbauender Übungen, die eine zweckmäßige Verknüpfung von Bodenarbeit sowie Reitpferde- und Reiterschulung beinhalten. Auf diese Weise wird es wesentlich erleichtert, schwierige Ausbildungsziele auch mit begrenzten reiterlichen Fähigkeiten zu erreichen. Die Übungen der The Gentle Touch-Methode verbinden die Elemente Erziehung, Verständigung, Rhythmus, Koordination und Gymnastizierung sinnvoll miteinander und geben dem Pferde ein Balancegefühl, welches es befähigt, wichtige Reitpferdebewegungen mit Leichtigkeit auszuführen.

Wird das Pferd daraufhin geritten, so kann sich der Reiter auf weitestgehend angepasstes Reiten und Verständigung durch feine Signalhilfen konzentrieren. Er muss sein Pferd nicht „mechanisch" bedienen oder gar antreiben, er kann sich auf eine kommunikative Form des Reitens beschränken, auf einem Pferd, das ihn versteht und das ihm etwas anbietet.

*Ein Pferd, das nach dem Prinzip der Leichtigkeit geschult wurde, trägt sich selbst und ist unabhängig von ständig stützenden oder begrenzenden Kontakten. Es nimmt seine Umgebung aufmerksam wahr und konzentriert sich dennoch auf die feinen reiterlichen Signale von Sitz und Schenkel.*

*Für Tempo- und Richtungsänderungen genügen feine Gewichtshilfen. Dabei bleibt es in perfekter Balance und geradegerichtet.*

## Leichtigkeit

Der Begriff der Leichtigkeit kommt heute in der Reitersprache und im Wortschatz der offiziellen Deutschen Reitlehre kaum noch vor.

Er war jedoch über Jahrhunderte das bestimmende Kriterium für „gutes Reiten" in unterschiedlichen Kulturkreisen. In der romanisch geprägten Reiterei Portugals, Spaniens und Frankreichs war die Leichtigkeit das oberste Ziel der Ausbildung. In der kalifornischen Vaquero-Reitweise war derjenige als guter Horseman angesehen, dessen Pferde mit Leichtigkeit und Anmut die schwierigsten Aufgaben der Rancharbeit bewältigen konnten. Auch in der militärischen Kampagne-Schule war die Leichtigkeit das erklärte Ziel:

„Das Endziel (der Dressurausbildung; Anmerkung des Verfassers) ist erreicht, wenn das Pferd von einem Durchschnittsreiter leicht in der Gebrauchshaltung (zeitweilig in einhändiger Zügelführung auf Stange; Anmerkung des Verfassers) zu reiten ist und im Gelände alleingehend sicher beherrscht werden kann."(HDV 12, Teil C Ausbildung des Pferdes, XI. Dressur des Pferdes im ersten und zweiten Jahr, 62. Ziel und Grundsätze der Dressur).

Die Leichtigkeit sollte wieder mehr in der aktuellen Reiterszene thematisiert werden. Wenn schon nicht im Bereich der Sportreiterei, so kann sie doch im Rahmen von anspruchsvollem und kultiviertem Freizeitreiten wieder nach und nach den Stellenwert erwerben, den sie einmal in der europäischen Reiterei hatte. Gerade Frei-

zeitreiterinnen und Reiter stehen nicht unter Zeit- und Erfolgsdruck in der Pferdeausbildung und -nutzung. Kommerzielle Interessen stehen nicht im Vordergrund und Anleitung und Informationsmöglichkeiten stehen zur Verfügung. Wenn nun die ehrliche Bereitschaft zum Umdenken und Lernen dazukommt, warum kann dann nicht jeder Umgangsformen mit seinem Pferd pflegen, die dem Prinzip der Leichtigkeit entsprechen? Auf grobmotorische Mittel oder gar Einschüchterung kann verzichtet werden. Da mehr als drei Viertel der reitenden Bevölkerung weiblich ist, Tendenz deutlich steigend, sollte eine Reitweise, bei der die Leichtigkeit im Mittelpunkt steht, eigentlich auf großes Interesse stoßen. Ich habe in den vergangenen Jahren jedenfalls folgende Erfahrung gemacht:
Wem immer ich den Weg zum Umgang mit Pferden nach dem Prinzip der Leichtigkeit aufgezeigt habe, der hat sich nicht wieder für einen mit gröberen Mitteln entschieden.

## Systematisch üben

Um mehr Leichtigkeit zu erreichen, muss der Reiter lernen, mit Händen, Schenkeln und Sitz feinmotorisch einzuwirken. Dabei helfen Übungen zur Verbesserung von Rhythmusgefühl und Körperkoordination. Werden die mit dem Pferd unter Anleitung erarbeitet, so verbessert sich auch die Balance von Reiter und Pferd als wesentliche Voraussetzung für immer mehr Leichtigkeit. Mit Fleißübungen werden Mobilität und Impulsion (Schwung) des Pferdes verbessert.

Wenn sich all diese Komponenten nach und nach zusammenfügen, dann stellt sich die Leichtigkeit in Bewegungen und Hilfengebung quasi von selbst ein. Alle genannten Themenbereiche sind in unterschiedlichen Basis- oder Hilfsübungen Schwerpunkte der The Gentle Touch-Methode (Beispiele hierfür finden Sie auf den Seiten 140 ff., 144 ff., 146 ff., 151 ff.).

Von Stufe zu Stufe und von Ebene zu Ebene werden solide Grundlagen geschaffen, erst dann wendet man sich dem eigentlichen Ziel zu: Alles wird immer feiner und mit immer größerer Leichtigkeit ausgeführt.

Leichtigkeit stellt sich ein, wenn das Pferd seine Aufgaben immer besser versteht, freudig und fleißig mitmacht, ausbalanciert ist und willig mitarbeitet. Durch die systematische Gliederung in ein „Schritt für Schritt-System“, durch realistische Selbsteinschätzung und durch regelmäßige und kontinuierliche Arbeit rückt ein Ziel in greifbare Nähe, das für viele Reiterinnen und Reiter als unerreichbar erschien und von dem man annahm, dass es nur den Meistern vorbehalten sei. Dazu ist es aber wichtig, eine gute Anleitung zu haben und einen Coach, der in der Praxis auf die Nuancen schaut.

## Leichtigkeit auch im Detail

Das kennzeichnet die The Gentle Touch-Methode: Mit Liebe zum Detail und mit Sorgfalt widmet sie sich auch den „einfachen Dingen“. Sie pflegt einen sanften und freundlichen Umgang mit dem Pferd auf allen Ausbildungsebenen, der reiterlichen Entwicklung, der Pferdeschulung und des Reitens mit leichten Hilfen, unabhängig von Reitweise und Pferderasse. Beginnen Sie mit Leichtigkeit und verlieren Sie dieses Prinzip nie aus den Augen!

**TIPP**

**Leichtigkeit von Anfang an**

Wer Leichtigkeit erreichen möchte, der muss schon von Beginn an dafür die Weichen stellen. Schon bei der Bodenarbeit beginnt die Sensibilisierung des Bewusstseins und der Körpersinne für leichte Signale. Denken Sie daran: Ein Pferd fühlt, wenn sich eine Fliege auf sein Fell setzt! Entsprechend wird es auch den Windhauch einer Zügel- oder Schenkelhilfe fühlen. Ob es lernt, solche Kontakte zu ignorieren, sie zu fürchten oder sie als Mittel freundlicher Verständigung willig und interessiert zu interpretieren, das liegt an der Art und Weise, wie die Menschen mit ihm umgehen.

INFO

**The Gentle Touch-Ausbildungsstufen im Überblick**

**Bodenarbeit I, (Basis) Erziehung**
Verständnis, Gelassenheit, Kooperationsbereitschaft, Technik, Übungsmethodik, Gefühl
1. Führtraining (Halfter, Führseil, eventuell Führkette)
2. Arbeit am (Leitseil, Knotenhalfter)
3. Arbeit an der Hand (Trense, Touchiergerte)
4. Desensibilisieren, Problemmanagement

**Bodenarbeit II (Aufbau) Körperschulung**
Flexibilität, Feinmotorik, Koordination, Gymnastizierung, Balance, Takt, Leichtigkeit
Arbeit an der Hand (Schulzaum, Trense, Touchiergerte)
Arbeit an der Doppellonge

**Reiten I**
Grundfertigkeiten bei Reiter und Pferd, Verständigung, Flexibilität, Gelassenheit, Passive und aktive Kontaktpflege, Gefühl, Rhythmus, Rahmen, Basiskontrolle in den Grundgangarten, Übergänge, Halt, Rückwärts, Seitwärts

**Reiten II**
Aufbau, Körperschulung, Feinmotorik, Koordination, Gymnastizierung, Balance, Takt, Selbsthaltung
Differenzierte Reittechnik, aktivierend reiten, Feinmotorik, Sitzeinwirkung, Gymnastizierung, Selbsthaltung festigen, Seitengänge

**Reiten III**
Reiten gebisslos
Reiten zäumungslos
Reiten mit Stangenzäumung einhändig
Spezialisierung in der Aufgabenstellung, Lektionen

## *Die Bodenarbeit*

Die The Gentle Touch-Methode ist in die zwei großen Themenbereiche Bodenarbeit und Reiten unterteilt. Sie bauen aufeinander auf und ergänzen sich. Die Basis bildet der Themenbereich Bodenarbeit. In ihm werden die Grundlagen von Verständigung, Erziehung und in ersten Ansätzen auch Gymnastizierung erarbeitet. Pferd und Mensch lernen situationsbezogen und erfahrungsorientiert miteinander. Dabei wird auch ihre Individualbeziehung maßgeblich geprägt und verbessert.

Das fundamentale Verständnis für das Zusammenwirken von Mensch und Pferd wird bei beiden also schon sehr früh geschaffen. Darauf baut beim jungen Pferd die spätere Weiterentwicklung als Reitpferd auf. Mit einem älteren Pferd kann auch parallel am Boden und unter dem Sattel gearbeitet werden.

Bodenarbeit dient aber nicht nur dazu, Verständnis, Verständigung und Gefühl zu entwickeln, sie ist auch ein sinnvolles Mittel der Erziehung, sowohl des Pferdes wie des Menschen. Es werden Verhaltensmuster erarbeitet, die man als gute Manieren bei einem Reitpferd erwartet und die generell zu mehr Gelassenheit und Mitarbeitsbereitschaft auch unter dem Sattel führen. Doch ebenso wichtig ist es, dem Menschen Gelegenheit zu geben, seine Umgangsformen im Sinne pferdegerechten und -verständlichen Handelns weiterzuentwickeln. Das mentale Gleichgewicht von Vertrauen und Respekt wird erarbeitet. Für das physische Gleichgewicht mit kontrollierten, koordinierten Bewegungen werden die Grundlagen geschaffen.

### Von der Basis- zur Aufbau-Ebene

Die Bodenarbeit kann auf zwei Ebenen durchgeführt werden. Im Bereich Basis stehen Verständigung und Erziehung im Vordergrund. Verständnis, Gelassenheit, Kooperationsbereitschaft, Bewegungstechnik, Vertrauen, Gehorsam, Flexibilität und Gefühl werden entwickelt. Dieser Bereich sollte von jedem Reiter und jedem Pferd erarbeitet werden.

Im Aufbau-Bereich der Bodenarbeit verlagert sich der Schwerpunkt zur Körper- und Bewegungsschulung. Feinmotorik, Koordination, Gymnastizierung, Kräftigung, Balance, Takt und Leichtigkeit werden erarbeitet und gefestigt. Es empfiehlt sich, diese Thematik zur Vorbereitung der Gymnastizierungsübungen unter dem Reiter mit ins Programm einzubeziehen. Dies ist aber nicht zwingend notwendig.

Vier grundsätzliche Techniken der Bodenarbeit (vergleiche Abbildung) stehen mit vielfältigen Übungen zur Auswahl. Alle vier lassen sich optimal kombinieren, man kann sich ihnen aber auch einzeln widmen. Jede Technik hat für sich einen unterschiedlichen Schwerpunkt in Bezug auf Ausrüstung, Zielsetzung und Lerneffekt, doch sie verfolgen alle das gleiche Ziel.

Nach erfolgreichem Bodentraining sollte man das Pferd an der Hand mit leichten Einwirkungen überall kontrollieren können. Es sollte zum Beispiel kontrolliert und gelassen durch die Aufgaben der Gelassenheitsprüfung (GHP) an der Hand, wie sie im Bereich Breitensport der FN angeboten wird, geführt werden können. Das Pferd sollte außerdem ein differenziertes Hilfenverständnis für die reiterlichen Einwirkungen von Zäumung und Schenkel entwickelt haben. Und es sollte in der Lage sein, die fundamentalen Bewegungsmanöver eines Reitpferdes kontrolliert am Leitseil auszuführen. Dazu gehören die drei Grundgangarten, das Anhalten aus jeder Gangart, Wenden um die Hinterhand und Rückwärtsrichten sowie das ruhige Überwinden von Boden- und Schreckhindernissen.

*Die Übungen der Bodenarbeit verbessern die Manieren des Pferdes. Der Ausbilder lernt, Gefühl, Timing und Körpersprache zu verbessern.*

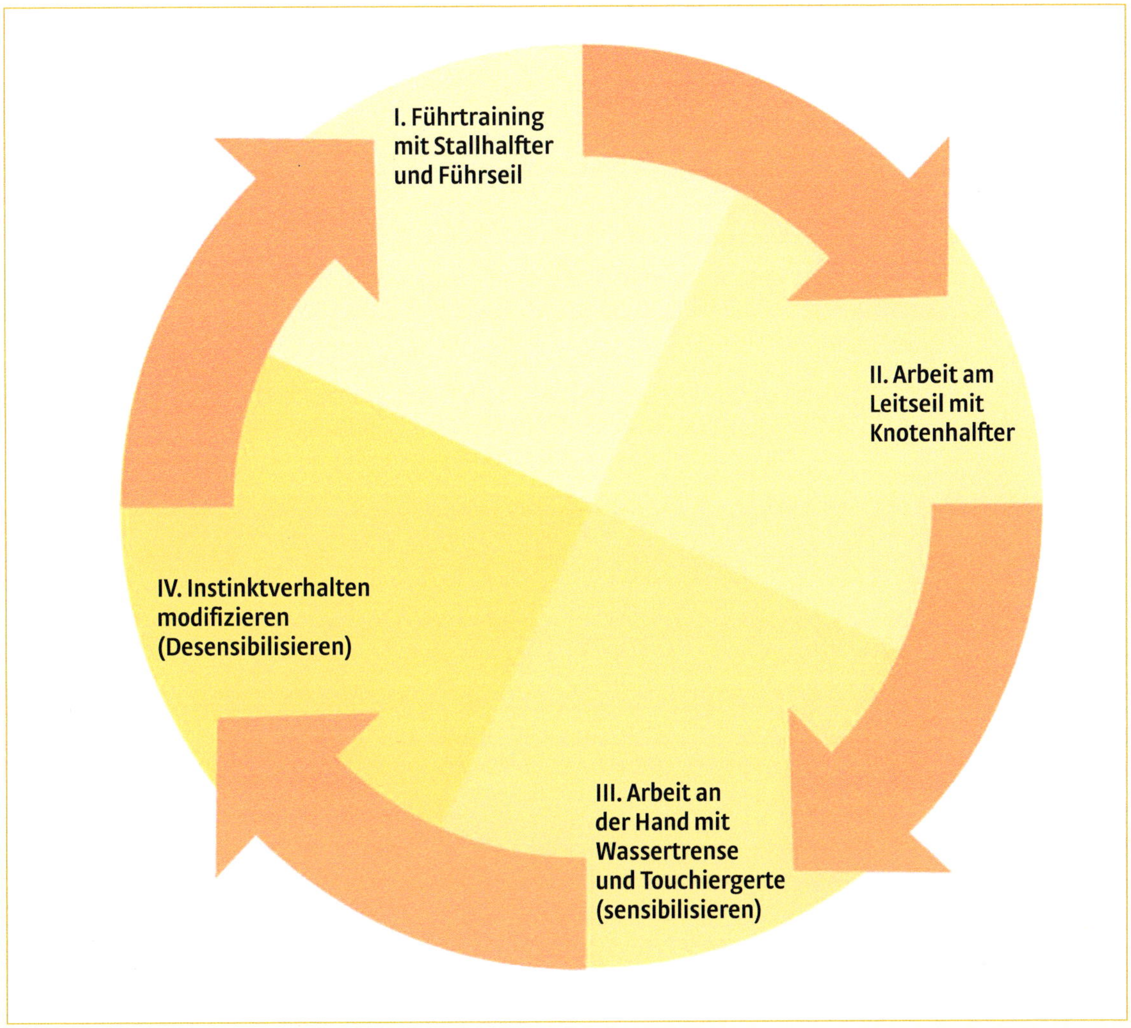


*Die vier Bereiche der Bodenarbeit bündeln und verknüpfen das Wissen und die Ausbildungstechniken unterschiedlicher Reitkulturen in optimaler Weise. Das reitweisenübergreifende Konzept schafft eine ideale Grundlage für die weitere Ausbildung unter dem Sattel und ist methodisch genau darauf abgestimmt.*

*Das fundamentale Verständnis für die Zusammenarbeit wird bei Mensch und Pferd schon durch die Bodenarbeit geschaffen. Vertrauen, Gelassenheit und bereitwillige Mitarbeit werden gefördert.*

*Die Bodenarbeit fördert Fleiß und Lockerheit. Sie sensibilisiert Pferde für feinste Signalhilfen.*

## INFO

**Die Bodenarbeit – was das Pferd lernt**

Mit der The Gentle Touch-Methode lernt das Pferd im Rahmen der Bodenarbeit:

- außer auf den direkten Körperkontakt auch auf die Körpersprache des Menschen zu achten,
- die Regelmäßigkeit der Signale und damit deren Bedeutung kennen und verstehen,
- die Regeln des Umgangs mit dem Menschen, wie sie als Fohlen die Regeln des Umgangs mit Pferden in der Herde gelernt haben,
- dass es seine Kraft nicht einsetzen kann, um sich dem Einfluss des Menschen zu entziehen, da er ihm keine Gelegenheit gibt, diese Erfahrung zu machen,
- den Individualbereich eines Menschen genauso zu respektieren wie den eines Herdenmitgliedes,
- dass der Mensch auch über eine etwas größere Distanz Einfluss nehmen kann, das steigert den Respekt,
- dass Verständigung zum einen durch direktes Gefühl, also tatsächliche Berührungen oder Kontakte und zum anderen durch indirektes Gefühl auf Zeichen ohne Berührungen stattfinden kann.

Damit wird erreicht, dass sich das Pferd all seiner Sinne zur Verständigung bedient und nicht nur den Tastsinn dafür konditioniert. Das Pferd wird sehr viel aufmerksamer, feiner und eigenmotivierter reagieren.
Respekt, Vertrauen und Verständigung sind die Voraussetzungen, damit ein Pferd in seiner Rolle als Reitpferd das mentale und körperliche Gleichgewicht wiedererlangt, das es als Jungpferd außerhalb menschlicher Einflüsse ganz natürlich innerhalb der Herde entwickelt hat.
Stets ist bei der Arbeit am Leitseil darauf zu achten, dass der Ausbilder die nötigen Sicherheitsabstände zum Pferd beachtet und sich entsprechend positioniert.

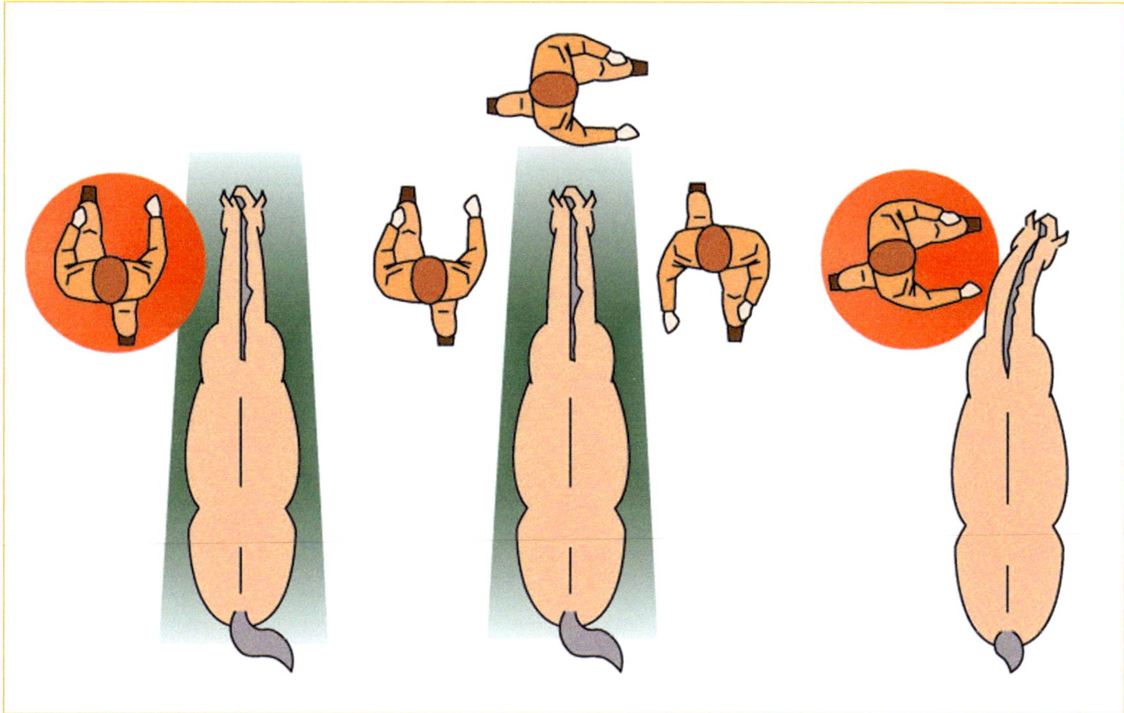

*Beim Führtraining wirken die Individualbereiche von Mensch und Pferd gezielt aufeinander. Soll ein Pferd ruhig stehen, so wirkt man nicht in die Individualzone ein, soll es weichen, so ist es umgekehrt. Die entsprechenden Körperhaltungen und Positionen werden in den Übungen des Führtrainings systematisch konditioniert.*

## *Das Führtraining*

Dieser Teil der Bodenarbeit stellt den Bezug zum Umgang mit dem Pferd im Alltag her. Die Hilfsmittel sind Stallhalfter, Führseil und eventuell als Reizverstärker eine ins Halfter eingelegte Führkette, die bei unsensibel oder abgestumpft reagierenden Pferden gefühlvoll und angemessen als Reizverstärker eingesetzt wird. Ihre korrekte Anwendung muss allerdings unter Anleitung sorgfältig erlernt werden.

Nie wird die Führkette mit roher Kraft eingesetzt oder benutzt, um ein Pferd zu „strafen". Auch darf ein Pferd natürlich niemals mit aktiv ins Halfter eingelegter Führkette angebunden oder diese durchs Maul gezogen werden!

### Ursachen von Führproblemen

Schon beim Führen wird die Art der Beziehung zwischen Mensch und Pferd definiert. Den meisten Menschen ist das nicht bewusst. Stellen Sie sich selbst einmal die Frage, ob die Beziehung zwischen Ihnen und Ihrem Pferd mehr auf dem Austausch von klar verständlichen, eindeutigen Signalen beruht oder ob sie durch mehr oder weniger mechanische Kraftanwendung geprägt ist. Das muss nicht bedeuten, dass Sie das Gefühl haben, Ihr Pferd sei ungehorsam. Doch immer, wenn es eigene Interessen hat, müssen Sie mehr am Führseil ziehen oder ihm ausweichen. Solche Umgangsformen sind nach meiner Erfahrung weit verbreitet, ja oft die gängige und überall praktizierte Form. Der daraus resultierende Teufelskreis gegenseitiger Kraftanwendung zieht sich dann durch das ganze Pferdeleben und wird vom Umgang am Boden auf die Arbeit unter dem Reiter übertragen. Wieso ist das so? Es beginnt mit den ersten Erfahrungen eines Pferdes, die es in der Fohlenzeit macht. Man legt ihm ein Halfter an und versucht es zu führen. Der Mensch zieht in die eine Richtung und das Fohlen in die andere. Mal setzt sich der eine kurzfristig durch, mal der andere. Nach und nach passt sich das junge Pferd aus Gewohnheit an. Doch wenn in Ausnahmesituationen Außenreize überwiegen und das natürliche Instinktverhalten des Pferdes aktivieren, wird es sich seiner Kraft bewusst sein und sie auch im eigenen Interesse gegen den Menschen einsetzen. Hat das Pferd im Umgang mit dem Menschen gelernt, dass es stärker ist, dann wird es instinktiv seine Kraft zur Umsetzung seiner

Interessen und gegen den Willen des Menschen einsetzen, wenn es dazu Veranlassung sieht. Pferdeleute gewöhnen sich an dieses System und sie lernen häufig auch kein anderes kennen. Man leitet dann aus dem Gesamtverhalten des Pferdes ab, man könne es am Halfter führen und kontrollieren, wie, wann und wo man das möchte. Eine trügerische Annahme. Man geht Kompromisse im Alltag ein, ohne dass es einem selbst bewusst wird. Man weicht dem Pferd ständig aus, man lässt sich häufig auf die Füße treten, herumstoßen oder ziehen. Man akzeptiert, dass das Pferd Verspannungsreflexe entwickelt, die sein gesamtes natürliches Bewegungsverhalten negativ verändern, sobald ein Kontakt hergestellt wird. Das erscheint alles normal, weil dieses System des Umgangs in den Reitställen und bei einem überwiegenden Teil der Pferdeleute verbreitet ist. Wenn das Pferd nun aus gegebenem Anlass komplett die Mitarbeit verweigert, sich losreißt oder gar nicht mehr in die gewünschte Richtung zu bewegen ist, dann ist der Mensch hilflos, dann werden Entschuldigungen, Erklärungen und zum Teil Verwünschungen ausgesprochen. Dieses Prinzip wird ins Reitprogramm übertragen. Nun wird mal mit weniger, mal mit mehr Kraft mit Gebiss, Sporen und Gerte eingewirkt. Eine deutliche Schmerzreaktion auf unsachgemäße Gebisseinwirkung wie deutliches Aufsperren des Mauls wird durch ein Sperrhalfter unmöglich gemacht. Als Folge davon entstehen Muskelverspannungen in Hals und Rücken, Meideverhalten und Reflexe der Gegenwehr und des Selbstschutzes entwickeln sich. Die Konsequenzen: Hochreißen des Kopfes, Wegdrücken des Rückens, Bocken, Steigen, Zackeln oder im schlimmsten Fall Durchgehen. Das wird mit Stoßzügel, Martingal, schärferen Gebissen und ähnlichen „Hilfsmitteln“ zu verhindern versucht. Der negative Kreislauf schlechten Reitens mit entsprechenden Auswirkungen für die Pferde nimmt seinen Lauf. Da diese Bilder weit verbreitet sind, werden sie als normal empfunden. Diese Ausrüstungsgegenstände, die Schmerzreaktionen unterdrücken oder Widerstand brechen sollen, sind sogar zum Teil als „reguläre Hilfszäumungen“ offiziell von den Organisationen im Pferdesport erlaubt.

INFO

**Das Pferd ist stärker**

Wird mit Kraft auf ein Pferd eingewirkt, so lernt es nach dem Prinzip: „Der Stärkere gewinnt!“ zu handeln. Durch stete Wiederholung dieses „Rituals“ lernt es:

- Der Meinungsaustausch findet über Körperkraft statt.
- Es ist stärker als der Mensch und deshalb kann es letztlich immer seinen eigenen Willen durchsetzen, wenn es das möchte.
- Es verzichtet auf die Unbequemlichkeit solcher Auseinandersetzungen, solange es keinen Grund sieht, sich dem Menschen gegenüber durchzusetzen.
- Es toleriert seine Wünsche und passt sich ihm aus Bequemlichkeit mal mehr, mal weniger an.
- Wenn es einen wichtigen Grund hat, wie beispielsweise Furcht, das Bedürfnis, sich einer unangenehmen Forderung des Menschen zu verweigern, den Herdentrieb, Futterneid usw., so toleriert es ihn nicht mehr und handelt nach eigenem Willen, alle Versuche des Menschen ignorierend, das zu verhindern.

## Menschliches Verhalten aus Pferdesicht

Den Pferden geht es dabei wie einem Menschen, mit dem über einen Lautsprecher kommuniziert wird. Wenn er etwas inhaltlich nicht verstanden hat oder falsch interpretiert, dann wird das als Fehler gewertet. Man dreht dann die Lautstärke abrupt auf, um den Fehler zu „korrigieren“ und ihn durch den Lärmschmerz zu bestrafen. Da er die Botschaft aber nicht verstanden (begriffen) hat, kann er nicht die gewünschte Handlung zeigen und somit auch nicht lernen, sie beim nächsten Mal zu zeigen. Er lernt stattdessen, dass der Lautsprecherlärm jedes Mal schmerzhaft gesteigert wird, wenn er antwortet oder reagiert. Er versucht sich nun vor dem Schmerz zu schützen und verkrampft in Erwartung der nächsten „Lärmattacke“.

Der pädagogische Effekt dieses Lernsystems ist fragwürdig und die Resultate werden dann auch entsprechend unbefriedigend für alle Beteiligten ausfallen.

*Hier verlagert das Pferd sein Gewicht deutlich auf die Vorhand und beschleunigt im Galopp. Es nimmt die Hilfen des Reiters nicht mehr an und entzieht sich seinem Einfluss (Ungehorsam).*

*Versucht man in solch einer Situation mit Kraft oder Gewalt, die Kontrolle zurückzugewinnen, verspannt sich der Reiter und verliert seine Balancehaltung. Das Pferd wehrt und verspannt sich ebenfalls, es drückt den Rücken weg. Die Hinterhand ist ausgestellt. Es wird noch mehr vorwärtsstürmen.*

*Nutzt man das Prinzip der Verständigung, bleibt locker und gibt im richtigen Timing gefühlvoll abgestimmte und vertraute Hilfen oder Impulse, so entspannt sich das Pferd, rundet den Rücken und nimmt die Hilfen wieder an. Es kann sein Tempo wieder ausgleichen.*

*Es bringt sich selbst wieder ins Gleichgewicht, indem es die Hinterhand vermehrt unter den eigenen Schwerpunkt bringt und bewegt sich mit Leichtigkeit. Das Fundament für dieses System der Leichtigkeit durch Verständigung wird schon bei der Bodenarbeit vermittelt.*

## Auf das richtige Maß kommt's an

Doch nicht alle Menschen suchen Lösungen für die entstehenden Probleme durch eine „Aufrüstung". Manche wählen die „Abrüstung". Man versucht dann, mit „milderen" Mitteln dem Pferd weniger Grund für Widerstände und Fehlverhalten zu geben und erwartet sich sozusagen als Dank dafür ein „Wohlverhalten". So genannte „milde" Gebisse, gebisslose Zäumungen, Gebissstücke mit Apfelgeschmack, gepolsterte Sperrhalfter oder Halfter, „stumpfe" Sporen usw. werden angeboten. Die Industrie wird nicht müde, immer wieder neue Innovationen auf den Markt zu bringen, um damit einerseits die „Aufrüstungslobby" und andererseits die „Abrüstungslobby" zu bedienen. Doch auch diese Meidestrategie letzterer führt in die Irre.

Ein Pferd mit „mildem" Gebiss am „losen Zügel" zu reiten, mag es, bis auf wenige Ausnahmen, vor Schmerzen im Maul schützen, doch nicht vor den Schmerzen, die daraus resultieren, dass es weitestgehend in falscher Körperhaltung und häufig unkontrolliert geritten wird. Die Schmerzen aus Verspannungen, Verschleißerscheinungen und Unfällen kommen allerdings später und werden mit der eigentlichen Ursache dafür nicht mehr in Verbindung gebracht. Durch die mangelnde Kontrollierbarkeit gibt es darüber hinaus stets kleinere Unstimmigkeiten und Auseinandersetzungen, die zumindest dazu führen, dass das Pferd sich häufig belästigt fühlt. Die körperlichen Anzeichen für diesen Gemütszustand, wie Schweifschlagen, Hochwerfen des Kopfes und unregelmäßiges Laufen, werden nicht wahrgenommen oder ignoriert. Das Pferd leidet seelisch unter solchen Zuständen ebenso wie unter zu groben körperlichen Umgangsformen. Es zeigt Verkrampfungen, Meideverhalten und Abwehr in anderer Form.

*Gegenseitiges Vertrauen entsteht nur durch maßvolles Handeln.*

## Eigenes Verhalten hinterfragen

Ein Pferd, das nun mit seinen Möglichkeiten des Selbstschutzverhaltens auf solche vom Menschen geschaffenen Rahmenbedingungen reagiert, wird zum Problempferd erklärt und man sucht entweder den Rat eines „Pferdeflüsterers" oder man greift zu Zwangsmitteln und Einschüchterungstaktiken als letztem Ausweg. Leider erkennen die wenigsten Pferdebesitzer oder Reiter, dass sie dem Pferd Schrittchen für Schrittchen dieses Verhalten selbst beigebracht haben und schon beim Fohlen damit begonnen wurde. Nur wenn sie ihre eigene Einstellung und ihr Handeln ändern, wird sich auch das Verhalten des Pferdes dauerhaft ändern können. Allerdings ist es immer sehr viel schwieriger, gefestigte Verhaltensmuster, in diesem Fall das sogenannte „Problemverhalten", umzukonditionieren als die gewünschten Reaktionen von vornherein durch systematische Arbeit zur Gewohnheit und somit zum Standardverhalten werden zu lassen.

Betrachtet man das Thema Führen an der Hand aus diesem Blickwinkel, dann ist damit doch viel mehr verbunden als nur der notwendige, alltägliche Umgang des Führens zwischen Box, Koppel und Sattelplatz. Ist man erst einmal zu dieser Einsicht gelangt und hat die ganze Tragweite dieser Thematik begriffen, dann fällt es sehr viel leichter, etwas noch einmal systematisch zu lernen, was man bislang täglich „irgendwie" auch schon getan hat.

ÜBUNG

**Systematisches Führtraining – so geht's**

Systematisches Führtraining setzt sich aus verschiedenen Lernschritten für Mensch und Tier zusammen:

Das Pferd lernt im ersten Schritt durch Nachgiebigkeitsübungen, dem Kontaktdruck am Körper nachzugeben. Kontaktdruck wird ohne massive Krafteinwirkung dosiert platziert, bis das Pferd mit einem Körperteil oder mit dem ganzen Körper nachgibt, ausweicht oder zumindest eine partielle Muskelentspannung anbietet. In diesem Moment muss der Kontaktdruck sofort aufgegeben werden. Die Berührungen haben mehr den Charakter einer Massage, nicht eines Stoßes oder immer stärker werdenden Dauerdrucks.

Wie auf den Bildern rechts zu sehen, erkennt das Pferd durch einige Wiederholungen das Prinzip: Druck kann durch sein Nachgeben, Ausweichen und Muskeldehnung und -entspannung gelindert, minimiert und letztlich komplett ausgeschaltet werden.

Nun lernt es, dass dieses Prinzip auch gilt, wenn mit dem Halfter vermehrt auf der Nase, an der Seite, unter dem Kinn oder hinter den Ohren Kontaktdruck platziert wird. Es beginnt, die Halsmuskulatur zu lockern und den Kopf und den Hals entsprechend zu biegen.

Hat es dieses Prinzip verstanden, lernt es, dass der Halfterkontakt nicht nur zum Biegen des Kopf-Hals-Bereichs auffordert, sondern auch dazu, die Hufe trittweise zu versetzen. Dazu wird der Massage-Druck zu Druckimpulsen (Zupfen oder leichten „Anschlägen") gewandelt. Auch hier gilt am Anfang wieder der Grundsatz: Sobald es als Reaktion auf die Signalimpulse einen Huf hebt, werden die Einwirkungen sofort beendet. Mit der Stimme wird zusätzlich ein Lob (z. B. „Braaaav") gegeben. Auf diese Weise lernt es, dass dosiert und platziert gegebener Körperkontaktdruck Signalbedeutung hat. Der Mensch vermittelt ihm damit zunächst, wo und wann es sich bewegen soll und wo nicht, später dann, wie es das tun soll.

Das Prinzip wird nach und nach auf den gesamten Bereich der reiterlichen Einwirkungen bzw. Hilfen übertragen und führt zu der Leichtigkeit, die mit der The Gentle Touch-Methode letztlich erreicht werden kann. Körperkontakt ist so kein Kraftakt, sondern ein Verständigungsakt. Das Pferd gelangt mit dieser Methode niemals ins Bewusstsein seiner Körperkraft oder verspannt sich. Meideverhalten oder gar Abwehr werden abgebaut.

Der Kontakt und Umgang mit direktem Gefühl zwischen Mensch und Pferd wird kultiviert. Diese praktische Erfahrung ist auch für viele Reiter prägend. Sie lernen, ihr Körper-Gefühl im sehr direkten Umgang mit dem Pferd zu schulen und zu entwickeln. Wie fühlt sich ein fester Muskel an, wie, wenn er sich entspannt? Wie fühlt sich „Widerstand" an, welche Berührung fördert die Entspannung, welche Druckdosierung löst welche Reaktionen aus? Auf solche Fragen findet man im Rahmen der Übungen eine Antwort. In den Übungen werden die Pferde um, über und durch Objekte geführt. Sie lernen, sich auf den Punkt genau mit leichten Impulsen leiten zu lassen und gelassen auf alle möglichen Reize zu reagieren. Sie lernen, präzise anzuhalten, rückwärts zu gehen und Wendungen auszuführen, dabei stets aufmerksam zu sein und vor allem den Individualbereich des Führers zu respektieren.

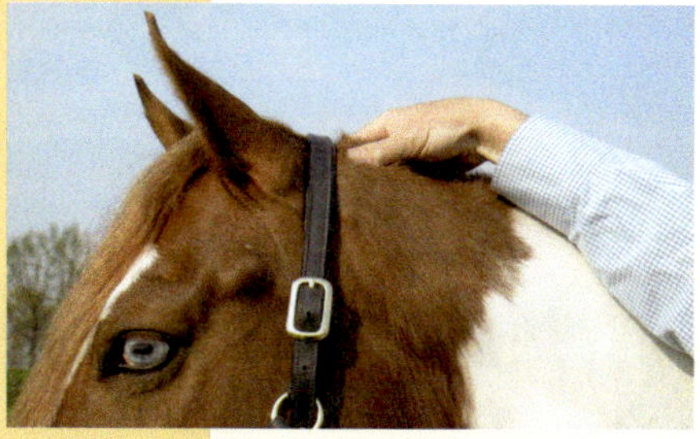

*Die Leitseilarbeit erfordert einige Übung, damit Körperposition und Seilführung ein Pferd nicht verwirren, sondern zu einer eindeutigen Signalgebung führen.*

## Die Arbeit am Leitseil

Die Arbeit am Leitseil kann überall durchgeführt werden. Es ist jedoch ratsam, zunächst auf einem kleineren, sicher eingezäunten Reitplatz oder in einem entsprechenden Rondell von circa 15 bis 20 Metern zu arbeiten. Sie ist die älteste Methode, ein Pferd für seine Aufgabe als Reitpferd vorzubereiten. Traditionell wurde sie in einem kleinen, eingezäunten Platz oder um einen stabilen Pfosten herum ausgeführt. In unterschiedlichen Variationen ist diese Methode von der Antike bis heute überliefert. Sie wurde und wird bei den meisten ursprünglichen Reitervölkern angewendet.

Ich empfehle für die Basisarbeit ein etwa viereinhalb bis fünf Meter langes Leitseil mit guter Eigenbalance, also weder zu leicht noch zu steif. Ein Knotenhalfter ist optimal, da es die Seilimpulse fein und differenziert auf den Pferdkopf überträgt und das Pferd animiert wird, auf die Nuancen der unterschiedlichen Kontaktdruck- und Berührungssituationen zu reagieren. Ein normales Stallhalfter bietet diese differenzierte Signalgebung nicht, kann aber alternativ auch verwendet werden. Mit zunehmender Routine kann man mit gleichen Effekten auch an einem längeren Leitseil arbeiten. Mit dieser Technik lernt das Pferd nach und nach die Verständigung über das indirekte Gefühl. Dabei bedarf es dann nicht mehr des direkten Berührungsreizes. Stattdessen wird die Körperhaltung oder eine Lautäußerung zur Verständigung eingesetzt, der Berührungsreiz also bewusst durch ein optisches oder akustisches Zeichen ersetzt.

### Wer handelt, ist überlegen

In Deutschland sind mit der Natural-Horsemanship-Bewegung und durch einzelne Trainer verschiedene Formen des Arbeitens an einem Leitseil oder gar des freien Arbeitens in einem Round-Pen oder einem Longierrund bekannt geworden (siehe auch Kasten Seite 96). Obwohl ich selbst die freie Arbeit im Round-Pen beim Anreiten junger Pferde praktiziert habe und im Bedarfsfall praktiziere, empfehle ich diese Methode ungeübten Pferdeleuten nicht weiter. Zu hoch ist das Risiko, dass bei dieser Form der Arbeit Missverständnisse entstehen, die ein Pferd sehr irritieren, verunsichern und nicht selten sogar zu aggressivem Verhalten veranlassen. Die Arbeit am Leitseil hat außerdem den Vorteil, dass sie überall praktiziert werden kann, ohne

*Das Leitseil wird auch schon im direkten Kontakt am Hals eingesetzt und bereitet das Pferd damit auf die späteren Zügelberührungen und deren Bedeutung vor.*

*Ein normales Stallhalfter bietet nicht die differenzierte Signalgebung wie das Knotenhalfter. Es ist etwas Übung nötig, um durch entsprechende Handhabung die beabsichtigten Effekte zu erzielen.*

dass besondere Reitbahnformen oder -einzäunungen nötig wären. Diese Übungen verfolgen nicht den Zweck, ein „Dominanztraining" zu praktizieren oder gezielt an der „Rangordnung" zu arbeiten. Doch bei richtiger Umsetzung der Übungen am Leitseil übernimmt der Mensch die Rolle des Agierenden, das Pferd findet sich in der Rolle des Reagierenden wieder. Das führt automatisch dazu, dass der Mensch nach und nach eine kompetente Leitfunktion übernimmt, die vom Pferd dann selbstverständlich akzeptiert wird. Dies entspricht seinem instinktiven Herdenverhalten und bietet ihm Sicherheit und Regelmäßigkeit. Beides befriedigt ein Grundbedürfnis bei jedem Pferd und trägt wesentlich zu seiner Zufriedenheit und Ausgeglichenheit bei.

Für mich hat die Bodenarbeit den Status eines Kindergartens, einer Vorschule oder zum Teil einer Grundschule. Hat ein Pferd diesen Teil durchlaufen und die vermittelten Inhalte verinnerlicht, so wird man im Alltag das Erlernte erhalten und weiterpflegen, während auf dem „Lehrplan" dann weiterführende Themen stehen und erarbeitet werden.

Sollten die Manieren eines Pferdes in fortgeschrittener Ausbildung dennoch einmal schlechter werden, so kann man zur Auffrischung durchaus zeitweilig wieder zur Bodenarbeit zurückkehren. Das gilt auch, wenn ein Reitpferd eine längere Pause hatte und wieder „in Dienst" genommen werden soll.

Für manche Pferdeleute hat es einen besonderen Reiz, mit dem Pferd unter dem Anspruch der Bodenarbeit zu „exerzieren", um das Gefühl der Kontrolle, der Macht und der Selbstbestätigung zu genießen oder sich als „Könner" in ihrer Umgebung darzustellen.

**TIPP**

**Partnerschaftlicher Respekt**
Respektieren Sie bei der Bodenarbeit unbedingt die Würde Ihres Pferdes.

Degradieren Sie Ihr Pferd nie zum Spielball Ihrer Profilierungsgelüste, machen Sie es nicht zum „Hampelmann"! Bei dem zieht man an der Strippe, um sich daran zu ergötzen, dass er dann jedes Mal „strampelt und springt".

Bedenken Sie: Ihr Pferd hat ein feines Gefühl dafür, ob Sie sinnvoll mit ihm arbeiten oder es nur vorführen möchten. Wenn Sie sich in diesem Punkte nicht selbst disziplinieren, dann

*Hier soll das Pferd rückwärts weichen. Dabei ist mit Angemessenheit, gutem Timing und anfänglich nur in kurzen Reprisen zu arbeiten. Bitte respektieren Sie dabei die Würde des Pferdes!*

*Immer wenn das Pferd sich bemüht, den Forderungen nachzukommen, muss ihm Entspannung und ein freundliches Lob angeboten werden. Dies ist ein Grundsatz der The Gentle Touch-Methode.*

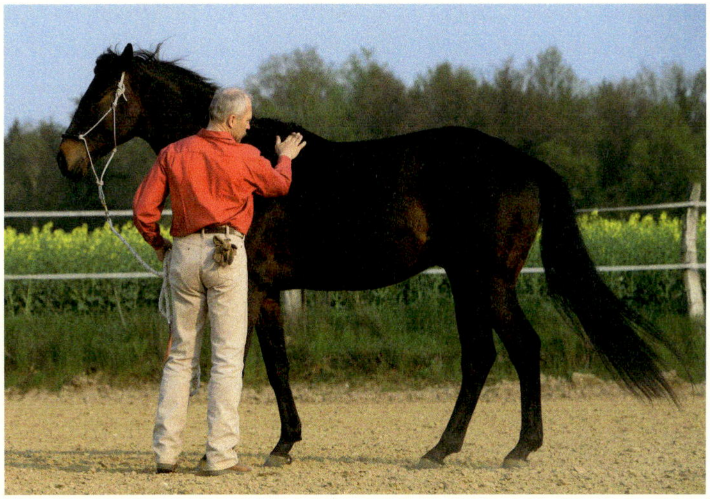

wird es Sie bald nicht mehr ernst nehmen. Weder vertraut es Ihnen dann noch, noch respektiert es Sie. Es wird seine positive Einstellung verlieren. Es wird lernen, sich vor Ihren Belästigungsritualen zeitweilig zu schützen oder sich zu entziehen oder gar offen zu widersetzen. Letztlich machen Sie sich damit also selbst zum „Hampelmann".

Vergessen Sie nie, Pferde haben eine Persönlichkeit und Sie unterscheiden individuell zwischen einzelnen Lebewesen, die in Kontakt zu ihnen stehen. Haben Sie seinen Respekt erst einmal verloren, so ist es sehr schwer, ihn zurückzugewinnen. Behandeln Sie es aber respektvoll und freundlich-konsequent, so können Sie in der technischen Umsetzung der Übungen durchaus Fehler machen, ohne dass Ihr Pferd Ihnen das übel nimmt. Wenn Sie jedoch unangemessen handeln, wenn Sie nicht sinnvoll mit ihm umgehen, dann haben Sie nicht nur die Methode missverstanden, Sie werden auch keine freundliche, vertrauensvolle und harmonische Beziehung zu ihm aufbauen können.

### INFO

**10 Gebote für die Bodenarbeit**

1. Tragen Sie dünne Handschuhe.
2. Halten Sie das Leitseil stets geordnet in den Händen.
3. Wickeln Sie sich das Seil in keinem Fall um die Hand.
4. Binden Sie Ihr Pferd niemals mit dem Knotenhalfter an.
5. Wählen Sie Körperposition und Standort immer so, dass Sie nicht in den Bereich der Hinterbeine des Pferdes geraten.
6. Arbeiten Sie auf weichem Boden.
7. Ziehen Sie dem Pferd Streifgamaschen an, besonders, wenn es beschlagen ist.
8. Arbeiten Sie auf eingezäuntem Platz.
9. Trainieren Sie nie länger als 15 bis 20 Minuten am Leitseil.
10. Arbeiten Sie anfänglich prinzipiell nur im Schritt.

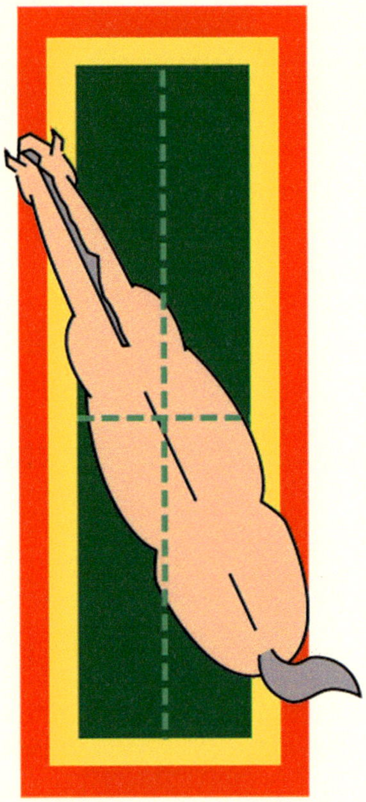

*Sowohl bei der Bodenarbeit wie beim Reiten wird dem Pferd ein „Rahmen" mit einer Komfortzone (grün) angeboten, in dem es sich aufhalten soll. Dieser Rahmen besteht zunächst nur in der Vorstellung des Ausbilders.*

*< Anfänglich wird das Pferd einzelne Körperteile aus der Komfortzone bewegen. Nach dem Ampelprinzip wird es mit Signalimpulsen behutsam korrigiert, wenn es in die gelbe Zone des Rahmens kommt. Die Korrektur wird deutlicher, wenn es den roten Rahmen überschreitet und endet sofort, wenn es in den grünen Bereich zurückkehrt.*

*> Wendet man dieses Prinzip in allen Lebenslagen des täglichen Umgangs an, so entwickeln Pferd und Mensch in ihrem Unterbewusstsein ein Gefühl für solche Rahmen, Linien und Mittelpunkte. Diese Automatisierung des Unterbewusstseins fördert das Körpergefühl, mit dem nach dem Prinzip der Leichtigkeit gearbeitet werden kann.*

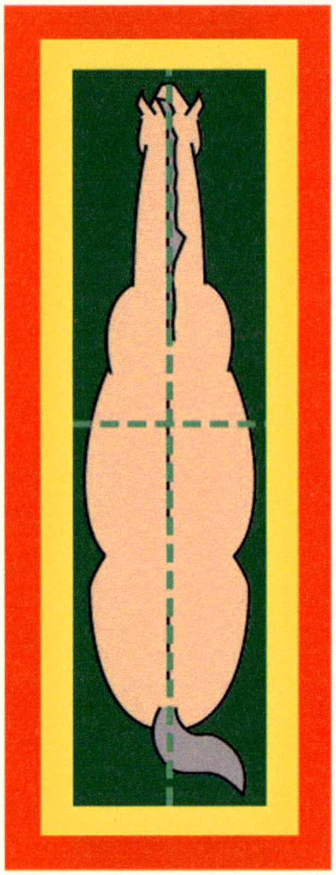

Es geht nicht darum, mit Ihrem Pferd eine „Show abzuziehen", sondern um einen der grundlegenden Schritte im Rahmen einer seriösen Ausbildung von Pferd und Reiter. Dies muss besonders bei der Arbeit am Leitseil berücksichtigt werden.

## Feine Verständigung

Der wichtigste Lerneffekt für den Menschen bei der Arbeit am Leitseil besteht darin, dass er erfährt, mit wie wenig Körperkontakt eine wirklich umfassende Verständigungsgrundlage geschaffen werden kann. Hat er diese Erfahrung einmal gemacht, so wird er auch im direkten Kontakt vom Boden oder vom Sattel aus nicht mehr mit Kraft, sondern mit feinen Signalen die Verständigung suchen. Der Teufelskreis der kraftbetonten Einwirkungen wird durchbrochen. Der Weg zu einer feinen, sanften und freundlichen Hilfengebung wird geebnet. Die Erfahrung zeigt, dass sich die Grundeinstellung vieler Menschen hierdurch wesentlich ändert. Hat man einmal in einfacheren Übungen die Verständigungsgrundlage geschaffen, so kann das Pferd durch die Signale eingerahmt werden, ohne dass ständiger Körperkontakt vorhanden ist. Es lässt sich gezielt auf vorgegebenen Linien oder Bahnfiguren leiten, es lernt, sich auszubalancieren, Tempo- und Gangartwechsel, Wendungen auf der Hinterhand, Halt aus jeder Gangart und flüssiges Rückwärtsrichten. Man kann ihm am Leitseil alle wichtigen Reitpferdemanöver ohne Reiter vermitteln. Gerade für Reiter, deren Reittechnik noch nicht geschult ist, eröffnet sich damit eine Möglichkeit, das Grundverhalten ihres Pferdes in Bezug auf Kontrollierbarkeit, Beweglichkeit und Gleichgewicht schon vom Boden aus zu verbessern. So vorbereitet, bieten die Pferde diese Bewegungsabläufe dann auch unter dem Sattel bereitwilliger und koordinierter an.

Die Schwierigkeiten beim Erlernen der Leitseiltechniken liegen zunächst darin, mit einem Arm und einer Hand gezielte und dosierte Bewegungen auszuführen, durch die Signale auf das Halfter bzw. den Kopf des Pferdes übermittelt werden. Mit dem anderen Arm und der Hand wird das Seilende systematisch geschwungen, um in Richtung Schulter, Rumpf oder Hinterhand per gezielter Zeichengebung einzuwirken.

### ÜBUNG

**Arbeit am Leitseil von Mensch zu Mensch**
Es hat sich bewährt, die Technik der Leitseilhandhabung und Positionierung in Form eines „Rollenspiels"zu üben, bei der ein Mensch zunächst die Rolle des Pferdes übernimmt.
So kann man Positionierung, Handhabung des Seiles und eigene Bewegungstechnik erst einmal in aller Ruhe erproben, bis sich eine erste Routine einstellt. Wenn man sich verheddert, wie das zu Anfang durchaus geschehen kann, so führt das bei Vorübungen von „Mensch zu Mensch" allenfalls zu großem Gelächter, unterlaufen solche Fehler bei der Arbeit mit einem Pferd, so kann es zu Problemen kommen, zu Verunsicherung führen oder gar zu Situationen, bei denen Mensch oder Pferd sich gefährden. Auch ist es eine gute Lernerfahrung, sich mal in der Rolle des Pferdes mit der mehr oder weniger eindeutigen Körpersprache des Trainers auseinander zu setzen. Das Verständnis für viele Reaktionen eines Pferdes wird auf diese Weise deutlich gefördert.
Beginnt man mit seinen ersten Übungen mit einem Pferd, so sollte das in jedem Fall ein sehr ruhiges Tier sein. Optimal wäre eines, das schon mit der Bodenarbeit vertraut ist.

*Auch am Leitseil wird das Pferd durch die Signale eingerahmt, ohne dass ständiger Kontakt vorhanden ist. Es lässt sich auf Linien oder Bahnfiguren leiten und bewältigt kontrolliert unterschiedliche Hindernisse.*

*Ein Pferd mit der Gerte zu touchieren bedeutet es zu berühren, zu streifen oder anzutippen. So soll die Gerte eingesetzt werden.*

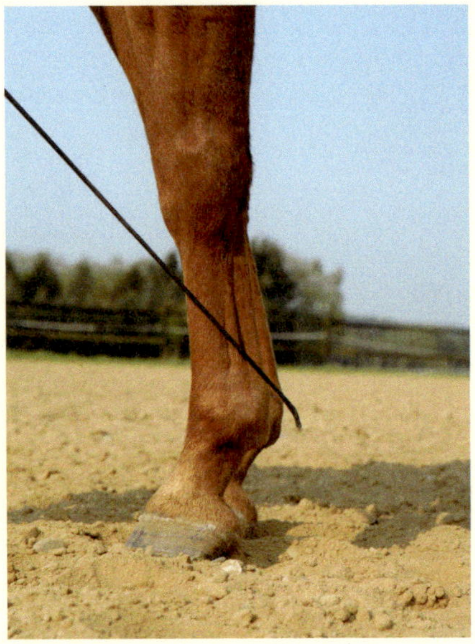

*Über seinen Hautsinn lernt es Signale zu unterscheiden. Ohne Hektik hebt es hier das Bein nur so weit, bis der Huf auf der Spitze ruht.*

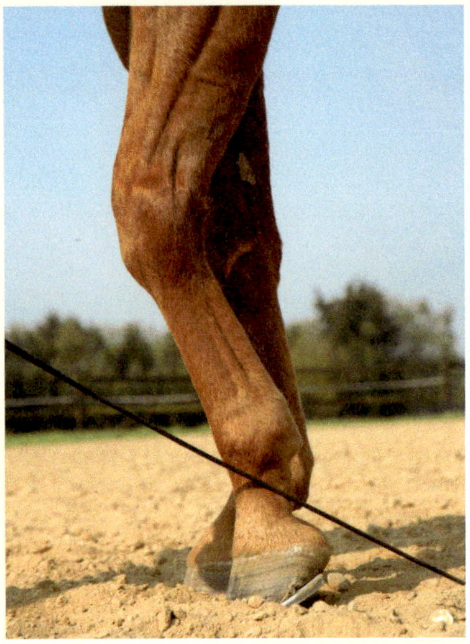

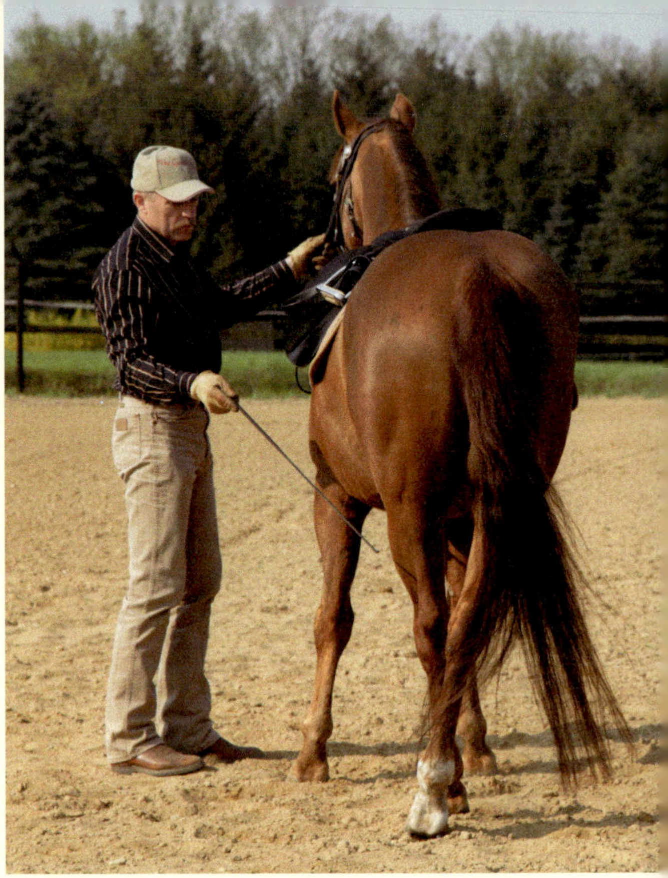

*Diese Übung dient der Sensibilisierung für feinste Hilfen im Maul und in der Schenkellage. Das Pferd wird mit den Diagonalbewegungen vertraut gemacht. Das Verständnis für Berührungsreize und eine ungezwungene Muskelnachgiebigkeit bildet die Grundlage für die Leichtigkeit unter dem Reiter.*

Im Bedarfsfall muss man auch in der Lage sein, dort wohldosiert und -platziert mit dem Seilende zu touchieren. Während also linker und rechter Arm unabhängig voneinander agieren, muss die Körperhaltung und der Standort auch gezielt eingesetzt werden. Aus dem geordneten Zusammenspiel dieser Komponenten leitet das Pferd seine Reaktionen ab.

Es bedarf einiger Übung, bis ein ungeübter Mensch die Fähigkeit entwickelt hat, sich aus Sicht des Pferdes eindeutig verständlich zu verhalten. Hat man dieses Stadium erreicht, so kann man beginnen, sich auf die Feinheiten zu konzentrieren. Es ist für viele Menschen verblüffend, auf wie feine Signale alle Pferde reagieren, wenn sie darin eine Regelmäßigkeit und einen Sinn erkennen. Wer jemals eine Vorführung der Pferdeartisten Jean-Francois Pignon oder Lorenzo gesehen hat, bekommt eine Ahnung davon, wie das in Perfektion aussehen kann.

## Die Arbeit an der Hand

Dieses dritte Element der Bodenarbeit verknüpft die beiden vorangegangenen Bereiche noch enger und direkter mit der Arbeit unter dem Reiter. Das Pferd wird mit der Wassertrense gezäumt. Die Signale zum Kopf des Pferdes sollen nun im Maul auf Zunge und Lefzen (Lippen, Mundwinkel), nicht auf die Laden, wirken. Das Verständnis für diese Berührungsreize und eine entsprechende ungezwungene Muskelnachgiebigkeit wird im Stand erarbeitet. In der Bewegung wird mit der Zäumung und einer langen Gerte eingewirkt. Diese dient dazu, Berührungskontakte am Körper zu platzieren.

### Der Einsatz der Gerte

Mit der Gerte wird nur touchiert, nicht geschlagen, nicht gestoßen oder gedroht! Der Begriff „touchieren" muss erläutert werden, da der Gebrauch einer Gerte von Reitern individuell in recht großer Variationsbreite praktiziert wird. Einstellung und Dosierung im Gebrauch der Gerte sind von maßgeblicher Bedeutung dafür, wie ein Pferd den Anblick, das Geräusch und die Berührungen mit einer Gerte interpretiert. Die drei wichtigen Horsemanship-Tugenden Ruhe, Angemessenheit, Konsequenz müssen bei dieser Arbeit besonders sorgfältig in der Praxis berücksichtigt werden, damit das Pferd die Interaktionen als Mittel der Verständigung begreift und sein Vertrauen und seine innere Gelassenheit nicht verliert. Touchieren bedeutet berühren, streifen oder antippen.

Und genauso sollten Sie die Gerte immer und ausschließlich einsetzen. Wir wollen den Tastsinn des Pferdes ansprechen, ihm aber keine Schmerzen zufügen. Berühren Sie Ihr Pferd mit der Gerte, wie Sie mit einem Kaffeelöffel vorsichtig an ein Glas klopfen würden, um vor einer Rede die Aufmerksamkeit einer Gesellschaft zu erlangen. Oder stellen Sie sich vor, Sie klopfen behutsam an eine Tür, hinter der Sie einen Schlafenden vermuten und den Sie nicht abrupt wecken möchten.

Ebenso vorsichtig und gefühlvoll dosierend sollten Sie mit dem Trensengebiss im Maul den Kontakt pflegen. Während der Arbeit an der Hand üben Sie das gefühlvolle Zusammenwirken antreibender, aktivierender und begrenzend-verhaltender Hilfengebung. Das Pferd wird für sanfte, freundliche Schenkeleinwirkungen, wie sie später vom Sattel aus gegeben werden, vorbereitet. Es lernt, die Signale des Gebisses zu verstehen, ohne sich zu stützen oder sich gar dagegen zu wehren. Es lernt, sich im „Rahmen“ der Kontakte zu bewegen, sich auf diese Weise leiten zu lassen, einzelne Beine zu bewegen und sich in Haltung und Positionierung an den Wünschen des Menschen zu orientieren. Es lernt, die Idee des Menschen zu seiner eigenen zu machen, und der Mensch lernt, seine Ideen so zu übermitteln, dass ein Pferd sie verstehen und zu seiner Idee machen kann. Lassen Sie Ihr Pferd im Schritt auf gebogenen und geraden Linien in kurzen Intervallen einige Schritte seitwärts treten. Damit legen Sie die Grundlagen für spätere Biegeübungen, Reiten auf zwei Hufschlägen und die Seitengänge.

Durch die Übungen der Arbeit an der Hand legen Sie beim Pferd den Grundstein für feine und feinste Reaktionen unter dem Reiter.

Sie selbst lernen, das richtige Maß der Einwirkungen vom Boden aus zu üben und sich selbst dafür zu sensibilisieren, wie fein die Hilfen sein können und auch sein sollten. Legen Sie Ihrem Pferd aus Sicherheitsgründen Streifgamaschen an, bis es gut koordiniert arbeitet. Diese Arbeit an der Hand erfüllt im Rahmen der The Gentle Touch-Methode die Funktion eines Sensibilisierungsprogramms für Pferd und Reiter. Gleichzeitig verbessern sich durch die Übungen die Losgelassenheit und die Koordinationsfähigkeit des Pferdes.

## Desensibilisierung

Der vierte Schwerpunkt der Bodenarbeit, das Modifizieren von Instinktverhalten, sollte aus Sicherheitsgründen und um den positiven Lerneffekt zu gewährleisten nur unter kompetenter Anleitung oder von sehr erfahrenen Pferdeleuten erarbeitet werden. Absolute Voraussetzung ist eine gefestigte Grundlagenarbeit in den drei anderen Bereichen der Bodenarbeit.

Übungen zur Desensibilisierung können bei manchen Pferden zu zeitweiligen Stress- oder Spannungssituationen führen, da sie das Instinktverhalten eines Pferdes deutlich aktivieren und dann modifizieren sollen. Diese Übungen können nur den gewünschten Lerneffekt beim Pferd haben, wenn es dem Ausbilder gelingt, durch umsichtiges und angemessenes Handeln stets die grundsätzliche Kontrolle über die Situation zu behalten, auch wenn es zeitweilig zu unkontrollierten Bewegungen oder Reaktionen des Pferdes kommt. Streifgamaschen, eingezäunter Bereich, Arbeit auf weichem Boden und das Tragen von Handschuhen, sind Rahmenbedingungen, die der Sicherheit dienen und unbedingt beachtet werden müssen.

Ich muss an dieser Stelle also an das Verantwortungsbewusstsein meiner Leserinnen und Leser appellieren und vor zu großer Experimentierfreude oder Selbstüberschätzung in diesem Punkt warnen. Anders als alle anderen Übungen vom Boden oder vom Sattel können unzulängliche oder falsche Desensibilisierungsversuche beim Pferd zu Fehlverhaltensmustern führen oder es sogar traumatisieren. Auch ansonsten ruhige Pferde können plötzlich zu extremen Reaktionen neigen. Unerfahrene sollten sich mit diesem Thema deshalb nur unter Anleitung eines erfahrenen Ausbilders beschäftigen.

Richtig angewandt, ist die Desensibilisierung eine dosierte und systematische Reizvermittlung. Dabei lernt das Pferd, optische, akustische oder Berührungsreize sowie Gerüche in unterschiedlicher Anordnung und Dosierung gezielt und mit steigender Tendenz zu akzeptieren. Die Lernsituationen sind eine bewusste Auseinandersetzung mit den zunächst Furcht auslösenden Einflüssen unter der kontrollierten Anleitung des Trainers. Die Situationen müssen sorgfältig und individuell gestaltet werden und die Lernfortschritte können von Pferd zu Pferd sehr unterschiedlich sein.

ÜBUNG

**Die Arbeit mit der Plastikfolie**

Die einfachste Form der Desensibilisierung ist das Abstreifen mit einer in der Hand zusammengeknüllten Plastikfolie, so, wie man ein Pferd vom Kopf über den Rumpf bis zur Hinterhand putzen würde. Die Berührung mit einem Stück Plastikfolie verursacht durch Aussehen, Geräusch und eventuell den Geruch ungewohnte Reize und viele Pferde zeigen sich deshalb skeptisch-ablehnend oder sogar ängstlich. Deshalb ist es wichtig, behutsam vorzugehen. Das bedeutet aber nicht, sich zögerlich zu verhalten.

Nach dem ersten, langsamen Körperkontakt sollten sich die Berührungsreize deutlich verstärken. Es ist sinnvoll, diese Übung auf weichem Boden und in einem eingezäunten Bereich zu machen. Das Pferd trägt ein Stallhalfter und ein Führseil, eventuell Streifgamaschen, um eine Verletzung bei unkoordinierten Beinbewegungen zu vermeiden.

Man beginnt auf seiner gewohnten linken Seite. Dabei ist es normal, wenn es sich auf der anderen Seite wieder ängstlich zeigt, selbst wenn es auf der linken nach einiger Übung die Berührungen duldete. Möchte es der Berührung ausweichen, so lässt man es in einer sehr engen Volte um sich herum gehen, die Berührungen mit der Folie müssen dann aber weiter durchgeführt werden.

Es empfiehlt sich, in einer Ecke zu arbeiten, da es dort an zwei Seiten Begrenzungen gibt und das Ausweichen dadurch eingeschränkt wird. Sobald das Pferd stehen bleibt oder zumindest langsamer ausweicht, ist der Zeitpunkt gekommen, die Berührung zu unterbrechen und es zu loben. Wiederholt man das ruhig, so sollte sich bald eine komplette Duldung einstellen. Man erkennt diesen Zustand daran, dass das Pferd alle vier Hufe gleichmäßig belastet, locker ist und sich nicht unaufgefordert bewegt.

Akzeptiert es die Berührungen von beiden Seiten am ganzen Körper, so würde man die Folie auf Handtuchgröße auseinander falten und die Prozedur wiederholen. Dabei ist es wichtig, stets behutsam, aber konsequent den Reiz aufrechtzuerhalten, bis das Pferd absolut zum Stillstand gekommen ist, ruhig atmet und locker werdende Muskelreaktion zeigt.

Nun kann mit unterschiedlichen Materialien und Gegenständen, etwa einem Regenschirm, ähnlich verfahren werden.

Pferde sind von Natur aus schreckhaft: Eine Plastikfolie am Wegesrand kann auch ein gut ausgebildetes Reitpferd in Panik versetzen.

Am Leitseil lernt das Pferd, vom Ausbilder kontrolliert und angeleitet, auf einer geraden Linie ohne zu Zögern über eine Folie zu laufen. Das wird an unterschiedlichen Orten und mit verschiedenen Gegenständen geübt.

Es hat Gelegenheit, das Objekt im sicheren Rahmen zu untersuchen und sich mit den Geräuschen, Gerüchen und dem Gefühl vertraut zu machen. Es lernt Gehorsam, Selbstvertrauen und sinnvolles Problemmanagement.

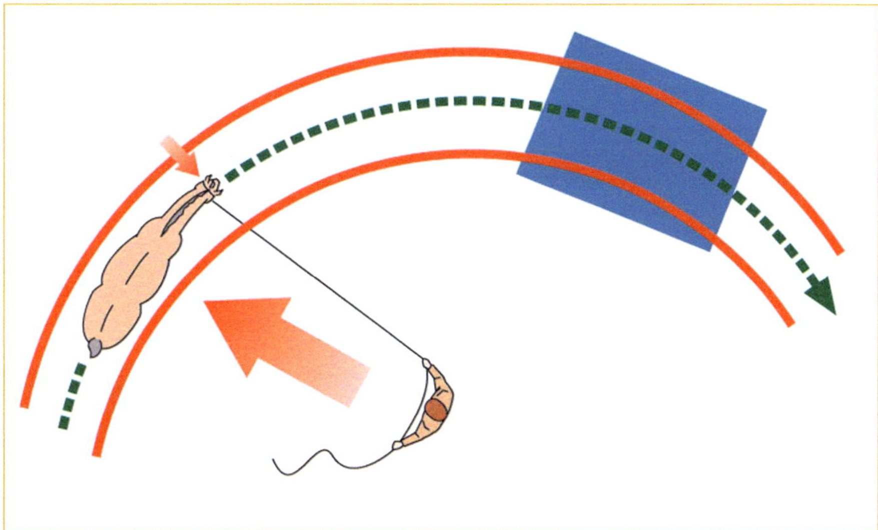

Hier wird das Pferd auf eine Zirkellinie geleitet, die über eine Folie führt. Mit Körperhaltung und Leitseilende wird im Bedarfsfall Druck von innen nach außen aufgebaut, mit dem Halfter von außen nach innen. Die Zirkellinie wird als druckfreie Komfortzone angeboten. Das Pferd soll mittig über die Folie gehen.

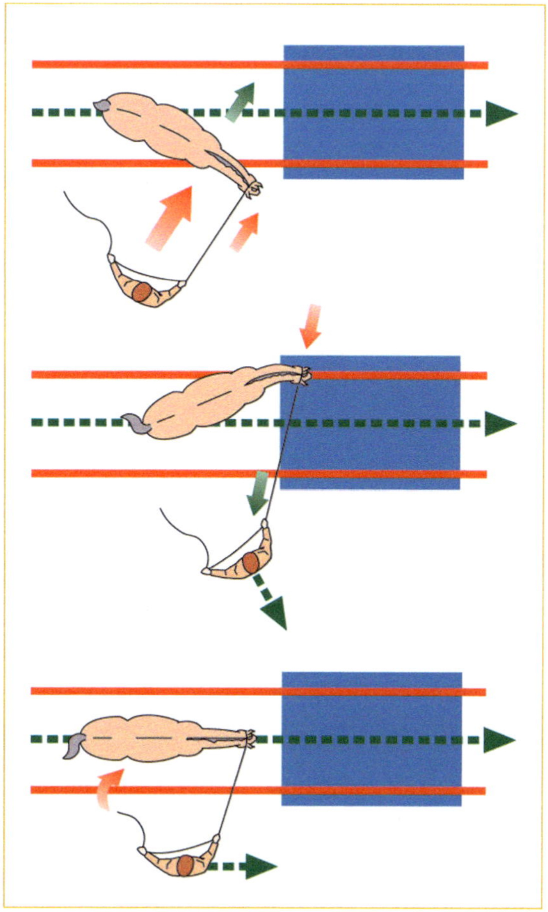

Zunächst wird das Pferd versuchen, innen oder außen an der Folie vorbeizulaufen. Mit angemessenem Druck durch Halfter oder Führseilende wird es daran gehindert, bis es einsieht, dass es keinen Weg vorbei gibt. Man lässt es vor der Folie verharren und gibt ihm Gelegenheit, sie zu untersuchen, bis es darüber nachdenkt, einen Weg vorwärts zu finden, und einen Fuß auf die Folie setzen will. Erst jetzt wird es behutsam mit dem Seilende ermuntert, vorwärts zu gehen. Am Anfang wird es vielleicht einen Satz machen. Wiederholt man die Übung, so beginnt es, ruhiger über die Folie zu gehen.

*Um einem Pferd zu vermitteln, angeleitet und kontrolliert Schrecksituationen zu akzeptieren und zu bewältigen, lässt man es in der Nähe einer Folie geregelt im Kreis laufen. In der Nähe der Folie wird eine Komfortzone (grün) angeboten. Alle anderen Bereich werden zur Diskomfortzone (rot), dort wird es angetrieben. Sehr schnell wird es so motiviert, die Nähe des Objektes nicht nur zu akzeptieren, sondern sogar zu suchen. Damit wird das Fluchtverhalten systematisch umgekehrt.*

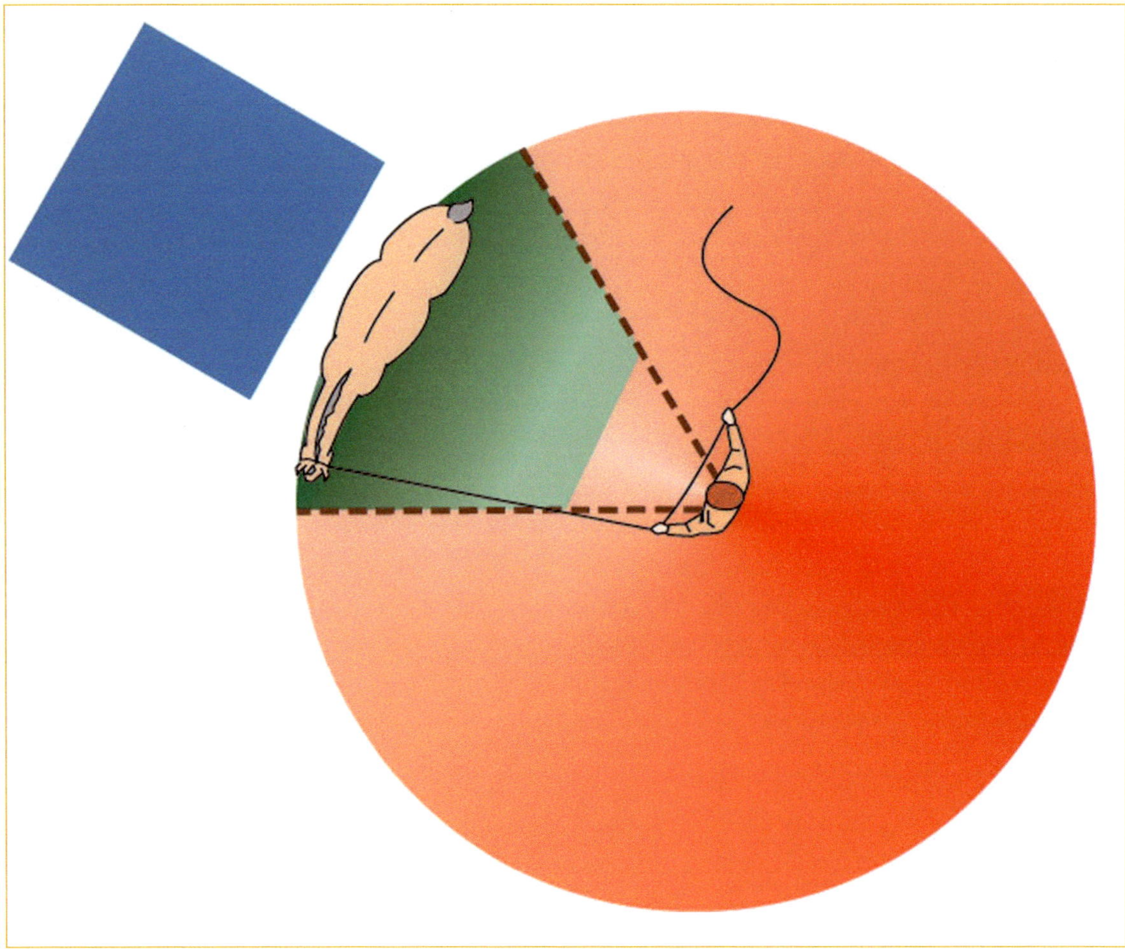

## Akzeptanz

Anders als mit Gewöhnungsübungen, die nur zu einer zeitweiligen Toleranz solcher Situationen führen, erreicht man durch systematische Desensibilisierung eine weitreichende Akzeptanz in unterschiedlichen Situationen. Das Selbstvertrauen eines Pferdes wird dadurch gestärkt. Man erkennt diesen Zustand daran, dass es alle vier Hufe gleichmäßig belastet, locker ist und sich nicht unaufgefordert bewegt.

Man kann auf diese Weise einem Pferd systematisch Rituale zu einem bewussten, kontrollierten Problemmanagement vermitteln. Dabei wird es die Erfahrungen und die aus den Lernsituationen erwachsenden Erkenntnisse in sein Alltagsleben übertragen und so mit größerer Gelassenheit, Aufmerksamkeit und Mitarbeitsbereitschaft in gefährlichen oder irritierenden Situationen an der Hand oder unter dem Reiter reagieren können.

Diese Form der Erziehungsarbeit ist für Freizeitpferde ganz besonders wichtig, da sie sich in Ausnahmesituationen nicht auf einen gelassenen Reiter mit präziser Hilfengebung verlassen können. Unerfahrene Reiter sollten diese Übungen nur unter sachkundiger Anleitung praktizieren. Wer sich nicht ganz sicher ist, dass er alle Voraussetzungen für eine korrekte Umsetzung dieser anspruchsvollen Übungen aufweist, der sollte besser darauf verzichten. Bei unsachgemäßen Versuchen kann sich die mangelnde Akzeptanz oder die Ängstlichkeit des Pferdes deutlich verstärken, bis hin zu Panikattacken. Damit wäre dann das absolute Gegenteil eines positiven Lerneffektes erzielt. Denken Sie daran, ein wichtiges Prinzip der The Gentle Touch-Methode ist es, dass Pferd und Ausbilder/Reiter sich nur mit solchen Aufgaben befassen, die sie relativ leicht und vor allem korrekt und sicher ausführen können.

## INFO

**Die Bodenarbeit –
Leichtigkeit auf jedem Niveau**

Die Bodenarbeit der The Gentle Touch-Methode mit ihren vier Basis-Schwerpunkten kann reitweisenübergreifend und für alle Pferderassen praktiziert werden. Sie kann Reitern aller Reitweisen oder -stile nützen. Sie ist nicht Selbstzweck, sondern bereitet Mensch und Pferd auf ihre Rolle als Reiter und Reitpferd vor. Es sind keine besonderen Trainingsvoraussetzungen wie Round-Pen oder Ähnliches nötig.

Zur notwendigen Standard-Ausrüstung gehören Stallhalfter, Führseil und eventuell eine Führkette. Außerdem ein Knotenhalfter und ein circa viereinhalb Meter langes Leitseil, eine einfache Wassertrense mit Zügeln und eine längere Dressurgerte.

Alle Übungen sind möglichst simpel und zweckmäßig gehalten und auf das Wesentliche reduziert. Das Ziel ist zunächst, zu einer kraftfreien Verständigung am Boden und dann zu einer ebensolchen an feinen Hilfen unter dem Reiter zu gelangen. Bereits am Anfang steht schon bei den ersten Nachgiebigkeitsübungen im Führtraining das Erreichen der Leichtigkeit auf einfachem Niveau im alltäglichen Umgang. Daraus ergibt sich der prakische Nutzen eines hamonischen und sicheren Umgangs. Kontinuierlich zieht sich dieses Prinzip durch alle weiteren Phasen der Arbeit und ist letztlich auch unter dem Reiter das Ziel: Am Ende der Ausbildung steht das Reiten an leichten Hilfen bis zur Leichtigkeit auf hohem Niveau.

In den gezielten, interaktiven Übungen der Bodenarbeit lernen Pferd und Mensch miteinander und voneinander:

- eine universelle, eindeutige Verständigungsgrundlage durch Körpersprache,
- die Übertragung dieser Körpersprache auf die reiterliche Ebene ohne wesentliche Abänderung,
- neue Verhaltensmuster im Rahmen zweckmäßiger Lernsituationen durch Erfahrung und Erkenntnis,
- ihre Balance, Losgelassenheit, Körperkoordination sowie ihr Körper- und Bewegungsgefühl zu verbessern,
- durch mehr Verständnis gegenseitig Respekt und Vertrauen weiterzuentwickeln und zur inneren Gelassenheit zu gelangen,
- Rituale zur Problembewältigung bei Angst- Schreck- und Fluchtverhalten.

Dazu werden komplexe Bewegungsmuster systematisch in Bewegungsketten und Bewegungsglieder zerlegt.

Dann wird an der Verbesserung folgender Punkte gearbeitet:

- bewusste Koordination von Einzelfunktionen,
- Flexibilität,
- Balance,
- Anspannung und Entspannung im Wechsel,
- Sicherheit,
- Körperkontrolle und Leichtigkeit.

Die Bodenarbeit schafft wichtige Voraussetzungen und Grundlagen für die Beziehung zwischen Reiter und Reitpferd.

## *Die Arbeit unter dem Reiter*

Die Arbeit unter dem Reiter baut auf die Vorübungen im Bereich der Bodenarbeit auf. Im Themenbereich Reiten I zielen alle Übungsabläufe darauf ab, dem Pferd das Grundvertrauen, das Verständnis und die willige Nachgiebigkeit gegenüber den reiterlichen Einwirkungen zu vermitteln. Den Reiterinnen und Reitern werden Techniken vermittelt, mit denen sie möglichst störungsfrei zu weichen, gefühlvollen Einwirkungen gelangen können, und sie lernen auch, ihre Fehlhaltungen und die daraus resultierende, nicht optimale Hilfengebung zu erkennen und durch eine gefühlvollere zu ersetzen.

Wenn Sie in diese Thematik einsteigen möchten, dann sollten Sie also schon selbstständig ein Pferd allein oder in einer Gruppe in den Grundgangarten reiten können. Und natürlich verfügen Sie jetzt schon über die Erfahrungen und Erkenntnisse aus der Bodenarbeit. Eine grundsätzliche, gegenseitige Vertrauens- und Verständigungsbasis ist vorhanden: Sie wissen, wie Ihr Pferd veranlagt ist und wie es seiner individuellen Veranlagung entsprechend reagiert. Darauf werden Sie vom Sattel aus weiter aufbauen. Wenden wir uns dazu nun zuerst der Zügelführung und Zäumungseinwirkung zu.

Die Deutsche Reitlehre fordert in diesem Zusammenhang vom Reiter in allen Gangarten und Lektionen eine weiche, federnde Verbindung mit den Zügeln. Das Pferd soll sie von sich aus suchen, der Reiter gewährt sie im Zusammenhang mit stetig treibenden Hilfen. Die sollen nahezu unsichtbar sein.

Doch diesen idealen Zustand können selbst erfahrene Berufsreiter einem noch nicht gefestigten Pferd nicht immer vom Sattel aus anbieten, wie die gängige Praxis zeigt. Die Mehrzahl aller Freizeitreiter ist damit zunächst erst recht überfordert, vermutlich trifft das auch auf den größten Teil meiner Leserschaft zu. Vielleicht geht es Ihnen ja wie folgt: Während Sie vom Boden aus arbeiten, stehen sie auf sicherem Grund, verrichten mit Armen und Beinen gewohnte Bewegungen und können mit Ihren Augen jedes Bewegungsverhalten Ihres Pferdes genauestens beobachten und analysieren. Vom Sattel aus ist das komplett anders und je unregelmäßiger sich ein Pferd unter Ihnen bewegt,

*Mit Hilfsübungen unter Verwendung von Bezugspunkten und Objekten wie Pylonen, Stangen oder Ähnlichem wird es Pferd und Reiter leichter gemacht, eine gefühlvolle und eindeutige Verständigungsgrundlage über feine Hilfen zu erlernen.*

desto weniger können Sie Ihren eigenen Körper in allen Bewegungsfunktionen kontrollieren. Sie werden ungewollt zum Störfaktor für Ihr Pferd, obwohl Sie das Gegenteil beabsichtigen. Sie stören es vor allem im Maul und im Rücken. Beides verursacht augenblicklich Verspannungen beim Pferd und veranlasst es, sich zu versteifen.

## Hilfsübungen je nach Bedarf

Ohne langwierige Ausbildung und Übung wird Ihnen das Kunststück sicher nicht gelingen, so einzuwirken, wie es die Reitlehre fordert.

Aber vielleicht haben Sie etwas Glück? Ihr Pferd hat von Natur aus sehr weiche und weniger schwungvolle Gänge. Es ist ausbalanciert, zeigt eine natürliche Gelassenheit und eine freundliche Kooperationsbereitschaft. Durch bisherigen Umgang und Ausbildung sind diese Anlagen gut gefestigt und weiterentwickelt worden. Besitzen Sie ein solches Pferd, dann fällt es Ihnen leichter, die gewünschte Verbindung zum Maul herzustellen, wenn das notwendig ist. Sie werden sich mit dem Basisprogramm der The Gentle Touch-Methode in diesem Fall nur wenige Trainingseinheiten lang aufhalten müssen. In all meinen Kursen und Seminaren hatte ich allerdings nur wenige Teilnehmer, die in dieser glücklichen Lage waren. Alle anderen besaßen Pferde, bei denen etliche der genannten Voraussetzungen nicht vorhanden waren.

Und so konnten sie nicht verhindern, dass sie unbeabsichtigt ihre Pferde oft behinderten, störten oder ihnen sogar hin und wieder weh taten. Auch fehlte ihnen die Erfahrung und das Feingefühl für eine weiche, freundliche und kontrollierte Kontaktpflege zum Pferdemaul, wie ich den Begriff Anlehnung lieber definieren würde. Das gegenseitige Vertrauen, das am Boden vorhanden war, war in vielen Fällen vom Sattel aus deutlich gestört.

Falls Sie sich in einer ähnlichen Situation befinden, dann werden Ihnen ganz besonders einige dafür entwickelte Hilfsübungen entgegenkommen. Doch bevor wir uns denen zuwenden, wollen wir uns mit Zügel-, Schenkel- und Sitzeinwirkungen befassen.

*Das „Ampel-Prinzip" gibt dem Pferd genügend Reaktionszeit und erzieht den Reiter zu einer gefühlvollen Hilfengebung. Die Grün-Phase bezeichnet dabei den losen Zügel oder Schenkel. In der Gelb-Phase wird ein passiver Kontakt zum Pferd hergestellt, sie hat Ankündigungscharakter. In der Rot-Phase werden aktiv abgestimmte Druckimpulse als Hilfen gegeben.*

# Einwirkungen über Zügel und Zäumung

Reiter reden häufig von Zügeleinwirkungen, wenn sie die Wirkung der Zäumung, eines Gebisses oder einer Nasenzäumung meinen. Der Zügel ist aber nur die Verbindung zwischen Reiterhand und Zäumung. Die eigentlich vom Reiter beabsichtigte Wirkung geht vom Gebiss im Maul oder von der Nasenzäumung mit Wirkung auf den Nasenrücken oder die Nasenseite aus. In den Gebrauchsreitweisen, in denen ausgebildete Pferde letztlich meist einhändig mit einer Stangenzäumung geritten werden, kommt dem Zügelkontakt darüber hinaus seitlich am Hals eine Signalwirkung zu.
Gebisse, ob Wassertrensen in den unterschiedlichsten Ausführungen oder Stangenzäumungen, wirken vor allem mit Druck auf die Zunge, die Maulwinkel und fleischigen Lippen des Pferdes. Nur wenn mit starkem Zug am Zügel eingewirkt wird, zieht ein Pferd die dann zusammengedrückte Zunge und die Lippen hoch.

*Jeder Reiter sollte sich einmal das Maul seines Pferdes genauer anschauen, um eine Vorstellung davon zu bekommen, wie und wo die unterschiedlichen Gebisse genau wirken. Ein Gebiss wirkt nur schmerzfrei, wenn es mit variabel dosiertem Druck auf die weichen Teile des Mauls, Zunge, seitlichen Lippen und Maulwinkel, Kontakt herstellt.*

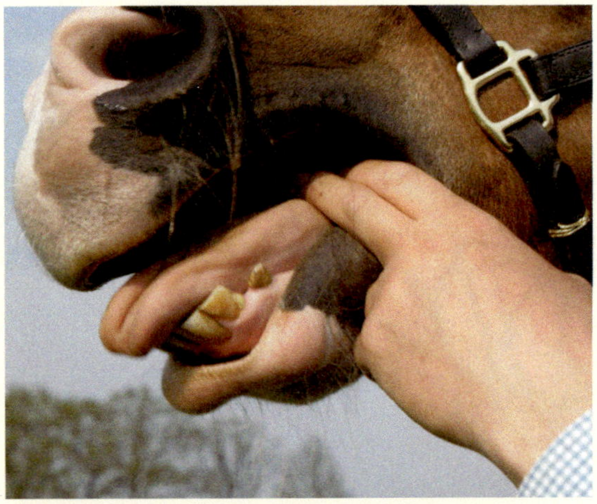

*Nur ein locker genug verschnalltes Reithalfter, egal welcher Art, ist pferdegerecht. Dieser Grundsatz wird oft missachtet.*

*Wird mit dem Gebiss zu stark eingewirkt, zieht das Pferd die Lippen weg und die Zunge hoch. Die nun ungeschützten Unterkieferäste werden gequetscht, besonders wenn beide Zügel gleichzeitig fest angenommen werden. Die Folge sind Schmerzen, Verspannungen und Abwehrreaktionen. Auf Dauer kann es sogar zu entzündlichen Veränderungen des Unterkiefers kommen.*

Die nun ungeschützten Unterkieferäste (Laden) werden vom Gebiss schmerzhaft gequetscht.

Bei korrekter Anwendung eines Gebisses sollte stets nur auf die weichen und nachgiebigen Bereiche von Zunge und Lippen eingewirkt werden, niemals auf die Laden. Schon während der Bodenarbeit wird in der The Gentle Touch-Methode das Bewusstsein und das Gefühl für diese Situation durch entsprechende Übungen bei Mensch und Pferd entwickelt.

Bei allen Zügeleinwirkungen wird darüber hinaus das „Ampel-Prinzip" angewandt, so nenne ich eine abgestufte Form der Kontaktaufnahme (siehe Abbildung Seite 129). Mit diesem Bild möchte ich die Zügelaktivitäten bewusster machen. Diese Form der Zügelhandhabung oder Schenkeleinwirkung gewährt dem Pferd eine Reaktionszeit, bevor vom losen oder passiven Kontakt ein aktiver Signaldruck ausgeübt wird. Die Grün-Phase bezeichnet dabei den losen Zügel oder Schenkel. In der Gelb-Phase wird ein passiver Kontakt zum Pferd hergestellt. Dadurch wird sein Tastsinn angesprochen und seine Aufmerksamkeit auf die Kontaktaufnahme gelenkt, ohne dass schon aktiv eingewirkt wird. Diese Phase hat Ankündigungscharakter. Das Pferd hat Zeit, um sich auf die aktive Rot-Phase einzustellen. In ihr werden aktiv abgestimmte Druckimpulse als Hilfen gegeben, die das Pferd auffordern, nachzugeben und eine bestimmte Bewegung auszuführen. Zur Zügelführung empfehle ich, mit weich geschlossener oder leicht geöffneter Hand bei flexiblen Gelenken und lockerer Muskulatur einzuwirken. Im Prinzip dienen die Zügelhilfen dazu, über das lockere Maul zu kommunizieren und die Pferdeschultern zu führen. Passiver Kontakt wechselt mit weich annehmenden oder nachgebenden Händen. Werden aktiv impulsweise Drucksignale gegeben, so geschieht dies stets nur auf einer Seite.

## *Die Schenkeleinwirkungen*

Meine Beine sind mein wichtigstes Mittel, um mit dem Pferd zu kommunizieren. Mit ihnen kann ich den Tastsinn des Pferdes in einer Variationsbreite ansprechen, wie das mit den Händen über die Zügel und die Zäumung und mit den Gewichtsverlagerungen gar nicht möglich ist. Ich setze meine Schenkel nach dem Prinzip von Druck und Nachgiebigkeit ein. Meine Beine positioniere ich so, dass kein Gelenk von den Zehen bis zur Hüfte blockiert ist. Die Steigbügel möchte ich unter meinem Körperschwerpunkt haben. Ich halte Kontakt zum Steigbügel je nach Bedarf mit den Ballen oder mit dem Mittelfuß. Ich möchte mein Bein jederzeit an der Pferdeseite vor- oder auch zurückschwingen können.

Je nach individuellen Körperproportionen hat ein Reiter mit seinem Bein am Pferdekörper unterschiedliche Kontaktpunkte. Ich strebe stets eine Einwirkung mit dem Unterschenkel im Bereich der Wade an. Wenn Sporen getragen werden, so werden diese behutsam von hinten nach vorn streifend eingesetzt, niemals aber stechend oder bohrend!

Ich teile die Pferdeseite in drei Zonen ein: vorn, in der Mitte und hinten (Vergleiche hierzu auch Abbildung Seite 132). Mit dem Einwirken in die vordere Zone möchte ich das Pferd motivieren, mit der Vorhand zu weichen. Druckimpulse auf die mittlere Zone signalisieren dem Pferd, seitlich mit Vorhand und Hinterhand gleichzeitig zu weichen. Je nach Übung und Dosierung können sie aber auch das Pferd motivieren, durch vermehrte Lockerung und Dehnung der Muskulatur der äußeren Seite mehr Biegung im gesamten Rumpf anzubieten. Seitlicher Kontakt zur hinteren Zone fordert das Pferd auf, mit der Hinterhand auszuweichen.
Ich biete einem Pferd drei Stufen der Intensität an, mit der ich die Schenkelkontakte abstufe: fein, mittel und deutlich. Ich unterscheide bei meinen Schenkeleinwirkungen zudem zwischen einem anpendelnden Schenkelimpuls und einer von hinten nach vorn streifenden Einwirkung mit dem Unterschenkel. Stets sind meine Kontakte ein Wechselspiel zwischen Anspannung und Entspannung, zwischen Druck und Nachgiebigkeit.

### Der anpendelnde Schenkel

Der pendelnde Impuls lässt seitlich weichen oder er begrenzt seitlich. Er soll außerdem aktivierend wirken oder Aufmerksamkeit wecken. Diese Art der Einwirkung verwende ich bei jungen oder korrekturbedürftigen Pferden. Ein sehr energisch pendelnder Schenkel hat auch disziplinarisch begrenzende Funktion oder lässt das Pferd energisch ausweichen.
Sie können diese ungewohnte Schenkelhilfe üben, indem Sie locker im Sattel sitzen und ein Bein mit gewinkelten Gelenken zunächst etwas anheben. Spreizen Sie es dann etwa 5 bis 10 cm seitlich ab und lassen Sie es locker wieder an die Pferdeseite fallen.

Mit etwas Übung gelingt diese Pendelbewegung immer besser und man kann die Intensität von einem leichten „Antippen“ bis zu einem deutlichen „Bäng“ mit disziplinarischer Wirkung verstärken. Dieser Impuls kommt den kleinen Remplern unter Pferden sehr nahe, mit denen sie sich untereinander Grenzen setzen, und wird deshalb leicht verstanden.

### Der streifende Schenkel

Der streifende Schenkel hat die Aufgabe, zu formen und Bewegungen der einzelnen Schritte zu begleiten. Mit fortschreitender Ausbildung beim Pferd wie beim Reiter gewinnen diese Schenkelimpulse immer mehr Bedeutung. Sie fungieren als treibende Hilfen.
Ich setze vornehmlich die Wade ein, um Impulse zu geben, die am Pferderumpf von hinten nach vorn entlangstreifen. Stellt sich bei Wadenkontakt nicht die gewünschte Reaktion ein, so können Sporen dosiert als Reizverstärker eingesetzt werden. Mit den Hacken sollte man niemals gegen das Pferd stoßen oder klopfen. Eine solche Maßnahme löst nur Verkrampfung und Widerstand beim Pferd aus. Pferde stumpfen gegen Hackenstöße sehr schnell ab und reagieren generell widerwillig oder ignorant.

Sporen dienen mir wie die Waden als Kommunikationsmittel und werden nach dem gleichen Prinzip eingesetzt. Ein Sporenstich oder ein bohrender Sporn löst beim Pferd Muskelverkrampfungen aus und wird es zu Widerstand veranlassen. Solch einen Einsatz, von vielen Reitern als „Strafaktion" eingesetzt, lehne ich ab. Wenn ich auf einer Seite Impulse gebe, bleibe ich auf der gegenüberliegenden passiv, nehme die Spannung aus dem Bein und gebe dem Pferd für seitliches (Aus-)Weichen oder eine Muskeldehnung Raum. Ein Pferd zwischen den Schenkeln einzuklemmen, irritiert, blockiert und behindert es. Anfänglich erwarte ich nur ein Ausweichen mit dem Körperteil, auf den ich einwirke. Mit fortschreitender Ausbildung beeinflussen die Schenkelsignale die Aktionen einzelner Beine.

*Für die Schenkelhilfen gibt es drei Zonen an der Pferdeseite, um auf die Vorhand, den gesamten Körper oder nur die Hinterhand einzuwirken. Anfänglich sind diese Zonen größer, später dann immer kleiner, so dass der Reiter die Beinlage kaum noch verändern muss, um verschiedenste Hilfen zu geben.*

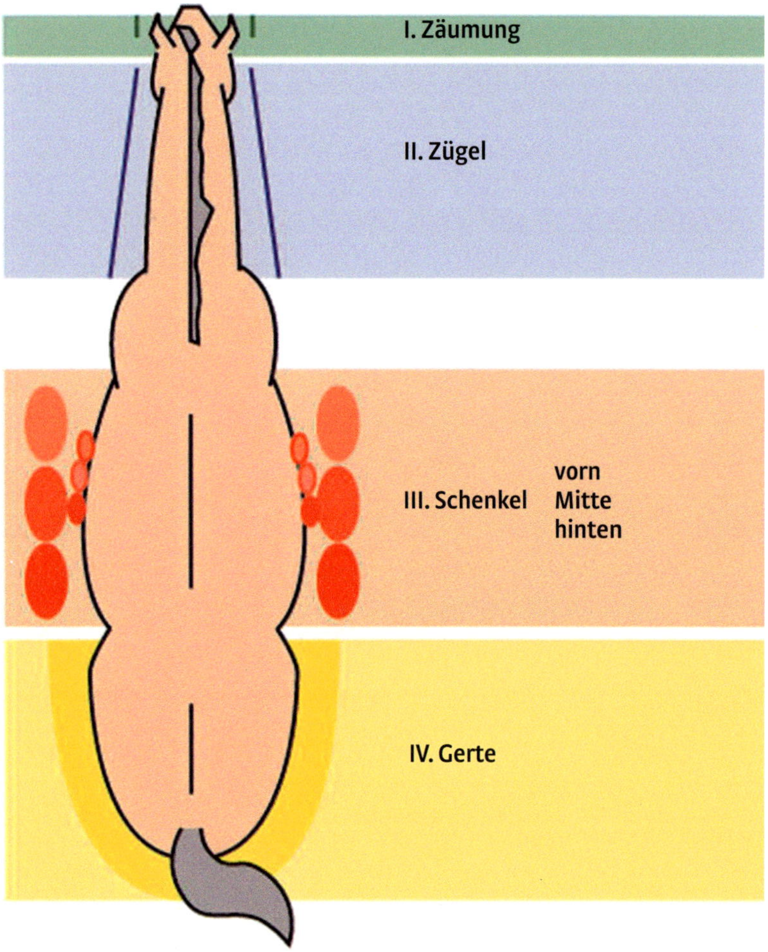


**INFO**

**Fein abgestimmte Gewichtshilfen sind die am schwierigsten zu erlernenden reiterlichen Hilfen. Wer sie beherrscht, beginnt den Begriff Reitkunst mit Leben zu füllen. Doch wie in anderen Bereichen auch, sind wahre Künstler selten und stets die Ausnahme.**

## *Balancehaltung und funktionale Haltung*

In der Deutschen Reitlehre werden zum Einsatz von Zügel- und Schenkelhilfen relativ knappe Erläuterungen angeboten. Hingegen wird den sogenannten Gewichtshilfen in Theorie und Praxis sehr viel Bedeutung beigemessen. Vom treibenden Sitz und den „Kreuzhilfen" über einseitige Gewichtsverlagerungen und akzentuierten Einsatz der „Gesäßknochen" ist häufig die Rede. Abgesehen davon, dass sich hier anatomisch nicht korrekte Bezeichnungen in die Reitersprache eingeschlichen haben, setzt die gewünschte Wirkung solcher Hilfen nur bei sehr gut ausgebildeten Pferden ein.

Nur perfekte Reiter können sie unmissverständlich und feinmotorisch präzise einsetzen. Wann immer die Mehrzahl normaler Freizeitreiter und Turnierreiter versucht, solche Hilfen zu geben, kehrt sich die löbliche Absicht häufig ins Gegenteil um. Sie verspannen sich oder wirken mit zu viel Kraft ein. Dadurch behindern und irritieren sie ihr Pferd viel mehr als dass sie ihm helfen würden. Dadurch geht die Natürlichkeit und Leichtigkeit verloren. Entsprechend steif und zwanghaft werden dann die Bilder.

Die Voraussetzung für feine und präzise abgestimmte Gewichtshilfen durch minimale Schwerpunktverlagerungen des Reiters ist dadurch nicht mehr gegeben. Doch nur diese feinen Gewichtshilfen sprechen den Gleichgewichtssinn des Pferdes in einer Weise an, die es zu intuitiven Richtungs- und Tempoveränderungen oder zu mehr Lastaufnahme veranlassen, ohne dabei auch störend oder blockierend zu wirken. Ganz fatal ist es, wenn ein steifes Lehnen und Schwanken mit dem Oberkörper von links nach rechts zur Heil bringenden Freizeitreitlehre erhoben wird. Das ist aus meiner Sicht eine Rückkehr in die „Steinzeit" der Reiterei. So etwas hat nichts mit seriöser Vermittlung guten und pferdegerechten Reitens zu tun. Zu bedauern sind vor allem die armen Pferde, die so geritten werden.

**TIPP**

**Dynamische Balance**
Das wichtigste Ziel im Bereich der Sitz- und Haltungsschulung ist die Verbesserung der dynamischen Balance und die Anpassung an den Bewegungsrhythmus des Pferdes. Auf dem Weg zu diesem Ziel heißt es: das Pferd so wenig wie möglich irritieren, behindern oder stören!

## Passiv und locker sitzen lernen

In der The Gentle Touch-Methode konzentriert sich die Anleitung deshalb zunächst darauf, eine passiv-lockere Haltung auf dem Pferd in allen Gangarten zu fördern. Aktive „Gewichtshilfen" und deutlich vortreibende Schenkelhilfen werden erst mit zunehmenden feinmotorischen Fähigkeiten individueller Reiter mit einbezogen. So lange wird das Pferd hauptsächlich im Rahmen der Zäumungs-Zügel und Schenkeleinwirkungen gelenkt, geleitet und geformt.

Zur Förderung einer passiv-lockeren Haltung gehört es auch, Fehlhaltungen, die sich mit den Jahren eingeschlichen haben, dem betreffenden Reiter bewusst zu machen und mit geeigneten Hilfsübungen zu korrigieren. Damit einher gehen Übungen im Leichttraben, im Schwebe- oder leichten Sitz und solche, bei denen ausgesessen wird. Dies trägt wesentlich zur Lockerung und zur Verbesserung der Geschmeidigkeit beim Reiter bei. Hier scheint mir ein ganz besonderer Bedarf zu bestehen. Der häufige Wechsel dieser Varianten und Übungen und ihre Ausführung jeweils in nur kurzen Reprisen zeigen dabei häufig schnelle Erfolge. Zur Haltungsschulung gehört es auch, das Gefühl für „gerades Sitzen", also eine absolut zentrierte und balancierte Haltung zu fördern und das Rhythmusgefühl zu verbessern.

Um bei Reiterinnen und Reitern das bewusste Bewegungsverhalten auf dem Pferd im Sinne einer Verbesserung zu verändern, hat es sich bewährt, wenn man sich zunächst auf Einzelfunktionen einzelner Körperbereiche oder -teile beschränkt. Dazu werden Bewegungskomplexe in Bewegungsketten unterteilt, diese wiederum in einzelne Bewegungsglieder. Dieses Prinzip möchte ich am Beispiel einer Korrekturübung erläutern, die ich seit Jahren erfolgreich einsetze, um den weit verbreiteten „Stuhlsitz" zu korrigieren. Der geht stets mit steifen Beingelenken, deutlich nach außen gestellten Fußspitzen und einem blockierten Becken einher und verhindert somit jegliche, korrekte Hilfengebung oder beeinträchtigt sie zumindest wesentlich.

*L Besonders im Galopp ist es wichtig, den zügelunabhängigen und geschmeidigen leichten Sitz zu üben. Voraussetzung dafür ist eine gute Balancehaltung mit den Steigbügeln unter dem Körperschwerpunkt.*

*V Übungen im rhythmischen Leichttraben oder im Schwebesitz und solche, bei denen ausgesessen wird, sollten abwechselnd geübt werden.*

ÜBUNG

**Die Schenkelkorrektur-Übung**

Der „Stuhlsitz" behindert eine flexible, ausbalancierte Haltung des Reiters auf dem Pferderücken. Er führt zu Muskelverspannungen und Bewegungsblockaden. Er wird häufig durch Sättel mit Sitzformen gefördert, die es dem Reiter erschweren, eine optimale Balancehaltung einzunehmen und beizubehalten. Das gilt nach meiner Erfahrung für Sättel in allen Reitweisen, also für „Englisch"-, Western-, Gangpferde- oder Ibero-Sättel.

Die Reiterbeine sind mit dem Steigbügel beim Stuhlsitz in der Regel zu weit vorn positioniert und befinden sich nicht mehr unter dem Körperschwerpunkt des Reiters. Versucht man nun einfach, sie zurückzunehmen, so kann das aufgrund der blockierten Gelenke und der verspannten Beinmuskulatur nicht ausreichend gelingen.

Diese weit verbreitete Fehlhaltung mit all ihren nachteiligen Auswirkungen auf die gesamte Hilfengebung lässt sich wie viele andere durch das Zergliedern in Einzelfunktionen innerhalb kurzer Zeit mit einer Korrekturübung recht einfach lösen. Zunächst unter Anleitung, kann ein Reiter damit schnell lernen, seine Haltung selbstständig zu korrigieren.

Die Schenkelkorrekturübung ist in mehrere Phasen unterteilt. Man beginnt zunächst mit dem einen Bein, danach erst mit dem anderen. Stets werden die einzelnen Beine auch später immer nur wechselweise bewegt, keinesfalls beide zur gleichen Zeit. Während der Reiter seine Beinlage in den einzelnen Phasen verändert (siehe Abbildungen auf Seite 135), lockert und spannt er genau die Muskeln im Bein, die für eine bessere Beweglichkeit aller Gelenke aktiviert werden müssen und zuvor in einem Verspannungszustand waren. Hieraus entwickelt sich eine Bewegungskette, die vom Reiter bewusst und kontrolliert ausgeführt wird und eine Korrektur der Beinlage bewirkt.
Mit der Zeit wird er diese Korrektur ganz automatisch und ohne nachzudenken ausführen.

Während der üblichen Reitstunden oder Ausritte kann die Korrekturübung dann immer wieder zwischendurch für einige Minuten wiederholt werden. Schon nach einigen Wochen verändert sich seine Körpermuskulatur entsprechend und er empfindet es als angenehm und normal, mit einer „korrekten" Beinhaltung zu reiten, bei der der Stützpunkt im Steigbügel unter dem Körperschwerpunkt liegt. Er macht die Erfahrung, dass das Bein beweglicher wird und damit auch fein abgestimmte Schenkelhilfen gezielt und dosiert gegeben werden können.

Durch solche Hilfsübungen wird die Korrektur von Fehlhaltungen erleichtert. Deren negative Auswirkungen werden dadurch deutlich reduziert. Erst wenn alle Fehlhaltungen abgebaut sind, ist es sinnvoll, das Reiten als eine dynamische Betätigung zu betrachten, bei der alle Körperbereiche in Koordination zueinander und miteinander funktionieren sollen.

Die „Salamitaktik", ein größeres Problem scheibchenweise in einzelne, kleine zu unterteilen und nach und nach zu lösen, zieht sich als roter Faden durch die ganze The Gentle Touch-Methode und ist ein wichtiger Grund für ihren Erfolg.

## Die Salami-Taktik

Problem Stuhlsitz

Zunächst die Ferse eines Beines mit gelockertem Fuß- und Kniegelenk nach außen drehen.

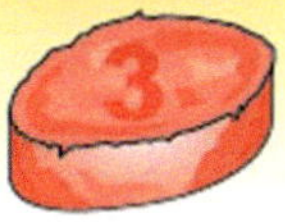


Den Fuß so drehen, dass nur die Außenkante der Schuhsohle die Steigbügeltrittfläche berührt.

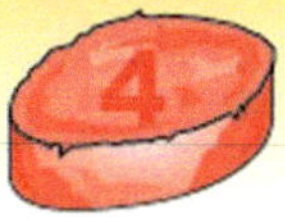


Das ganze Bein senkrecht etwas anheben, als wolle man mit dem Spann den Steigbügel anheben.

Jetzt das Bein seitlich etwas abspreizen und dann aus dem Hüftgelenk nach hinten schwingen.

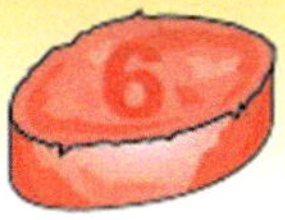


Nun wird der Bügel mit „langem" Bein senkrecht locker belastet.

Das Ziel: Der richtige Sitz.

*Mit der Schenkelkorrektur-Übung lernt der Reiter in kleinen Schritten die korrekte Schenkellage. Das weit verbreitete Problem des Stuhlsitzes wird so Schritt für Schritt behoben.*

## *Kontaktaufnahme ohne Vertrauensverlust*

Doch nicht nur die Haltungsverbesserung, auch ein vertrauensvolle und gefühlvolle Kontaktpflege muss geübt werden. Wie wir schon mehrfach feststellten, geht die Deutsche Reitlehre in der Theorie von einer stetigen, weichen und nachgiebigen Verbindung der Reiterhände zum Pferdemaul aus, bei der niemals an den Zügeln gezogen wird.

Wie viele Reiter kennen Sie, liebe Leserinnen und Leser, die diese Anforderung hundertprozentig erfüllen könnten? Niemals am Zügel ziehen, nicht durchhängen lassen, keine unruhige Hand, kein Eindrehen, keine versteiften Hand- oder Ellbogengelenke? Vermutlich genauso wenige wie ich. Wie viele kennen Sie, bei denen der gleichmäßige, weiche Zügelkontakt während einer Reitstunde oder eines Ausrittes öfter variiert oder unterbrochen ist? Wie viele kennen Sie, die dauerhaft an den Zügeln mit mehr oder weniger Kraft ziehen? Selbst bei guten Dressurreitern hat man bei einer Studie ein Minimum von 15 Kilogramm Zug an jedem Zügel gemessen. Vermutlich kennen Sie sehr viele Reiter, die einer dieser Gruppen zuzuordnen sind. Und wie sieht es bei Ihnen selbst aus? Wir stellen fest: Im Alltag klafft zwischen theoretischem Anspruch und der Realität eine große Kluft.

**INFO**

**Das A und O**
Ein Reitpferd fühlt sich nur wohl, wenn es durch das Gebiss nicht gestört wird.

Niemand setzt sich mit diesem unbefriedigenden Zustand gern auseinander. Zum einen sehen solche Zügeleinwirkungen nicht schön aus und offenbaren die reiterliche Unzulänglichkeit. Schlimmer jedoch ist: Zu viel Zug, Druck oder Unruhe mit dem Gebiss im Maul lässt das Pferd in der Hals- und Rückenmuskulatur verkrampfen. Infolgedessen werden seine Bewegungen steifer. Es kann Schäden an der Wirbelsäule davontragen und verliert das Vertrauen in seinen Reiter oder die Lust an der Bewegung. Es stumpft ab, oder beginnt, sich zu wehren bzw. davonzustürmen. Kein Reiter ist glücklich, wenn er solche Verhaltensmuster bei seinem Pferd feststellt und sucht nach Abhilfe. Die häufig ausgesprochene Empfehlung, mit besserem Sitz und weicher Hand einzuwirken, löst das praktische Problem auch nicht. So wird es oft verdrängt und damit zum Dauerzustand.

In der The Gentle Touch-Methode nehmen wir den Grundsatz ernst, die Schülerinnen und Schüler „dort abzuholen, wo sie stehen". Deshalb ist das erste Ziel, die Störungen durch die Reiterhand zu minimieren. Die Pferde reagieren dann vertrauensvoller und werden lockerer. Die Reiterinnen und Reiter lernen, bewusst eine ruhige Hand anzubieten. Da sich Körperschwingungen in der Regel beim Reiten in der Handweinwirkung widerspiegeln, setzt die Deutsche Reitlehre das Erlernen eines anschmiegsamen, ausbalancierten Sitzes voraus, um zu der gewünschten weichen Anlehnung zu kommen. Doch diesen Sitz haben und lernen die meisten Reiter heute wegen der erwähnten Rahmenbedingungen nicht.

### Pferdefreundlich reiten

In der The Gentle Touch-Methode setzt man sich deshalb bewusst mit diesem Problem auseinander und baut eine „ goldene Brücke". Wie kann man ruhige, unabhängig von den übrigen Körperbewegungen auf das Pferdemaul wirkende Handeinwirkungen erreichen, wenn der Sitz noch nicht perfekt ist? Die Lösung sind Hilfsübungen, die diese Voraussetzungen schaffen. In der Basis-Reiterschulung werden viele solcher Übungen angeboten, um jedem Reiter individuell seine Fehlhaltungen bewusst zu machen und abzubauen, damit er sie durch einfühlsamere Reittechnik ersetzen kann. Als Einstieg in diese Thematik haben sich Übungen wie die Ein-Zügel-ein-Schenkel-Übung (Seite 138 f.), der Blumenstraußgriff (Seite 140 f.) oder die Schenkelkorrektur-Übung (Seite 134 f.) sehr bewährt.

*Das Bewusstsein und Gefühl des Reiters für die Gebisswirkung im Maul eines Pferdes wird mit der Ein-Zügel-Kontaktaufnahme gefördert.*
*Die geteilten Zügel (Bild 1) werden zusammengeführt und mit einer Hand gehalten (Bild 2), die frei werdende Hand gleitet behutsam vor (Bild 3) und schließt sich weich um den Zügel. Sie wird seitlich an den Hals angelegt um dem Pferd einen passiven und ruhigen Zügel/Gebiss-Kontakt anzubieten (Bild 4). Das Pferd kann sich am Kontakt des anstehenden Gebissteils weich anpassen, indem es die gegenüberliegende Halsmuskulatur dehnt. Dies ist für das Pferd eine wichtige vertrauensbildende Maßnahme und erzieht den Reiter zu einer passiven, nicht ziehenden Zügelführung.*

INFO

**Die Basis für Veränderungen schaffen**

Bei den Übungen soll zunächst das Bewusstsein von Mensch und Pferd für Haltungs- und Kontaktveränderungen gefördert werden. Beim Pferd entwickeln sich Vertrauen, Muskelentspannung, Gelassenheit und Verständnis gegenüber den reiterlichen Einwirkungen. Beim Menschen steht die Koordination und das Gefühl für solche Einzelbewegungen und Bewegungsketten im Mittelpunkt.
Da bei diesen Übungen zunächst nicht das „Einrahmen" des Pferdes oder gar „korrektes Gehen" in Linienführung oder Haltung im Vordergrund stehen, sondern „nur" Vertrauensbildung und Verständnis, wird gelegentliches Ausweichen oder schiefes Gehen des Pferdes oder ungenaues Verhalten bewusst und vorläufig in angemessener Form toleriert.
Bei deutlichem Ungehorsam oder Unaufmerksamkeit allerdings sollten diese Übungen unterbrochen werden und durch sinnvolle Vorarbeit erneut die Voraussetzungen geschaffen werden.

## *Die Ein-Zügel-ein-Schenkel-Übung*

Die einseitige Kontaktaufnahme ist für viele Reiter, die diese Methode und ihre Ergebnisse nicht kennen, zunächst irritierend. Doch die verblüffenden Erfolge bei Pferd und Reiter, die nach sehr kurzer Zeit die Anlehnungs-Problematik auflösen, sprechen dann für sich. Sie nehmen den Zügelkontakt nur mit einer Hand auf, der andere Zügel bleibt leicht durchhängend. Dadurch, dass Sie Ihre Hand am Hals an- oder auflegen, wird diese den Bewegungsrhythmus des Pferdekörpers aufnehmen und von Ihren eigenen Körperbewegungen oder auch Steifheiten losgelöst werden. Es kann sein, dass Sie sich etwas vorbeugen müssen. Viele Reiter irritiert das und sie haben die Befürchtung, das Pferd aus dem Gleichgewicht zu bringen oder zu sehr auf der Vorhand zu belasten. Das ist nicht der Fall. Auf der gleichen Seite nehmen Sie Kontakt mit der Wade zum Pferdekörper auf. Wenn Sie das schon können, geben Sie im Rhythmus stets, wenn das äußere Vorderbein vorschwingt, leichteste Impulse. Damit passt man sich optimal der jeweiligen Längsbiegung des Pferdes an. Ansonsten lassen Sie Ihr Bein leicht anliegen, während das gegenüberliegende absolut passiv und locker bleibt. Sie führen die Übung nur im Schritt an der Bande und später im ruhigen Trab aus. Dadurch, dass Ihre Hand am Hals anliegt, wird der Gebiss- oder Zäumungskontakt synchronisiert. Ihre Hand übernimmt den Bewegungsrhythmus des Pferdehalses und die Maul-einwirkungen werden vom Pferd nicht mehr als störend empfunden. Der Kontakt wird behutsam hergestellt und mit nur minimalem Kontaktdruck gehalten. Nach anfänglichen Gegenreaktionen oder steifem Gegendrücken findet das Pferd heraus, dass es sich an das Gebiss auf der Seite, auf der Sie den Kontakt hergestellt haben, „anlehnen“ kann. Da es sich aber nur um Kontakt des Gebisses auf einer Maulseite handelt, ist es ihm nicht möglich, sich auf den einseitigen Kontakt zu stützen. Es lernt, sich ohne Verspannungen auf der gegenüberliegenden, äußeren Körperseite in Rumpf und Halsmuskulatur zu dehnen und zu entspannen. Bei dieser Form der Anlehnung kann sich ein Pferd nicht am Gebiss abstützen, es entsteht eine weiche Verbindung.

Mit dieser Übung ist es mir in meinen Kursen in kürzester Zeit gelungen, Pferde mit ausgeprägten Verspannungen und Blockaden locker werden zu lassen und den Reiterinnen und Reitern ein neues Bewusstsein für die Zügeleinwirkungen und den Begriff Anlehnung sowie eine ruhige Handhaltung zu vermitteln.

***Reagiert das Pferd am passiven, anstehenden Zügel mit Nachgiebigkeit in Genick und Unterkiefergelenk, so muss der Reiter sofort reagieren...***

***... und die Hand wieder öffnen und den Zügel langsam durchgleiten lassen. So wird die Halsmuskulatur nach vorwärts-abwärts optimal gedehnt.***

Besonders auf Pferden, deren Trab man noch nicht weich aussitzen kann und bei denen deshalb das Leichttraben angesagt ist, können Sie Ihre Hände auf diese Weise „ruhigstellen", was dem Pferd seine Arbeit sehr erleichtert.

Ihr Pferd findet zudem sehr schnell heraus, dass es sich an einen der Zügel und später auch einen der Schenkel herandehnen kann, ohne in die „Zange" genommen zu werden. Entspannung und Willigkeit fallen dem passiv wirkenden Reiter wie von selbst zu, eine besondere, richtungsweisende und prägende Erfahrung für alle Reiterinnen und Reiter, die diesen Zustand bisher durch aktive Einwirkungen beim Pferd erreichen wollten, aber ohne damit den gewünschten Erfolg zu haben.

Unter Anleitung eines kompetenten Ausbilders gelingt das am besten. Er kann Hilfestellung in Bezug auf das Timing und die Dosierung der Hilfen vorgeben, in dem das Pferd für seine beginnende Nachgiebigkeit und Bereitschaft zur Entspannung jeweils mit dem durchgleitenden Zügel belohnt wird. Haben sich bei Pferd und Reiter dann erst einmal die gewünschten „Aha-Erlebnisse" eingestellt, so kann die Übung selbstständig weiter durchgeführt werden.

*Manche Pferde haben das Vertrauen in die Reiterhand verloren und stoßen den Kopf plötzlich nach vorn, um dem Reiter den Zügel aus der Hand zu ziehen. Dieses Verhalten kann man korrigieren, wenn man den Zügel in Etappen nachgibt. Es empfiehlt sich, die Hand etwas zu drehen und eine leicht Verbindung zu halten, während der Zügel vorgleitet.*

*Versucht das Pferd, wie hier zu sehen, den Zügel mit dem Maul nach vorn wegzuziehen, so schliesst man die Hand sofort und legt sie kurzzeitig am Hals an. Erst wenn das Pferd nicht mehr mit dem Maul auf den Zügel „drückt", bietet man ihm eine weitere Streckung nach vorn an. Dieses Nachgeben in Intervallen wiederholt man.*

*Erst wenn das Pferd den Hals ganz gestreckt hat, öffnet man die Hand komplett, gibt den Zügel vollständig hin und lässt es in dieser Haltung entspannen. Diese Übung muss auf beiden Seiten abwechselnd wiederholt werden. Bei den meisten Pferden zeigt sie schon nach kurzer Zeit sehr gute Erfolge. Sie dehnen sich dann wieder gleichmäßig und gefühlvoll an den nachgebenden Zügel, ohne ihn wegzuziehen.*

ÜBUNG

**Ein-Zügel-ein-Schenkel-Übung**

- Schritt auf dem Hufschlag;
- lange Zügel locker in einer Hand;
- die freie Hand gleitet am Zügel herunter;
- sie stellt durch sehr leichten Druck mit der flachen Hand Kontakt zum Maulwinkel des Pferdes her;
- der gleichseitige Schenkel nimmt weichen, passiven Kontakt zur Pferdeseite auf und gibt minimale, massierende Impulse mit der Wade immer dann, wenn das gegenüberliegende Vorderbein vorgreift;
- die Hand wird nun weich geschlossen und an den Hals kurz unterhalb des Mähnenkamms angelegt;
- der Kontakt zur Maulseite wird passiv aufrechterhalten, bis das Pferd eine leichte Längsbiegung im Hals anbietet, sich im Genick entspannt und eventuell das Unterkiefergelenk lockert;
- der zweite Zügel bleibt passiv locker und ohne Kontakt, es sei denn, das Pferd bietet eine übermäßige seitliche Biegung an, dann wird mit minimalem Kontakt die seitliche Biegung begrenzt;
- sobald sich eine oder mehrere der nachgiebigen Reaktionen einstellen (seitliche Halsbiegung, entspannte Nachgiebigkeit im Genick oder bewegliches, lockeres Unterkiefergelenk) wird der Kontakt zum Maul durch den nachgebenden Zügel sofort aufgegeben;
- durch Wiederholung entspannt sich das Pferd immer schneller am Kontaktzügel, hält entspannt für mehrere Schritte weichen Kontakt zum Gebiss und dehnt sich vorwärts-abwärts, wenn der Zügel hingegeben wird.

## *Der Blumenstraußgriff*

Eine Folgeübung ist der von mir so bezeichnete Blumenstraußgriff. Er wird so genannt, weil die Zügelenden beider Trensenzügel eine Schlaufe bilden und ähnlich wie ein Blumenstrauß in einer Hand gehalten werden. Die andere freie Hand schließt sich um die Zügel, gleitet an ihnen hinunter und wird fest geschlossen auf dem Mähnenkamm fixiert. Dort soll sie dann ruhig und passiv aufliegen. Durch diese Fixierung der Hand auf dem Hals wird sie in ihrem Bewegungsrhythmus vom Körper des Reiters getrennt. Dies ist wichtig, da viele Reiter noch keine „unabhängige Zügelführung" beherrschen. Jede Bewegung des Oberkörpers setzt sich bei ihnen durch Arme und Hände fort und wird durch die Zügel auf das Gebiss übertragen. Das führt zu vielfältigen Irritationen und Störungen im Maul des Pferdes und entsprechendem Vertrauensverlust dem Gebiss gegenüber. Den Reitern ist das meistens nicht bewusst. Das zeigt sich stets ganz deutlich, wenn im Rahmen von Kursen Videoaufzeichnungen gemacht werden und die Reiter sich mit unruhigen, störenden Handeinwirkungen zum ersten Mal selbst sehen. Der Sinn dieser Übung, die sonst zunächst oft auf Unverständnis oder Kritik stößt, wird so sehr viel schneller verstanden.

### Probleme erkennen und lösen

Der Reiter wird sich bei dieser Übung seiner Handaktivitäten erstmalig wirklich bewusst. Er lernt, seine Hand bewusst ruhig und ohne zu ziehen oder rückwärts einzuwirken zu platzieren. Er lernt, Schulter-, Ellbogen- und Handgelenke locker und beweglich zu lassen, um die unterschiedlichen Bewegungen von Hand und Körper zu kompensieren. Durch die auf den Hals aufgesetzte Hand wird der Rhythmus des

*Die The Gentle Touch-Methode basiert auf dem Prinzip der „offenen Hand". Das bedeutet, dass Zügelhilfen stets gefühlvoll mit flexiblen und nachgiebigen Händen geführt werden, nicht mit fest um die Zügel geschlossenen, ziehenden Fäusten. Um das zu üben, werden die Zügel mittig in einer Hand gehalten (Bild 1), die freie Hand nimmt dann gefühlvoll Kontakt zum Pferdemaul auf (Bild 2).*

*Viele Reiter ziehen unbewusst an den Zügeln, auch wenn sie sich um eine nachgiebige Zügelführung bemühen. Legt man die weich geschlossene Hand, die sich jederzeit dosiert öffnen kann, an den Hals des Pferdes an, so übernimmt sie den Rhythmus des Pferdekopfes und stört nicht mehr (Bild 3). Der Reiter verliert so nach und nach die Neigung zum Ziehen (Bild 4).*

Halses in die Hand übertragen. Somit wird die Zügel/Gebisseinwirkung mit der Nickbewegung des Pferdekopfes synchronisiert. Störungen durch das Gebiss bleiben aus und das Pferd kann sich am Gebisskontakt entspannen. Es lernt, sich im Genick loszulassen, obwohl auf beiden Maulwinkeln durch das Gebiss Druckkontakte entstehen. Versucht es, aus alter Gewohnheit das Gebiss wegzustoßen oder sich darauf zu stützen, so verstärkt es selbst den Druck, entspannt es dass Genick und die Halsmuskeln und gibt nach, so belohnt es sich selbst durch die Verringerung des Gebissdrucks.

Haben Reiter und Pferd diese Erfahrungen verinnerlicht, so wird die Hand wieder vom Hals gelöst. Die Übung wird anfänglich nur im Schritt geritten, erst wenn das Pferd und der Reiter lockerer geworden sind und mehr Gefühl für eine weichere Verbindung entwickelt haben, wird sie auch im Trab ausgeführt.

Als Ergebnis ist der Reiter in der Lage, eine weiche, störungsfreie Verbindung herzustellen und das Pferd bleibt aus Vertrauen in diese Tatsache locker und unverkrampft in Genick, Unterkiefer und Halsmuskulatur. Der Blumenstraußgriff hat eine Schlüsselfunktion und ist damit eine sehr wichtige Hilfsübung. Er leistet einen wesentlichen Beitrag für die Vertrauensbildung des Pferdes gegenüber den Gebisseinwirkungen und hilft dem Reiter, das Körperbewusstsein und das Körpergefühl für eine feine Zügelführung zu entwickeln. Ähnliche Zügelhaltungen findet man übrigens sowohl in der ursprünglichen kalifornischen Vaquero-Reitweise wie in der Kampagnereitweise und der traditionellen militärischen Gebrauchsreiterei. Doch das weiß heute kaum noch jemand.

Anfänglich kann es bei dieser Art des Gebisskontaktes etwas dauern, bis ein Pferd zum ersten Mal fühlbar seine Halsmuskeln entspannt.

Sind die Vorübungen solide erarbeitet, so fühlt man, wie es mit dem Maul weniger auf das Gebiss drückt. Sobald das geschieht, lässt man die Zügel auf beiden Seiten sofort durch die Hand gleiten. Dadurch kann das Pferd sich nach vorwärts-abwärts im Hals strecken und die entsprechenden Muskeln dehnen. Danach werden die Zügel gleichmäßig durch die aufgelegte, zur weichen Faust gerundete Hand verkürzt.

Sobald das Pferd in einer Kopfhaltung kurz vor der senkrechten Nasenlinie ist, wird die ruhig aufgesetzte Hand geschlossen. Entspannt es sich am Gebiss erneut, so werden die Zügel wieder hingegeben.

Durch diese Wiederholung wird es für das Pferd selbstverständlich, das Gebiss mit weichem Kontakt anzunehmen, sich zu entspannen und nach vorwärts-abwärts zu dehnen. Dem Reiter hilft diese Übung, eine passiv-verhaltende Zügeleinwirkung zu verinnerlichen. Gleichzeitig entwickelt er ein besseres Balancegefühl dadurch, dass er sich automatisch zentriert. Er beginnt, mehr Bewusstsein für seine vertikale Körperachse zu entwickeln und stört das Pferd weniger im lateralen (seitlichen) Gleichgewicht.

ÜBUNG

**Blumenstraußgriff**

- Die Übung wird im Schritt auf dem Hufschlag geritten;
- Zügel mittig abgelängt in einer Hand halten;
- mit der freien Hand an den Zügeln zum Mähnenkamm gleiten;
- zu einer weichen gerundeten Hand schließen und dort aufsetzen;
- die Zügel durch die aufgesetzte Hand ziehen, bis ein Kontakt zu beiden Maulwinkeln hergestellt ist;
- die aufgesetzte Hand als Klammer um die Zügel zur Faust schließen;
- dort liegen lassen, ohne den Kontakt zum Mähnenkamm aufzugeben oder rückwärts zu wirken;
- sobald das Pferd sich am Gebiss entspannt, die aufgesetzte Faust öffnen und die Zügel durchgleiten lassen.

Ergebnis: Das Pferd dehnt sich bereitwillig nach vorwärts-abwärts.

*Der Blumenstrauß-Griff bringt viele Lerneffekte. Der Reiter lernt, sich zu zentrieren und nicht zu ziehen. Das Pferd lernt, den Druck auf beiden Maulwinkeln zu akzeptieren, ohne sich zu verspannen.*

*Durch die auf den Hals aufgesetzte Hand wird sein Rhythmus auf die Reiterhand übertragen. Somit wird die Zügel- bzw. Gebisseinwirkung mit der Nickbewegung des Pferdekopfes synchronisiert.*

*Die Zügellänge kann beim Blumenstraußgriff problemlos flexibel angepasst werden. Dazu kann der Reiter die aufgelegte Hand öffnen und die Zügelschlaufe annehmen oder nachgeben, je nach Bedarf. Durch Öffnen oder Schließen der Hand mit einzelnen Fingern nacheinander wird eine fein abgestufte Druckregulierung mit dem Gebiss möglich. Sie ist dem Pferd angenehm und lässt es sehr schnell entspannen.*

*Versucht es, sich im Hals zu versteifen oder den Zügel nach vorn zu stoßen, wird die Hand komplett geschlossen. Es entsteht kurzzeitig eine passive Gebissbegrenzung nach vorn, ohne dass man Muskelkraft einsetzen muss oder ins Ziehen gerät. Das Pferd steigert nun selbstständig den Gebissdruck (Diskomfortzone) durch Gegendrücken oder es reduziert ihn (Komfortzone) durch Entspannung von Genick und Unterkiefergelenk. Es erzieht sich selbst zum richtigen Verhalten und lernt, von sich aus eine weiche Verbindung am Gebiss zu suchen.*

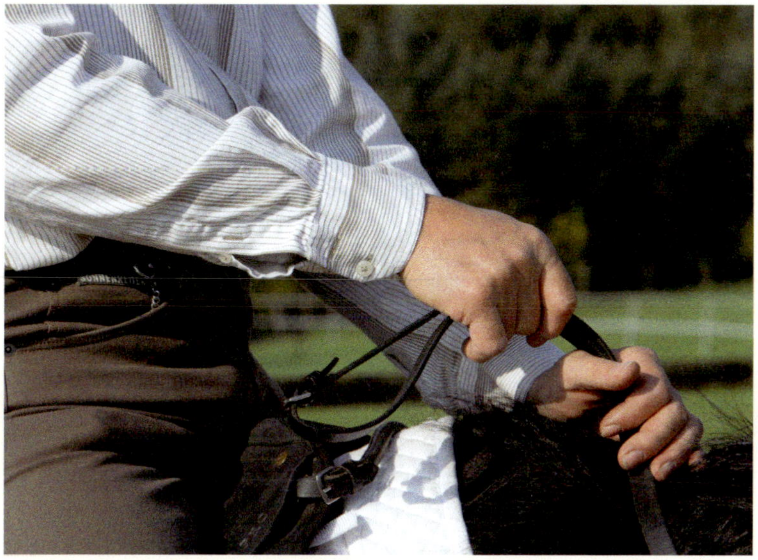

*Das Pferd lernt, sich im Genick loszulassen, obwohl auf beiden Maulwinkeln durch das Gebiss Druckkontakte entstehen. Reagiert es weich und nachgiebig, belohnt man, indem man die Hand öffnet und beide Zügel vorgleiten lässt, damit es den Hals nach vorwärts-abwärts dehnen kann. Diese Hilfsübung wird anfänglich nur im Schritt und immer nur kurz ausgeführt. Werden Pferd und Reiter lockerer, kann sie auch im Trab und über etwas längere Zeiträume geübt werden.*

## *Taktmäßige Einwirkungen*

Auch die auf den Bewegungstakt abgestimmten Schenkeleinwirkungen in Form von weichen Wadenimpulsen erlernen Sie nahezu spielerisch. Es wird Ihnen gelingen, nicht nur die einzelnen Bewegungsphasen der Pferdebeine, ohne hinzuschauen, zu bestimmen, Sie werden auch innerhalb einer Trainingseinheit lernen, im entsprechenden Rhythmus Schenkelimpulse genau auf die Schwebephase einzelner Beine abgestimmt zu geben. Wenn ich in Kursen Reitern, die schon viele Jahre reiten, diese Aufgabe stelle, dann bekomme ich sehr häufig zur Antwort: „Das lernen wir nie!" Umso größer ist die Verblüffung, wenn Sie dann unter Anleitung innerhalb einer Stunde dieses Ziel erreichen und in jedem Fall im Schritt, manchmal auch schon im Trab, selbstständig solch abgestimmte Schenkelimpulse geben. Diese Fähigkeit ist eine der wichtigsten Voraussetzungen für eine störungsfreie, dem Pferd verständliche Hilfengebung. Durch sie wird einfühlsames Reiten mit leichten Hilfen erst möglich.

*Die Reiterin gibt der rechten Seite einen Schenkeldruck, um das Pferd zu mehr Aktivität mit dem rechten Hinterbein zu animieren. Da es auf diesem Bein stützt, kann es nicht reagieren, sondern muss die Hilfe ignorieren.*

*Wird der Schenkeldruck, wie hier gezeigt, im falschen Moment erhöht, verspannt sich das Pferd. Es drückt den Unterhals heraus, den Rücken weg und die Hinterbeine bewegen sich schwunglos.*

*Hat ein Reiter gelernt, die Schenkelhilfen auf die Schwebephase des inneren Hinterbeines abzustimmen, so genügt ein minimaler Schenkelimpuls, hier sogar im Leichttraben, um das Pferd zu motivieren, das Hinterbein besser zu winkeln und weiter unterzusetzen.*

ÜBUNG

**Taktmäßige Schenkelimpulse**
Reiten Sie auf dem Hufschlag oder Zirkel. Beginnen Sie im Schritt damit, an der „äußeren" Schulter des Pferdes herunterzusehen. Sagen Sie laut „jetzt, jetzt, ...", jedes Mal, wenn Ihr Pferd das äußere Vorderbein vorsetzt. Einen Moment später setzt es das diagonal gegenüberliegende, innere Hinterbein vor. Sagen Sie den Takt weiter an, ohne hinzuschauen, und prägen Sie sich das Sitzgefühl ein.

Nun versuchen Sie den Takt anzusagen, ohne hinunterzuschauen. Prüfen Sie nach einigen Schritten, ob Sie den richtigen Moment treffen. Wenn nicht, wiederholen Sie die Vorübung, um es danach noch einmal zu versuchen.

Wenn Sie den Takt in beiden Richtungen meistens treffen, ohne hinzuschauen, sagen Sie Ihr „jetzt" nicht mehr laut, sondern denken es nur noch. Im gleichen Rhythmus und Moment geben Sie mit dem gleichseitigen Schenkel leicht von hinten nach vorn streifende Impulse. Wichtig: der Kontakt zum Pferdekörper wird über die Wade hergestellt, nicht mit der Hacke! Eine Drehbewegung aus dem Kniegelenk, bei der die Zehenspitzen sich etwas nach außen vom Pferdekörper wegdrehen, genügt. Sie geben jetzt in der Schwebephase des inneren Hinterbeines mit dem inneren Schenkel eine vortreibende Hilfe. Diese Einwirkung darf nicht in mechanisches Drücken ausarten. Es soll die Impulsion, den Schwung des Pferdes, fördern, zum Fleiß anregen und mehr Engagement wecken. Diese Schenkelimpulse haben mit der Zeit den Effekt, dass Ihr Pferd dieses Bein etwas akzentuierter anhebt und die Tritte verlängert. Besonders beim Durchreiten der Ecken können Sie das deutlich herausarbeiten, dann

schwingt das innere Hinterbein bei entsprechender Körperbiegung des Pferdes deutlich weiter unter den Körpermittelpunkt. Später wird das Pferd durch diese Impulse auch motiviert werden können, sich in den Stützphasen deutlich energischer abzudrücken.

Diese leicht vortreibend motivierenden Schenkelimpulse mit den Waden werden auf der jeweils zur Biegung inneren Seite eines Pferdes akzentuiert eingesetzt. Dabei bleibt ein passiver Kontakt zur inneren Maulseite erhalten und mit dem äußeren Zügel wird in Richtung Maul im Rhythmus der Schrittbewegung leicht nachgegeben. So ist es dem Pferd möglich, auf der äußeren Körperseite seine Muskulatur zu dehnen und es fühlt sich nicht eingeengt. Durch diese Hilfengebung wird insgesamt die Hinterbeinaktivität des Pferdes gefördert. Die Reaktion fällt ihm leicht und es ist nicht anstrengend. Es wird fleißiger und als Folge in späteren Übungen versammlungsfähiger. Diese Übung wird im Wechsel auf beiden Händen durchgeführt.

## *Die Schiffschaukel-Übung*

Auch das fein abgestimmte Zusammenwirken von ruhigem Maulkontakt mit der Zäumung und aktiven Schenkelimpulsen lässt sich mit den richtigen Hilfsübungen, die alle auf dem Grundsatz Langsam – Wenig – Richtig beruhen, verblüffend leicht erarbeiten. Eine dieser Übungen ist die Schiffschaukel-Übung zur Abstimmung von verhaltenden und aktivierenden Hilfen. Sie ist eine bewährte, traditionelle Übung. Die Übung sollte zunächst im Blumenstraußgriff geübt werden, damit die Möglichkeit, am Zügel rückwärts zu ziehen, ausgeschlossen ist. Reiter, die mit unabhängiger Hand reiten, sollten sie mit beidhändiger Zügelführung ausführen. Bei den ersten Übungsversuchen wird es zu kleinen Taktstörungen, Versteifungen oder Irritationen kommen. Lassen Sie sich dadurch nicht irritieren. Das Pferd wird nach und nach den Hilfen folgen, die es dann im Zusammenspiel immer besser versteht.
Mit ruhigem, gleichmäßigem Zügelkontakt beginnt man im Schritt auf dem Hufschlag und hält die Zügel in weich geschlossenen Händen. Um ein besseres Gefühl zu entwickeln, kann man sich vorstellen, man möchte ein Vögelchen festhalten, ohne es zu zerquetschen (dieses treffende Bild wurde von Sally Swift in ihrem Buch „Reiten aus der Körpermitte“ geprägt). Ohne rückwärts zu ziehen, steigert man den Kontaktdruck über die Zügel minimal mit wechselseitigen Impulsen in der Absicht, anzuhalten. Man schließt dazu die Hände vermehrt zu einer weichen Faust, so, als wollte man einen Schwamm kräftig ausdrücken. Dazu werden wechselseitig jeweils in der Schwebephase des vortretenden Hinterbeins leichte, vortreibende Schenkelimpulse gegeben. Es kann sein, dass das Pferd anfänglich etwas verwirrt ist. Schließlich fordert man es mit dem Gebiss auf, langsamer zu werden während es mit den Schenkeln zu mehr Vortritt mit den Hinterbeinen angeregt wird. Doch es erinnert sich an die Bodenarbeit, es kennt die Signale grundsätzlich und die Übung Anhalten, Rückwärts, Vorwärts ist ihm vertraut. Wenn man nun mit der Stimme noch „Hoooo“ sagt und einfühlsam und abgestimmt einwirkt, wird es anhalten. Nun gibt man kurz mit Hand und Schenkel zur Belohnung nach.
Danach nimmt man den Kontakt wieder auf und beginnt das Zusammenspiel der Zügel und Schenkelhilfen erneut, wobei die Zügeleinwirkungen etwas stärker wirken sollen als die der Schenkel. Man muss darauf achten, dabei im Sitz locker zu bleiben. Man darf jetzt nichts erzwingen. Die Einwirkungen werden ruhig und gleichbleibend gegeben und eventuell mit dem Stimmsignal für „Rückwärts“ verbunden. Das Pferd erinnert sich daran aus der Bodenarbeit und wird die ersten Schritte rückwärts ausführen. Man gibt dann sofort nach, lobt das Pferd und lässt es verharren.
Nun nimmt man wieder Kontakt mit Gebiss und Schenkel auf und beginnt diesmal mit etwas mehr Schenkeleinwirkung. Das Pferd soll vortreten. Anfänglich gibt man mit der Hand noch etwas nach. Mit der Zeit bleibt ein weicher Kontakt bestehen und das Pferd soll mit lockerem Maul, nachgiebigem Genick und aktiver Hinterhand ohne Verzögerung vortreten.

### Autodidaktisches Lernen

Möchten Sie diese Übung ohne Anleitung durch einen kompetenten Trainer versuchen, so beachten Sie bitte, dass die Vorübungen zunächst erarbeitet sein sollten. Wiederholen Sie diese Übungen regelmäßig. Achten Sie dann vermehrt durch entsprechend dosierte begrenzende oder zum Weichen veranlassende Einwirkungen darauf, dass Ihr Pferd gerade anhält und rückwärts geht. Achten Sie darauf, dass es beim Rückwärts taktmäßig die Beine setzt und sich unverkrampft und flüssig bewegt. Wenn es mal „hakt“, so ist das anfänglich normal. Versuchen Sie nie, mit mehr Kraft das Problem zu lösen, sondern werden Sie fein mit den Hilfen, halten eventuell an und „sortieren“ sich erst einmal bevor Sie es erneut versuchen. Je freundlicher, behutsamer und gelassener Sie vorgehen, desto schneller wird Ihr Pferd zu einer gut koordinierten, weichen Bewegungsform finden.

*In der Schiffschaukel-Übung soll das Pferd mit aktiv untertretenden Hinterbeinen zum Halt kommen.*

*Das abgestimmte Zusammenspiel der aktiveren Schenkeleinwirkungen und der passivere Zügel sind hierbei besonders wichtig.*

*Wird die Übung richtig ausgeführt, so übernimmt das Pferd im taktmäßigen Rückwärts deutlich Last mit der Hinterhand.*

*Vom Rückwärts wird es mit „vortreibenden" Wadenimpulsen aufgefordert, am anstehendem Zügel vorwärts zu gehen.*

*Einige Schritte soll es nun noch mit vermehrter Körperspannung gehen, dann verlängert man den Zügel langsam.*

*Die Entspannungphase am langen Zügel als Belohnung muss der Anspannungsphase folgen, um das Pferd motiviert zu halten.*

ÜBUNG

**Schiffschaukel-Übung**

Die Übung wird im Schritt geritten

- die Zügel werden mit weichem, passivem Maulkontakt geführt;
- mit der Hand wird der Zügelkontakt wechselwirkend sanft in Form von Gebissimpulsen gesteigert;
- dazu gibt man wechselseitig jeweils in der Schwebephase des vortretenden Hinterbeins leichte vortreibende Schenkelimpulse, bis das Pferd anhält;
- falls das Pferd nicht versteht, mit der Stimmhilfe zum Anhalten die Aufforderung verdeutlichen;
- sobald es anhält wird man mit Schenkeln und Zügeln passiv;
- man nimmt den Kontakt wieder auf und beginnt das Zusammenspiel der Zügel und Schenkelhilfen erneut vorsichtig, die Zügeleinwirkungen sind etwas deutlicher;
- man gibt zusätzlich ein verbales Signal für „Rückwärts";
- sobald das Pferd beginnt, sich rückwärts zu bewegen, werden die Zügel- und Schenkeleinwirkungen am Anfang sofort passiv, selbst wenn es nur einen Tritt rückwärts ausgeführt hat, später begleiten sie wechselwirkend die einzelnen Tritte;
- man lässt das Pferd kurz zur Belohnung verharren;
- man nimmt wieder Kontakt mit Gebiss und Schenkel auf und beginnt diesmal mit etwas mehr Schenkeleinwirkung;
- das Pferd soll weich und geregelt mit nachgiebigem Genick und aktiver Hinterhand vortreten, man hilft ihm dabei akustisch durch entsprechend motivierendes Schnalzen und gibt mit den Zügeln entsprechend nach, um das Vortreten zu erleichtern;
- durch Wiederholung dieser Übung wird das Pferd immer lockerer, koordinierter, ausbalancierter und williger auf das Wechselspiel der Hilfen reagieren.

## *Regelmäßigkeit und Gefühl*

Infolge der Hilfsübungen werden Ihre Einwirkungen für das Pferd, vielleicht erstmalig, eine klare Regelmäßigkeit bekommen. Und da sie zunächst den Charakter von freundlichen, sanften Berührungs- und Kontaktpflegeübungen haben, entwickelt es immer mehr Vertrauen gegenüber Ihren Aktivitäten und durch die Wiederholung beginnt es die Bedeutung der Kontakte, Signale und Druckveränderungen nach und nach immer besser zu verstehen. Ihr Pferd wird sich entspannen. Es wird nicht mehr versuchen, sich vor den Druckeinwirkungen, die es im Maul, in der Sattellage und an den Körperseiten fühlt, zu schützen, sie zu ignorieren oder sich dagegen zu wehren. Wird dieses Programm konsequent umgesetzt, so stellen sich selbst bei extrem verrittenen, verkrampften Pferden, die dann häufig als „hartmäulig" oder „am Schenkel abgestumpft" bezeichnet werden, deutliche Verbesserungen in relativ kurzer Zeit ein. Und Sie selbst werden nach und nach durch diese Übung lernen, Ihre Hände wirklich unabhängig von den restlichen Körperbewegungen einzusetzen und so die Voraussetzungen und das Gefühl für eine weiche Zügelverbindung entwickeln.

Doch nicht nur die aus der Zäumungseinwirkung resultierende Problematik stellt für die meisten Freizeitreiter eine häufig kaum zu überwindende Hürde dar. Ein anderer, verbreitet anzutreffender Stressfaktor zwischen Pferd und Reiter ist nach meiner Erfahrung der Rücken des Pferdes und der des Reiters.

Bei Übungen, für die ein hohes Maß an Konzentration und Körperanspannung nötig ist, neigen Reiter und Pferd dazu, sich zu verspannen. Es ist deshalb für beide wichtig, nach Phasen der Anspannung eine kurze Entspannungsphase folgen zu lassen.

Leichttraben am langen Zügel ist am besten geeignet, um eine optimale Entspannung besonders der Rückenmuskulatur des Pferdes zu erreichen.
Da der Rücken auch das „Bewegungszentrum" ist, ist dessen Lockerheit besonders wichtig.

## Viele Probleme beginnen im Rücken

Die Rückenmuskulatur des Pferdes kann auch als das Bewegungszentrum bezeichnet werden. Kommt es teilweise zu Verspannungen im Bereich der Rückenmuskulatur, strahlt das sofort negativ auf den restlichen Körper aus und führt auch dort zu Verspannungen, Steifheiten und Bewegungsblockaden. Eine häufige andere Ursache für Verkrampfungen der Rückenmuskulatur sind Störungen im Maul. Die Folgen sind wiederum vielfältigste Verspannungen und daraus resultierende, unregelmäßige oder harte Gänge. Als Folge dieses Bewegungsverhaltens verkrampft sich der Reiter ebenfalls. Auch der Versuch, bewusst gerade zu sitzen oder mit dem Sitz aktiv zu treiben, führt beim Reiter zu weiteren Verspannungen.

Der berüchtigte Teufelskreis, verspanntes Pferd – verspannter Reiter oder umgekehrt, setzt dann ein. Reiter, die an den Zügeln ziehen, werden von den Schultern aus fest, was sich sehr schnell auf den Rücken und damit auf alle Muskeln überträgt. Zeitweiliger Balanceverlust oder Furcht vor plötzlichen Bewegungsreaktionen eines Pferdes lassen Reiter ebenso automatisch im Rücken verkrampfen. Solche reiterlichen Verspannungen machen es ihnen dann unmöglich, weich mit den Bewegungen des Pferdes mitzuschwingen.

Mit anderen Worten, alle reiterlichen Steifheiten und Verspannungen wirken sich über den Sitz besonders negativ auf das Pferd aus und es verkrampft seinen Rücken automatisch. Auch die mentalen Folgen dürfen in dieser

*Lockerheit von Pferd und Reiter lässt sich vor allem erreichen und erhalten, wenn man nicht versucht, eine „richtige" oder „lockere" Haltung zu erzwingen. Passiv-angepasst sollte man mit dem Bewegungsfluss des Pferdes mitschwingen oder, wenn das noch nicht gelingt, lieber leichttraben.*

Situation nicht unterschätzt werden. Steifheit geht stets mit Balanceverlust beim Reiter einher. Das führt zur unterschwelligen oder bewussten Furcht vor einem Sturz. Bei Erwachsenen ist das besonders ausgeprägt, darf aber auch bei Kindern und Jugendlichen nicht unterschätzt werden. Dieser Gemütszustand des Reiters oder der Reiterin wird von jedem Pferd erspürt und überträgt sich. Verunsicherung, Ängstlichkeit und natürlich „Verselbstständigung" des Pferdes sind die Folge. Der Reiter realisiert den Kontrollverlust und wird noch ängstlicher und dadurch auch verkrampfter. Wieder ist ein negativer Kreislauf entstanden, aus dem dann ohne einfühlsame und methodische Anleitung immer schlechter herauszufinden ist.

## Entspannt und balanciert reiten lernen

Es ist verblüffend, wie viele Menschen über viele Jahre, manchmal Jahrzehnte, reiten und diesen Zustand nie ablegen, sondern nur teilweise verdrängen konnten. Hier ist es besonders wichtig, über Hilfsübungen eine „Brücke" zu bauen und Selbstvertrauen und Lockerheit wiederherzustellen. Für die Pferde solcher Reiter gilt das dann ebenso. Ein Pferd, das sich in Folge störender Einwirkungen oder unter einem ängstlichen Reiter verkrampft, ist ein Pferd, das unregelmäßig läuft, schreckhaft reagiert, zum Davoneilen neigt oder möglicherweise sogar versucht, seinen Reiter abzuwerfen. Selbst wenn es das nicht tut, so wird es die Bewegungsstöße nicht mehr weich mit elastischen Muskeln abfedern können, sondern mit seinem Skelett und seinen Sehnen und Bändern abfangen müssen.

Was das bedeutet, können Sie selbst am eigenen Körper ausprobieren. Stellen Sie sich auf einen Stuhl und springen Sie herunter. Wenn Sie am Boden aufkommen, federn Sie mit elastischer Muskulatur in den Beingelenken durch. Nun wiederholen Sie den Vorgang, aber Sie machen sich nun in den Gelenken steif und spannen die Muskeln an. Vorsicht, Sie werden ordentliche Stöße in Wirbelsäule und Beinen spüren. So geht es einem Pferd, das mit festem Rücken und verkrampften Beinmuskeln im Trab und Galopp geritten wird.

Damit Sie lernen, im Trab weicher mitzuschwingen und einzusitzen, üben Sie den steten Wechsel zwischen dem Leichttraben, dem Schwebe- oder leichten Sitz und dem Aussitzen immer einige Schritte. Ihre Haltung bestimmt, wie Sie mit den Händen einwirken und Ihre Hände bestimmen, wie Ihr Pferd Sie sitzen lässt.

*Ruhige und entspannte Ausritte können für Pferd und Reiter erholsam sein. Sie bilden eine sinnvolle Abwechslung zur Arbeit in der Reitbahn und zum Training. Auch im Gelände kann man während eines Ausrittes einige sinnvolle Übungen reiten, um die Lockerheit und Zwanglosigkeit bei Reiter und Pferd zu verbessern.*

## *Balance und Losgelassenheit beim Reiter*

Um die Balance und Losgelassenheit sowie das Rhythmusgefühl bei Reitern zu verbessern, hat sich unter anderem die folgende Übung bewährt. Sie lässt sich am besten auf einem großen Zirkel üben.

### Balanceübung

Reiten Sie Ihr Pferd im ruhigen Schritt mit weichem Zügelkontakt. Ihre Schenkel fühlen den Pferdekörper, ohne zu drücken. Ihre Hände legen Sie als lockere, weiche Fäuste am Mähnenkamm am Hals vor dem Widerrist an. Bilden Sie dabei eine Zügelbrücke. Stellen Sie sich vor, mit den Knöcheln Ihrer Finger einen Gegenstand am Hals dort so zu fixieren, dass er weder herunterfällt noch zerdrückt würde. Sie können sich übungshalber zwei Tennisbälle nehmen und die Übung damit konkreter gestalten. Traben Sie Ihr Pferd an, indem Sie mit dem inneren Schenkel im Bereich der Waden von hinten nach vorn streifende Impulse immer dann geben, wenn das innere Hinterbein vortritt. Das haben Sie schon in der Übung „Taktmäßige Einwirkungen“ (Seite 144f.) gelernt. Sie drehen Ihren Un-

**INFO**

**Entspannen im Gelände**
Die Balance des Reiters geht Hand in Hand mit seiner Losgelassenheit.
Viele Menschen reiten bereits seit vielen Jahren und sind im Sattel immer noch verspannt und blockiert.
Mit sinnvollen Übungen in der Reitbahn kann man gezielt darauf hinarbeiten, die Balancehaltung eines Reiters zu verbessern. Es hat sich aber auch gezeigt, dass ruhige Ausritte auf einem zuverlässigen Pferd die Natürlichkeit und Lockerheit bei Reitern besonders fördern.
Voraussetzung dafür ist, dass die Ausritte abwechslungsreich gestaltet werden: Tempo- und Gangartenwechsel, Volten und Richtungsänderungen, Leichter Sitz und ausgesessenes Reiten können auch im Gelände in kurzen Reprisen eingebaut werden, um die Balancehaltung des Reiters zu verbessern. Den meisten Pferden ist diese Form der Abwechslung und Entspannung angenehm.

terschenkel so, dass die Zehenspitze zeitweilig vom Pferdekörper nach außen wandert. Diese vortreibenden Hilfen können Sie mit einem Schnalzen begleiten, um das Pferd zusätzlich zu animieren. Wenn Ihr Pferd im ruhigen Trab auf der Zirkellinie läuft, senken Sie sehr viel Gewicht in Ihre Fußgelenke und beginnen mit dem Leichttraben. Sie werden merken, dass es nicht einfach ist, die Hände ruhig zu halten und dennoch im Rhythmus der Pferdebewegung im Sattel aufzustehen und wieder zu sitzen. Üben Sie den Wechsel von Leichttraben und kurzzeitigem Aussitzen auf beiden Händen.

Gelingt das immer besser, so können Sie zwischen Leichttraben und Aussitzen einen Schwebesitz (leichten Sitz) versuchen. Dabei ruht Ihr ganzes Körpergewicht nur noch in den Steigbügeln und etwas auf den Oberschenkeln. Mit dem Gesäß schweben Sie über dem Sattel, ohne ihn zu berühren. Sie werden hin und wieder die Balance verlieren und sich mit den Händen mehr abstützen, als Sie eigentlich sollten. Achten Sie dabei aber unbedingt darauf, sich niemals an den Zügeln festhaltend zu stabilisieren. Haben Sie größere Probleme damit, so können Sie sich am Halteriemen Ihres Sattels festhalten. Beim Westernsattel können Sie sich unter dem Sattelpad mit einem Finger einhaken.

Das Ziel dieser Übungen mit stetem Wechsel zwischen den drei Positionen ist, Ihr Balancegefühl nach und nach zu verbessern, bis Sie sich nicht mehr verspannen oder mit klemmendem Schenkel oder Zug am Zügel stabilisieren müssen. Sie entwickeln eine unabhängige, lockere und koordinierte Körperhaltung, mit der Sie gezielte und abgestimmte Hilfen geben können.

*Mit Übungen wie der Quadratvolte und mit Hilfe von Pylonen als Bezugspunkte lässt sich dem Pferd das Zusammenspiel der Hilfen leichter verständlich machen.*

*Mit etwas Übung kann man lernen, das Leichttraben mit rhythmischen Schenkelimpulsen zur Aktivierung des inneren Hinterbeines und mit weichem Zügelkontakt auszuführen. Hände und Reiterhüfte müssen dabei einen unterschiedlichen Rhythmus übernehmen.*

*Die Hände müssen der Bewegung des Pferdekopfes folgen, um das Pferd nicht im Maul zu stören. Die Hüfte muss im Auf und Nieder die Hüftbewegung des Pferdes weich ausgleichen und in den Fußgelenken wird das Reitergewicht abgefedert.*

*Reitet man auf einer Zirkellinie, so gibt man mit dem äußeren Zügel immer dann deutlich nach, wenn das Pferd mit dem äußeren Vorderbein vorschwingt. Das gibt ihm Raum, um sich auf der Außenseite zu dehnen und mit der Schulter weit vorzugreifen. So werden Takt und Losgelassenheit gefördert.*

*Wenn das Pferd einen gleichmäßigen Takt mit Unterstützung tätiger Reiterhilfen gefunden hat, so wird man wieder passiv, gibt mit dem Zügel etwas mehr Raum und die Schenkel bleiben ruhig. So wird das Pferd motiviert, selbstständig den Takt und den Schwung zu erhalten.*

Sie können den Schwierigkeitsgrad steigern, wenn Sie Ihr Pferd über Bodenricks traben lassen und später im Galopp im Wechsel zwischen leichtem Sitz und Aussitzen variieren.

Hat sich Ihr Balancegefühl verbessert, so wird Ihr Pferd auch lockerer. Sie werden immer länger aussitzen können, ohne Rhythmus oder Balance zu verlieren. Ihr Pferd wird entsprechend locker im Rücken bleiben, auch wenn Sie hin und wieder nicht „wie angewachsen" im Sattel sitzen. Es hat ein neues Grundvertrauen in Ihre reiterliche „Präsenz" entwickelt. Es fürchtet sich nicht mehr vor ständigen ungeregelten Stößen im Rücken. Es wird ruhiger und gleichmäßiger laufen und Sie kommen dadurch wiederum besser zum Sitzen. So simpel sich diese Ausführungen anhören, für die Umsetzung braucht es schon Konzentration und Anleitung, da alte Gewohnheiten eben immer sehr schwer abzulegen sind. Allein eine Hand wirklich gleichmäßig an den Pferdehals für eine längere Zeit anzulegen, ohne tendenziell zu zucken oder gar rückwärts zu wirken, während die andere zunächst den losen Zügel anbietet, dann eine leichte Verbindung zum Maul herstellt und aufrechterhält, fällt am Anfang sehr schwer. Und es kommt wirklich auf Sorgfalt im Detail an, wenn der gewünschte Erfolg sich einstellen soll. Sobald Sie allerdings die anfänglichen Hürden überwunden haben, wird es sehr viel einfacher gelingen, auch autodidaktisch, also ohne ständige Anleitung weiterzumachen. Objektbezogene Übungsabläufe tragen dazu wesentlich bei. Wenn Sie die beschriebenen Basis-Übungen gemacht haben, dann werden Sie eine deutliche Harmonisierung von Haltung, Sitz und Hilfengebung feststellen können.

Dies ist die Grundlage für die nächste reiterliche Ebene. In ihr wird dann für die reiterliche Entwicklung die Verbesserung der feinmotorischen Hilfengebung in den Vordergrund rücken. Besonders die wechselwirkende Abstimmung aller Hilfen steht hier im Mittelpunkt. Praktisch beginnt man nun damit, das Pferd genau auf gedachten Linien zwischen den Hilfen zu leiten, auch über Bodenhindernisse hinweg.

## *Das Zusammenspiel der Hilfen*

Um das Zusammenspiel der Hilfen zu üben, eignet sich die Quadratvolte. Sie ist schon mit einem gesteigerten Schwierigkeitsgrad verbunden und fördert die Durchlässigkeit des Pferdes. Der Reiter muss flexibel und koordiniert einwirken, damit es keine Missverständnisse gibt.

### Die Quadratvolte

Stellen Sie sich vier Pylone im Abstand von circa 10 bis 15 Metern im Quadrat auf. Reiten Sie im Schritt um dieses Viereck herum. Von Pylon zu Pylon versuchen Sie eine gerade Linie zu halten. Jeweils an den Ecken halten Sie zunächst an, platzieren Ihre Hilfen sorgfältig um und lassen das Pferd eine Viertelwendung (90 Grad) um die Vorhand ausführen. Nun ist es in der neuen Richtung ausgerichtet und sie können auf gerader Linie bis zum nächsten Pylon reiten.
Um die Wendung der Vorhand präzise auszuführen, müssen Sie die Vorwärtstendenz mit begrenzenden Zäumungsimpulsen kontrollieren, die jeweils äußere Schulter durch dosierten Kontakt mit dem äußeren Zügel an der Schulter und am Maul begrenzen, mit dem inneren Schenkel seitwärts weichen lassende Impulse geben, mit dem äußeren Schenkel die weichende Bewegung begrenzen und dabei locker und ausbalanciert sitzen.

Anfänglich wird es Ungenauigkeiten und Irritationen geben. Ihr Pferd nimmt Ihnen das aber nicht übel, da es ja eine Idee hat, was von ihm verlangt wird. Mit jeder Runde wird es leichter fallen, die richtige Platzierung und Dosierung der Hilfen im Zusammenspiel herauszufinden und zu automatisieren. Gelingt Ihnen wiederholt eine präzise Ausführung, so versuchen Sie nun eine „dynamische" Vorhandwendung. Sie halten Ihr Pferd nicht mehr an den Ecken an, sondern versuchen es im Takt des Schritts zu halten. An den Ecken soll es dann eingerahmt zwischen Ihren Hilfen mit den Vorderbeinen vermehrt auf der Stelle treten und mit den Hinterbeinen diagonal kreuzend und weit untertretend einen größeren Bogen gehen.

*Um eine Quadratvolte zu reiten, stellt man vier Pylone im Abstand von circa 10 bis 15 Metern zu einem Quadrat auf. Im Schritt reitet man um dieses Viereck herum. An jedem Eckpunkt wird eine Viertel-Wendung um die Vorhand ausgeführt.*

*Am Anfang ist es sinnvoll, das Pferd anhalten zu lassen und die Vorhandwendung langsam Schritt für Schritt auszuführen. Dabei kommt es zunächst weniger auf die Präzision an, als darauf, dass das Pferd die Übung ohne Verspannung ausführt.*

*Mit etwas Routine kann die Übung im Schritt und später im Trab mit Vorwärtstendenz ausgeführt werden. Die äußere Schulter wird durch dosierten Kontakt mit dem äußeren Zügel zum Maul und an der Schulter begrenzt, das innere Hinterbein wird mit akzentuierten Schenkelimpulsen zu vermehrtem Kreuzen und Untertreten angeregt. Der äußere Schenkel gibt entsprechend Raum. Aus der Bodenarbeit ist das Pferd mit den Bewegungsabläufen schon vertraut.*

Um Dehnungshaltung, Linientreue und das Taxiervermögen des Pferdes zu fördern, ist es hilfreich, mit Bodenstangen und ähnlichen Hilfsmitteln zu arbeiten.

Gelingt Ihnen das Reiten der Quadratvolte im Schritt und später sogar in einem langsamen Entspannungstrab, dann hat Ihr Pferd akzeptiert und verstanden, wie es sich eingerahmt durch Ihre Hilfen formen und leiten lassen soll.

Sie haben die nötige Körpertechnik Schritt für Schritt erlernt und automatisiert, um das Zusammenspiel der Hilfen unmissverständlich, weich und freundlich auf das Pferd wirken zu lassen. Die Wiederholung der immer gleichen Bewegungsfolgen zwischen den als fixe Orientierungspunkte aufgestellten Pylonen macht es Pferd und Reiter leicht, die Idee der Aufgabenstellung und die Bewegungsabläufe schnell und richtig zu verinnerlichen.

Mit dieser Übung präzisieren Sie Ihre Verständigungsgrundlage. Ihr Pferd lernt die differenzierte Bedeutung der Zügel und Schenkelhilfen kennen. Es lernt, sich im Hilfenrahmen leiten zu lassen und seine Haltung darin zu ändern. Sie lernen, für Ihr Pferd den angemessenen Kontaktdruck zu finden und Ihre Hilfen so zu platzieren, dass Ihr Pferd sich genauso bewegt, wie Sie das geplant haben.

Nun kann man diese mit Hilfe von Pylonen objektbezogen erworbenen Fähigkeiten in abstrakteren Übungen gymnastizierender Arbeit nutzen, ohne dass es grundsätzliche Missverständnisse zwischen Reiter und Pferd gibt.

## *Dehnungshaltung, Linientreue und Übergänge*

Legen Sie sich im Zentrum eines Zirkels auf der Reitbahn vier Stangen aus. Die Abstände sind so bemessen, dass Ihr Pferd im Schritt darübergehen kann. Planen Sie eine Bahnfigur in Form eines vierblättrigen Kleeblattes zu reiten, bei der der Mittelpunkt des Kleeblatts identisch mit dem Zirkelmittelpunkt ist.

### Das Kleeblatt

Sie beginnen auf einer geraden Linie im Schritt, die durch den Mittelpunkt führt und bei der Sie die vier Stangen in der Mitte rechtwinklig kreuzen (vergleiche Illustration). Damit Ihr Pferd sehen kann, wie es seine Hufe zwischen die Stangen setzen muss, ohne anzustoßen oder daraufzutreten, geben Sie ihm etwas die Zügel hin. Es dehnt seinen Hals vorwärts-abwärts. Nachdem es die Stangen überschritten hat, verkürzen Sie die Zügel durch geregeltes Nachgreifen und stellen eine weiche Verbindung (Anlehnung) zum Maul her. Leiten Sie Ihr Pferd dabei im Hilfen-Rahmen auf einer geraden Linie.

Nehmen wir an, Sie reiten auf der linken Hand. Etwa vier Pferdelängen vom Mittelpunkt (nun hinter Ihnen) entfernt biegen Sie auf einer gleichmäßig gebogenen Linie nach links ab, bis

Sie wieder auf einer geraden Linie sind, die genau durch den Mittelpunkt führt. Diesmal muss Ihr Pferd nicht über die Stangen treten, sondern es soll genau zwischen den beiden mittleren, parallel liegenden hindurchschreiten.

Wiederum vier Pferdelängen vom Mittelpunkt entfernt biegen Sie erneut nach links ab. Sie haben nun ein rechtwinkliges Kreuz mit Mittelpunkt in der Zirkelmitte beschrieben. Nachdem die Biegung Sie wieder auf eine gerade Linie durch den Mittelpunkt führt, kreuzen Sie die quer zu Ihnen liegenden Stangen erneut. Sie geben wieder mit dem Zügel nach, damit Ihr Pferd beim Treten über die Stangen schauen und sich dehnen kann. Sie folgen jetzt stets auf der linken Hand diesem „Programm“ und bemühen sich, gerade Linien und gleichmäßige Biegungen durch Ihre Hilfen zu fördern. Im Reitbahnsand wird sich nach einigen Wiederholungen die Form eines vierblättrigen Kleeblatts abzeichnen, dessen gerade Linien etwa acht Pferdelängen ausmachen. Sie können die Distanz auf zehn Längen erhöhen, dann haben Sie mehr Zeit, sich auf den Wechsel zwischen den Phasen des Geradeaus und denen auf den gebogenen Linien einzustellen. Ihr Pferd weiß bald, was man von ihm erwartet und wird Ihre Ungenauigkeiten bei der Hilfengebung nicht übel nehmen.

Haben Sie das Kleeblatt zweimal komplett vollendet, so wechseln Sie auf die andere Hand. In Zukunft wird dann im Wechsel eine Serie links herum und rechts herum geritten.

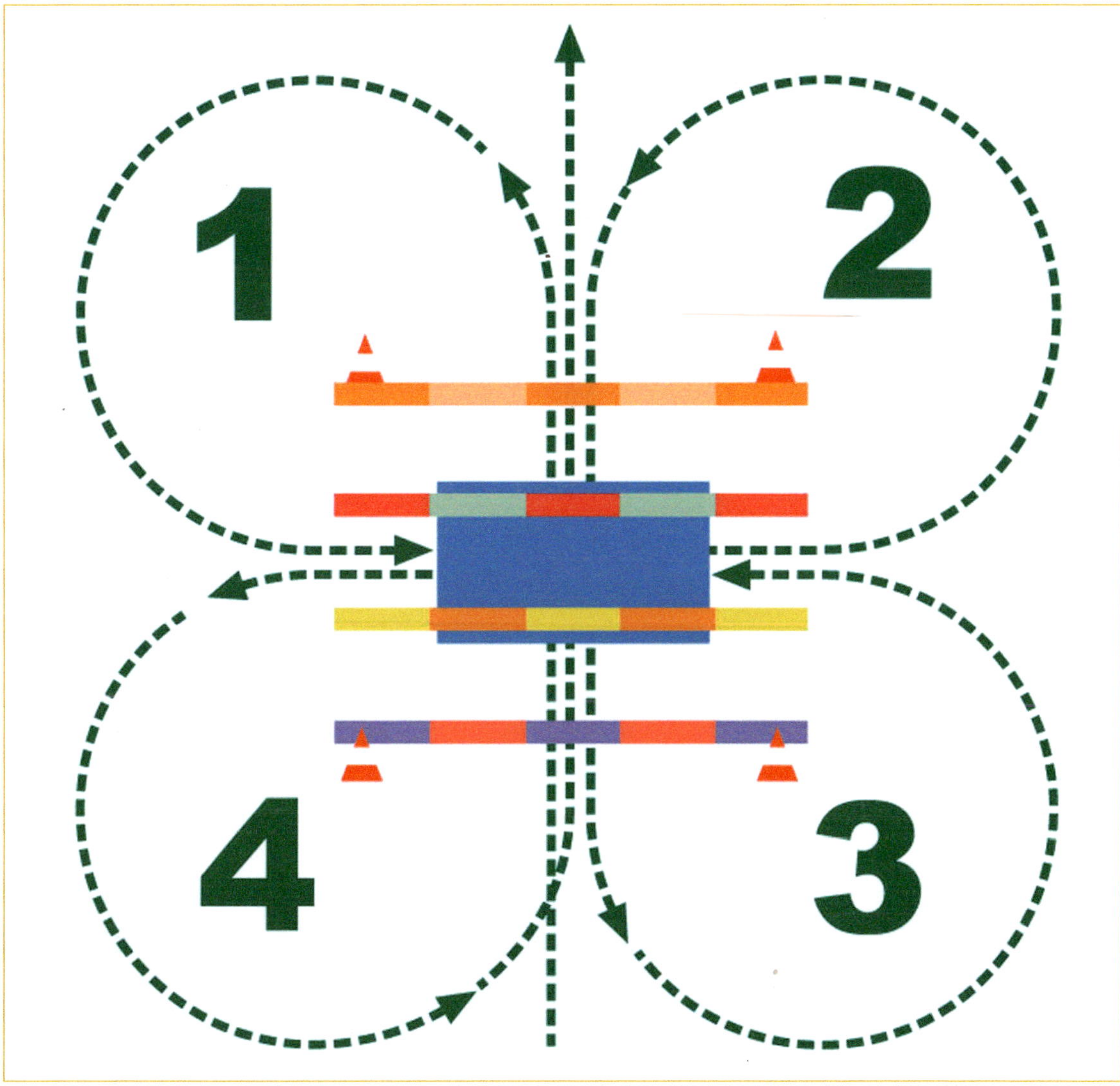


*Die Kleeblatt-Übung ist sehr vielfältig, sie kann in unterschiedlichen Schwierigkeitsgraden ausgeführt werden. Man kann über Folien oder Ähnliches reiten, das trägt zur Gelassenheit bei, gerade und gebogene Linien wechseln sich in steter Folge ab. Das hat einen geraderichtenden Effekt. Verwendet man Bodenstangen oder Cavaletti, so fördert das die Losgelassenheit, den Takt und den Schwung besonders in den Trabübungen. Auf den Volten muss das Pferd mit dem inneren Hinterbein vermehrt Gewicht aufnehmen (fördert die Versammlungsfähigkeit). Man kann Tempo und Gangartenwechsel einbauen, um die Durchlässigkeit zu verbessern. Die Übung ist als Hilfsübung ebenso geeignet wie als Rittigkeitstest. Sie kann individuell im Schwierigkeitsgrad auf die jeweilige Pferd-Reiter-Kombination und deren Ausbildungsstand abgestimmt werden.*

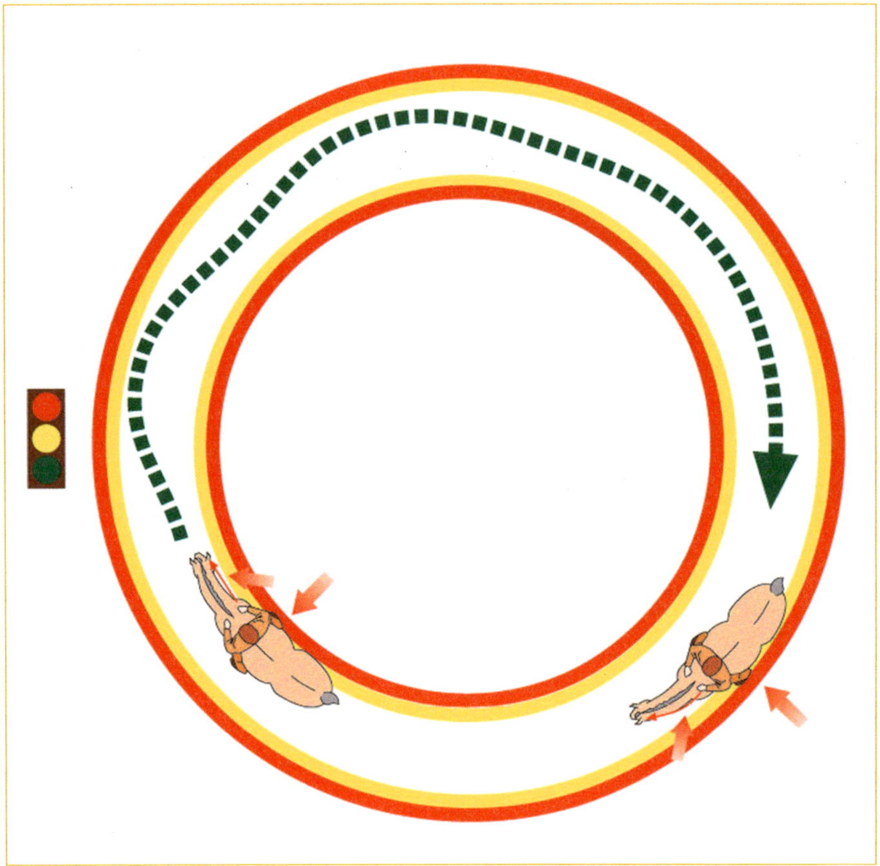

Gleichmäßige Kreise oder Volten zu gehen, fällt vielen Reitern schwer. So können Sie Ihrem Pferd helfen, ein Gefühl für die Ideallinie zu bekommen. Stellen Sie sich vor, Sie möchten in einem circa einen Meter breiten Korridor reiten. Geben Sie immer begrenzende Hilfen, wenn es den Korridor verlassen will (Diskomfortzone, rot). Bleibt es im Korridor, bleiben Sie passiv (Komfortzone, grün). Bald wird es die Idee übernehmen und die Ideallinie selbstständig suchen und halten. Stellen Sie sich in der Mitte noch einen Marker auf, dann fällt es beiden leichter, immer dieselbe Linie zu halten.

Hier sieht man schön, wie der Wallach an passiven Zügel- und Schenkelhilfen mit gleichmäßiger Längsbiegung auf dem Zirkel spurtreu, entspannt und locker genau über die Mitte der Folie galoppiert.

Sie können den Schwierigkeitsgrad erhöhen, indem Sie die Übung im ruhigen Trab ausführen. Dazu müssen die Abstände zwischen den Stangen entsprechend geändert werden. Verlängern Sie die Geraden gleichmäßig, wenn es Ihnen und Ihrem Pferd anfänglich zu schnell geht. Eine weitere Steigerung der Schwierigkeit entsteht, wenn Sie nun jeweils nach der Geraden im Übergang zur gebogenen Linie vom Trab zum Schritt wechseln und wieder auf der nächsten Geraden antraben. Sie können noch einen weiteren Lerneffekt damit verknüpfen, indem Sie in die Mitte zwischen die inneren Stangen eine Plastikfolie legen. Ihr Pferd lernt jetzt, sich willig über wechselnde Bodenverhältnisse leiten zu lassen, ohne Takt, Losgelassenheit und Anlehnung zu verlieren. Es balanciert sich besser aus, setzt die linke und rechte Körpermuskulatur immer gleichmäßiger ein und wird lockerer. Sie lernen, es zwischen den Hilfen so einzurahmen, dass Sie es kontrolliert auf den gedachten Linien leiten können. Diese Übung fördert Losgelassenheit, Takt, Anlehnung und das Geraderichten.

Sie lernen, für das Pferd verständlich, auf einzelne Körperbereiche einzuwirken. Es wird aus Ihrer differenzierten Hilfengebung ableiten, dass Sie es beispielsweise in der Schulterpartie begrenzen oder durch dosierten Schenkeldruck mit der Hinterhand seitlich weichen lassen möchten und dies ausführen.

**INFO**

**Hinterhand und Vorhand koordinieren**
Die Kontrolle über Hinter- und Vorhand ist Grundlage für kontrolliertes Reiten in Biegung und Seitwärtsbewegungen.

## *Ausblick: Reiten auf zwei Hufschlägen*

Das Reiten auf zwei Hufschlägen ist eine anspruchsvolle Übung. Sie setzt voraus, dass alle Vorübungen schon gut gelingen. Mit dieser Übung kann die Verständigungsgrundlage zwischen Reiter und Pferd mittels aufeinander abgestimmter Hilfen deutlich verbessert werden. Sie dient als gute Vorbereitung auf die spätere Gymnastizierungsarbeit im Bereich Reiten II der The Gentle Touch-Methode. Die später notwendigen Seitengänge und die damit verbundenen Diagonalbewegungen erfordern von Pferd und Reiter ein hohes Maß an Koordinationsfähigkeit. Die Übung bewirkt außerdem auch eine Verbesserung des Balancegefühls und der Reiter gewinnt ein hohes Maß an Körperkontrolle über sein Pferd.

### Die Hinterhand nach außen stellen

Stellen Sie ein Objekt, einen Cavalletti-Block oder einen großen Pylon auf und reiten Sie mit gleichmäßigem Abstand von 3 bis 5 m um das Objekt im Zentrum herum. Reiten Sie im Schritt und rahmen Sie Ihr Pferd zwischen den Hilfen so ein, dass es mit möglichst gleichmäßiger Biegung auf einem kleinen Kreis geht und mit der Hinterhand in die Spur der Vorderbeine tritt. Zwischen Zügeln und Gebiss führen Sie seine Vorhand, zwischen den Schenkeln die Hinterhand. Nun positionieren Sie Ihren inneren Schenkel in einer hinteren Position und geben dosierte Impulse. Damit animieren Sie Ihr Pferd dazu, mit der Hinterhand nach außen zu weichen. Dabei treten seine Hinterbeine auf einen zweiten, äußeren Hufschlag. Mit dem äußeren Schenkel begrenzen Sie die Bewegung, mit dem inneren geben Sie Impulse immer dann, wenn das innere Hinterbein in der Schwebephase ist. Mit den Zügeln führen Sie die Vorderbeine des Pferdes auf der ursprünglichen Linie.

### Die Vorhand hereinstellen

Als Variante zu dieser Übung lassen Sie das Pferd wieder mit der Hinterhand auf der ursprünglichen Kreislinie gehen, um es dann mit der Vorhand auf einem inneren, zweiten Hufschlag gehen zu lassen, während die Hinterbeine auf dem ursprünglichen verbleiben. Hier animieren Sie es mit vermehrten Zügeleinwirkungen, vor allem am Hals, dazu, mit den Vorderbeinen auf den inneren Hufschlag zu treten.

Lassen Sie Ihr Pferd zu Anfang immer nur einige, wenige diagonale Schritte auf zwei Hufschlägen gehen, bevor Sie es als Erleichterung und Belohnung wieder in die Ausgangsposition zurückkehren lassen. Die Koordination der Bewegungen ist ungewohnt und fällt Ihrem Pferd zu Anfang ebenso schwer wie Ihnen selbst.

Erst wenn sich etwas Routine einstellt steigern Sie die Schrittzahl, bis es einen kompletten Kreis auf zwei Hufschlägen gehen kann. Wechseln Sie in regelmäßigen Abständen die Richtung. Klappt es im Schritt schon sehr gut, so können Sie die Übung in einem ruhigen Entspannungstrab ausprobieren.

**TIPP**

**Ein klares Verständigungssystem**
Alle Hilfsübungen der The Gentle Touch-Methode dienen dazu, das reiterliche Verständnis und Gefühl für die Abstimmung der Einwirkungen zu entwickeln und dem Pferd ein immer eindeutigeres Verständigungssystem anzubieten. Daraus erwächst sowohl das Vertrauen des Pferdes wie auch seine bereitwillige Bereitschaft zur Mitarbeit. So wird die zwanglose Körperkontrolle über das Pferd ermöglicht.

Pferd und Reiter lernen gemeinsam und wachsen zu einem Team zusammen. Die Hilfengebung reduziert sich nach und nach auf immer feinere Verständigungssignale. Das Reiten ist geprägt von gegenseitigem Verstehen und Leichtigkeit.

## *Der Weg zum einfühlsamen und lockeren Freizeitreiten*

Ich habe hier nur einige Übungen aus der Vielzahl der in der The Gentle Touch-Methode praktizierten Übungen und Lektionen aufzeigen können. Einige werden Sie vielleicht daheim ausprobieren wollen. Bedenken Sie dabei bitte: Alle Übungen in der The Gentle Touch-Methode bauen von der Bodenarbeit bis zum anspruchsvollen Reiten logisch aufeinander auf.

**TIPP**

**Ausbildungsgrundsätze**
**Mit den Übungen sind die besten Resultate zu erzielen, wenn sie in der richtigen, vorgegebenen Reihenfolge erarbeitet werden.**
**Beachten Sie dabei die Grundsätze:**

- **Langsam – Wenig – Richtig;**
- **vom Leichten zum Schwierigen;**
- **Belohnung schon für den kleinsten Versuch zur Mitarbeit;**
- **Abwechslung und Wiederholung in sinnvoller Mischung;**
- **stets mit Impulsen, niemals mit Kraft;**
- **was nicht in Entspannung und mit Leichtigkeit ausgeführt werden kann, das kann in dem Moment noch nicht weitergeführt werden.**

Für jeden Ausbildungsstand oder jede Problematik gibt es darüber hinaus individuelle Lösungsansätze. Die Auswahl in diesem Buch kann nicht das ganze Programm widerspiegeln, dennoch mag bei diesen wenigen Beispielen eines dabei sein, mit dem Sie und Ihr Pferd sich verbessern können.

Der wirkliche Effekt der Methode in ihrer Gesamtheit liegt darin, dass Schritt für Schritt auf leichte Art und Weise eine wesentlich verfeinerte Verständigungsgrundlage zwischen Reiter und Pferd durch immer besser aufeinander abgestimmte Hilfen erarbeitet werden kann.

Die Übungen schaffen für Pferd und Reiter im wechselwirkenden Lernprozess eine gute Vorbereitung für eine spätere Gymnastizierungsarbeit, wie sie auch mit der Ausbildungsskala der FN beabsichtigt ist. Sie bewirken zudem auch eine Verbesserung der Gelassenheit, der Körperkoordination und des Balancegefühls und der Reiter gewinnt ein hohes Maß an Körperkontrolle in allen Situationen über sein Pferd. Eine deutlich verbesserte Leichtigkeit im Lenken und Leiten sowie in der Tempokontrolle stellt sich ein. Als weiterer Effekt solcher Arbeit sollte eine GHP-Prüfung an der Hand oder unter dem Reiter mit gutem Resultat problemlos absolviert werden können. Die Übungen schaffen reiterliche Grundlagen und werden im Themenkomplex Reiten I – Basis zusammengefasst.

Bedenken Sie dabei unbedingt, wenn Sie ohne Anleitung reiten: Es kommt nicht auf Präzision an und auch nicht auf „Sekundengehorsam“. Es gibt keine Fehler und kein „falsches“ Reagieren bei diesen Übungen. Sie dienen wie alle anderen Hilfsübungen dazu, das Gefühl für die Abstimmung der Einwirkungen zu entwickeln. Sie haben die Chance, nach und nach mit freundlichen und sanften Druckimpulsen eine Verständigungsgrundlage zu schaffen und zu automatisieren, die Ihnen eine zwanglose Körperkontrolle über Ihr Pferd ermöglichen wird. Für Reiterinnen und Reiter, die sich mit ihren Pferden weiter perfektionieren möchten, bieten die Inhalte der zweiten reiterlichen Ebene Gymnastizierung und Feinmotorik und der dritten Ebene Leichtigkeit vielfältige Möglichkeiten der reiterlichen Vervollkommnung.

Mit der The Gentle Touch-Methode lässt sich anspruchsvolles Freizeitreiten bis hin zu sehr hohem Niveau erlernen und vertiefen. Sie ist besonders für Individualreiterinnen und -reiter geeignet, die zum Teil autodidaktisch arbeiten. Sie bietet gute Hilfestellung bei der Lösung von allen möglichen Problemen in Bezug auf Reittechnik oder Pferdeverhalten. Sie ist auf jede Reitweise zu übertragen und für jedes Pferd geeignet. Ihr reitweisenübergreifendes, ideologisch offenes Konzept und der Umstand, dass keinerlei Modetrends oder zeitliche Leistungsvorgaben berücksichtigt werden müssen, eröffnet die Möglichkeit, sich auf das Wesentliche zu konzentrieren: sehr frühzeitig ein harmonisches Zusammenwirken zwischen Reiter und Pferd zu erreichen. Dabei kann die Hilfe von fähigen Trainern immer dann in Anspruch genommen werden, wenn das notwendig erscheint. Der methodische Aufbau vom Einstieg bis zur Vervollkommnung macht es leicht, nie die Orientierung zu verlieren und zwischen Ausbilder, Reiter und Pferd eine einfache, allgemein verständliche und freundliche Kommunikation zu pflegen.

Für die Mehrzahl aller Reiterinnen und Reiter werden die Bodenarbeit und die reiterliche Basisarbeit zunächst angemessen sein. Hier kann die The Gentle Touch-Methode in ihrer ganzen Breite wohl am effektivsten genutzt werden und hier kann sie als universeller Unterbau Reitern aller Reitweisen auf Pferden aller Rassen vielfältige Dienste leisten.

Im Rahmen dieses Buches kann ich Ihnen nur eine kleine Auswahl aus der Vielfalt aller Übungen bieten, die sich als Hilfsübungen für besseres Reiten mit mehr Gefühl bewährt haben und die von The Gentle Touch-Trainern weiter vermittelt werden. Allen Übungen liegt dieselbe Idee zugrunde: den Weg zu harmonischem, einfühlsamem und feinmotorischem Reiten für jeden Freizeitreiter und für jedes Pferd zu erschließen. Das Programm ist besonders auf die Bedürfnisse all jener Reiterinnen und Reiter abgestimmt, die keine Gelegenheit zu regelmäßigem, wöchentlichem Reitunterricht unter Anleitung eines guten Reitlehrers haben. Dieser Gruppe wird durch den Wechsel von angeleitetem Lernen in Kursen und Workshops mit The Gentle Touch-Trainern in größeren zeitlichen Abständen eine praktische Alternative geboten. Zwischenzeitlich kann das erarbeitete Programm selbstständig vertieft und beim nächsten Kurs überprüft werden. Zusätzlich kann aus der Palette meiner Bücher und Videos, bzw. DVDs geschöpft werden und manche theoretische Anleitung zur Vertiefung und Erläuterung lässt sich daraus ableiten (vergleichen Sie S. 171 f.). Doch das Besondere an der The Gentle Touch-Methode ist, dass Sie mit Ihrem Pferd in Teamarbeit gemeinsam lernen können und sich gegenseitig dabei helfen und weiterentwickeln. Das Ziel von harmonischem, durch Leichtigkeit geprägtem Freizeitreiten rückt damit immer näher.

Ich möchte Ihnen dazu Mut machen, diesen Weg zu beschreiten. In den letzten 25 Jahren habe ich viele Menschen kennen gelernt, deren Leidenschaft Pferde waren. Da waren jene, deren Art mit Pferden umzugehen, deren Einstellung mich begeisterte und faszinierte. Ich lernte von ihnen und mit ihnen, sie teilten ihr Wissen mit mir und verhalfen mir zu neuen Einsichten. Und da waren diejenigen, die kamen, um von mir und mit mir zu lernen. Einige wurden erfolgreiche Sportreiter, ja Deutsche Meister und Europameister, andere entwickelten ihre Fähigkeiten ohne sportliche Ambitionen weiter. Sie alle fanden ihren individuellen Weg und formten ihren eigenen Stil. Sie wurden zu besseren Reitern, weil sie lernten, sich auf ihre Pferde einzustellen, mit ihnen zu arbeiten und nicht gegen sie. Sie entschieden sich, etwas für ihre Pferde zu tun und deshalb taten ihre Pferde etwas für sie. Auf einem Pferd, das etwas für seinen Reiter tun möchte, gelingt die Harmonie. Ein solches Paar sieht gut aus, und die gemeinsamen Leistungen können dauerhaft überzeugen und finden Anerkennung.

Schauen Sie nicht auf das, was Sie noch nicht können oder noch nicht erreicht haben, sondern schauen Sie auf das, was Sie haben und für sich wirken lassen können: Sie haben Gefühl, Verstand und Zeit. Geben Sie sich und Ihrem Pferd eine Chance!

## *Danksagung*

Dieses Buch ist ein Meilenstein in meinem Leben mit und für Pferde und Pferdemenschen.

Doch ohne das überzeugte, engagierte und kompetente Mitwirken vieler Menschen wäre es nicht zustande gekommen. Bei all diesen Menschen im Hintergrund möchte ich mich hier besonders herzlich für ihre Hilfe und Unterstützung bedanken.

Ganz besonders danken möchte ich Gabriele Boiselle und Karin Bold, die unermüdlich und mit immensem Einsatz halfen, die Inhalte dieses Buches während eines sechstägigen Fotoshootings ins Bild zu setzen, ja ihm ein Gesicht gaben. Mit menschlicher Wärme, Gefühl für Situationen und einem Auge für das Wesentliche entstand Bildmaterial in einer Qualität und Fülle, die es mir schwer machte, mich bei der Auswahl auf die im Rahmen dieses Buches mögliche Anzahl der Bilder zu reduzieren.

Ohne Svea, Grit und Barbara unterstützt von Stefan, Britta, Christine und Christina wären diese stimmungsvollen Bilder nicht möglich geworden. Unermüdlich waren sie bereit, alle Szenen nach Drehplan darzustellen.

Auch Peter und Geli Meyer-Wenk gilt mein besonderer Dank. Auf ihrem Diestelhof, auf dem das The Gentle Touch Horsmanship College seine Heimat gefunden hat, entstanden wunderbare Bilder. Geli erlaubte mir wieder einmal, ihren geliebten Leo zu reiten und Peter stellte Josie zur Verfügung. Die ritt Horst Hrubesch für das Shooting zum ersten Mal.

Ihm möchte ich auch besonders danken, bestärkte er mich doch in den vergangenen Jahren immer wieder, meine Erfahrungen in einer auch von Trainern vermittelbaren Methode zusammenzufassen.

Ich möchte es auch nicht versäumen, Nadia Geldmacher, meiner Lektorin, dafür zu danken, dass sie so engagiert und jederzeit erreichbar zum Gelingen beitrug.

Doch es würde dieses Buch nicht geben, wären da nicht die Pferde. Den „Akteuren“ Leo, Shining Gentle Boy, Cause Of It All, Shy, Vegas, Masukh, Kitty, Teddy, Tuffy, Josie und Laura gilt mein Dank stellvertretend für all die Pferde, von denen ich lernen durfte.

## *Kompliment – Ein Nachwort von Gabriele Boiselle*

Auf der Messe Hansepferd in Hamburg hatte ich ein Fotostudio eingerichtet und innerhalb von vier Tagen über 100 Pferde und auch viele Menschen vor meine Kamera bekommen.

Man erkennt schon nach zwei Minuten, welchen Bezug die Besitzer zu ihren Tieren haben und wie gut sie miteinander auskommen. Bei manchen Paaren spürte man auch die Missverständnisse, die sich so zwischen Mensch und Tier aufbauen. Gerade gegenüber meines Studios waren die Boxen, in denen Peter Kreinberg seine Pferde untergebracht hatte. Natürlich hatte es mir „Leo" sofort angetan, der wunderschöne Paint mit den blauen Augen. Er ist ein „Hingucker" und er wurde auch zu einem Hauptdarsteller in diesem Buch. Doch am meisten hat mich beeindruckt, dass alle von Peter trainierten Pferde mit einer Souveränität und Ruhe in mein Studio getreten sind, die ihresgleichen suchte. Das machte mich neugierig und ich schaute genauer hin, wenn Peter seine Pferde aufzäumte oder mit ihnen arbeitete.

Auf meinen vielen Reisen in den letzten 20 Jahren habe ich viele Ausbilder und Trainer erlebt und habe mir ein gesundes Misstrauen bewahrt. Zu oft musste ich nach einem Blick hinter die Kulissen feststellen, dass nicht alles Gold ist, was glänzt. Doch bei Peter konnte ich keine Brüche feststellen, zwischen dem, was er sagte und dem, was er tat. Die Bilder, die ich für das Fotostudio-Buch von ihm machte waren von einer schönen ruhigen Ausstrahlung dominiert, die mir gefiel. Rundum passte alles, auch sein Humor und die blitzenden blauen Augen, die witzig und gewitzt gleichzeitig unter der breiten Hutkrempe hervorlugten.

Eines meiner Pferde ist daran schuld, dass wir wieder zusammenkamen. Mein Appaloosa Shy machte mir Sorgen. Seine Mutter, eine englische Vollblutstute hatte ihm viel Nerv mitgegeben und er war sehr schwierig einzureiten. Nach kurzer Zeit stand ich vor einem echten Problem und wusste, dass ich mir Hilfe holen musste, und ich wusste ja zum Glück, wo. Shy kam zu Peter in die Ausbildung und war ein halbes Jahr erst einmal „Chefsache", denn selbst der Chef hatte alle Hände zu tun mit ihm. Kurz und gut, Peter machte Shy wieder zu einem zufriedenen Pferd, das sich heute gerne und mit Genuss reiten lässt.

Als mich Peter dann anlässlich meines Besuches auf der Goting Cliff Ranch fragte, ob ich mit ihm ein Buch über seine „The Gentle Touch-Methode" fotografieren möchte, war ich begeistert. Was gibt es Schöneres, als jemanden zu unterstützen und seine Ideen ins rechte Bild zu rücken, den man schon kennt und einfach klasse findet. Es dauerte dann noch eine Zeit, bevor wir unser Vorhaben in die Tat umsetzen konnten. Wir hatten mit der Terminierung einfach unglaubliches Glück: In diesem ganzen verregneten Frühjahr gab es nur eine wirklich schöne sonnige Woche und die hatten wir uns „zufällig" für unser Shooting ausgewählt. Die erste Location ging „voll daneben", Heerscharen von Stechfliegen verjagten uns aus dem Wald, den wir uns für die Reitfotos ausgesucht hatten. Dazu kamen leichte Regenschauer und selbst bei viel Kaffee und Kuchen sank unsere Stimmung immer mehr.

Die zweite Location, also eher unser Ersatz, entpuppte sich als geniale Wahl. Am nächsten Morgen waren wir schon um sechs Uhr unterwegs, Pferde geputzt und verladen und bei Sonnenaufgang in der alten Kiesgrube, startklar zur Fotoproduktion. Es lief alles wie am Schnürchen, die Pferde waren toll, die Sonne fantastisch, die Reiter guter Dinge, einfach herrlich.

Svea, Peters Tochter, ritt in englischem Outfit, seine Trainerin Grit auf meinem Appaloosa Shy in Western-Pleasure-Montur. Rund um die Pferde waren noch viele andere Helfer tätig, die immer wieder mit Witz und Humor das Shooting aufpeppten. Dabei verlor Peter niemals sein Ziel aus den Augen, die The Gentle Touch-Methode zu erklären und für den Amateurreiter verständlich zu machen durch meine Bilder.

Mir war von Anfang an klar, dass Peter Kreinberg ein anspruchsvoller Arbeitspartner sein würde und sein klares und konsequentes Konzept in jedem Fall bildlich perfekt manifestiert haben wollte. Mir war nicht klar, ob das mit meiner Art der Fotografie zusammenpassen würde. Daher wurde ich doch etwas überrascht von dem Konsens, den wir schnell fanden und der perfekten Kommunikation.

Durch die digitale Fotografie haben wir ja heute den Vorteil, die Fotos sofort bewerten zu können. Das half maßgeblich dabei, die Vorstellung einer Bildidee und ihre Realisierung ad hoc überprüfen zu können.

Mit einigen tausend Bildern beendeten wir den ersten Tag und machten uns auf den Weg nach Hollenstedt in der Nähe von Hamburg. Bei der Familie Meyer-Wenk fanden wir ideale Fotobedingungen vor und einige Pferde, mit denen wir sehr gut Peters Arbeit darstellen konnten.

Herrliches Sommerwetter und ein schöner Wind, der die Fliegen in Schach hielt, bildeten ideale Voraussetzungen für das weitere Shooting. Allein die menschlichen Ressourcen an Kraft und Energie brauchten sich allmählich auf. Das frühe Aufstehen und Ausnutzen der Sonne bis spät in den Abend bestimmten einen langen Arbeitstag. Peter und Angelika Meyer-Wenk sind dafür zu bewundern, dass sie mitgearbeitet, uns ausgehalten und dazu noch so fürstlich bewirtet haben.

Wir haben sechs Tage lang an diesem Buch gearbeitet und jeder einzelne hat Spaß gemacht. Darüber hinaus habe ich sehr viel gelernt in dieser Zeit. Durch das Fotografieren jeder Sequenz bekam ich sozusagen einen Spezialkurs in der The Gentle Touch-Methode und bin jetzt eine überzeugte Anhängerin.

Vielleicht glauben Sie es mir nicht, doch ich habe in der ganzen Zeit unserer Zusammenarbeit kein einziges Mal erlebt, das Peter Kreinberg mit einem der Pferde oder Menschen ungeduldig oder ungnädig umgegangen wäre. Was er sagt und tut, stimmt mit dem, was er tatsächlich lehrt, überein. Für mich ist es das schönste Kompliment, das man einem Lehrer machen kann. Und er hat mir auch ein wenig meinen Glauben an die Menschen wiedergegeben.

Alles in allem war dies eine wundervolle Zeit, für die ich sehr dankbar bin. Und wenn Peter wieder einmal ein Buchprojekt realisieren möchte, bin ich gerne dabei.

# Service

*Sie wollen mehr wissen? Hier finden Sie eine Übersicht der vier Stufen reiterlicher Entwicklung. Sie bekommen Anregungen zum Weiterlesen und Kontaktadressen. Mit dem Register haben Sie den Durchblick und können wichtige Begriffe schnell nachschlagen.*

| Die vier Stufen des Reitens | I. Stufe<br>passives Reiten | II. Stufe<br>aktives Reiten |
|---|---|---|
| **notwendige Voraussetzungen:** | Reitkleidung | angstfreies, angepasstes Reiten<br>(nicht stören, behindern, irritieren) |
| **Lernsituation:** | Reitbahn<br>Sitzübungen an der Longe;<br>später einzeln reiten, stets unter Anleitung. | Reitbahn oder eventuell Gelände;<br>unter Anleitung und autodidaktisch |
| **Pferd:** | Ruhiges, zuverlässiges Lehrpferd mit weichen Gängen | Gerittenes Pferd;<br>besser: ruhiges, weich gehendes, sensibles, geschultes und gehorsames (Lehr-)Pferd. |
| **Einwirkungen:** | Nicht aktiv auf das Pferd einwirken, anpassen, tragen lassen, wenig stören | Dem Pferd bekannte und gewohnte Standard-Hilfen anbieten;<br>neue Signal-Hilfen durch Übungen verständlich machen;<br>lenkende, begrenzende, richtungweisende und tempobeeinflussende Einwirkungen. |
| **Schwierigkeits-Grad:** | Ruhig und weich gehendes Pferd;<br>langsames Tempo, zunächst Schritt und Trab, Galopp, wenn Sicherheitsgefühl vorhanden ist. | Ruhiges Tempo, Schritt und Trab, wenig Galopp;<br>kurze Reprisen konzentrierter Arbeit wechseln mit Belohnungs- und Entspannungsphasen;<br>abwechslungsreiche Wiederholung ;<br>Prinzip: Langsam – Wenig – Richtig;<br>geringe Grundspannung. |
| **Ausbildungsziel für den Reiter:** | Entwickeln von natürlicher Lockerheit und Beweglichkeit, Angstfreiheit;<br>Balance, Rhythmus, Gefühl, Sicherheit;<br>weniger stören, behindern und irritieren. | Einfache, räumlich lenkende und begrenzende Einwirkungen; Tempokontrolle, Verbesserung der Übergänge, erste Koordinationsübungen und formende Einwirkungen; Anspannungs- und Entspannungsübungen;<br>das Gefühl für Einwirkung und Reaktion, Dosierung und Platzierung der Hilfen;<br>Gefühl für Raumaufteilung und Linienbewusstsein, Vorausdenken lernen;<br>kontrollierte und systematische Bewältigung von Stress-Situationen mit dem Pferd;<br>Entwicklung der LEICHTIGKEIT in Ansätzen. |
| **Zielsetzung für das Pferd** | Dient als Medium;<br>kein Ausbildungsziel | Entwicklung oder Verbesserung von Verständigung, Gelassenheit, Gehorsam, Hilfenverständnis und Koordinationsfähigkeit;<br>Entwicklung der LEICHTIGKEIT in Ansätzen. |

| III. Stufe<br>formendes Reiten | VI. Stufe<br>korrektives Reiten |
|---|---|
| passives und aktives Reiten;<br>angepasstes Reiten auch auf unkoordiniertem Pferd, Körperkoordination zur präzisen Hilfengebung;<br>Gefühl für Körper, Bewegungen und Emotionen des Pferdes;<br>theoretisches Wissen über Erziehung und Gymnastizierung von Pferden. | Formendes Reiten |
| Reitbahn, Gelände<br>Unter Anleitung und autodidaktisch;<br>Einzelunterricht /Individualarbeit | Reitbahn und Gelände<br>Unter Anleitung oder Individualarbeit;<br>selbstständig. |
| Junges, rohes, noch nicht korrekt ausgebildetes Pferd | Schon gerittenes Pferd mit gefestigten, unerwünschten Verhaltensmustern |
| Dem Pferd bekannte und gewohnte Standard-Hilfen anbieten;<br>neue Signal-Hilfen durch sinnvolle Übungen verständlich machen;<br>lenkende, begrenzende, richtungs- und temposteuernde Einwirkungen;<br>individuelle Einwirkung mit klarer Strukturierung, präziser Dosierung und Regelmäßigkeit. | Individuelle Einwirkung m. klarer Strukturierung;<br>Dosierung und Regelmäßigkeit;<br>Fähigkeit zu disziplinarischer Anwendung von Hilfen und Ausbildungsmitteln. |
| Reiten in allen Gangarten und Tempi;<br>angemessene Lektionen zur Gymnastizierung mit präziser Ausführung;<br>Reiten auf verschiedenen Hufschlägen, Gangartenwechsel;<br>Reiten in höherer Grundspannung. | Reiten in allen Gangarten und Tempi;<br>zweckmäßige Lektionen zur Gymnastizierung und deren präzise Ausführung;<br>Reiten auf verschiedenen Hufschlägen;<br>Gangartenwechsel;<br>Reiten in höherer Grundspannung. |
| Erfahrung in der Erziehung und Ausbildung junger Pferde erweitern;<br>Feinabstimmung und Erweiterung des Variationsspektrums der Hilfengebung in gymnastizierenden Übungen;<br>dem Pferd Neues und Ungewohntes anbieten;<br>Reaktionen analysieren, Varianten anbieten durch präzise Nachgiebigkeit im richtigen Moment;<br>Belohnungserfahrung vermitteln;<br>Lernen, auf Linien präzise zu reiten und dem Pferd Haltung durch einrahmende Hilfen zu vermitteln;<br>Weiterentwicklung und Vervollkommnung der LEICHTIGKEIT. | Erweiterung des Erfahrungsschatzes;<br>effektive Korrekturarbeit bis hin zu motivierter Mitarbeit des Pferdes. |
| Das Pferd mental und körperlich schulen, gewünschte Verhaltensmuster durch Wiederholung und Belohnung festigen;<br>Weiterentwicklung und Vervollkommnung der LEICHTIGKEIT. | Entwicklung von Verständigung, Verständnis, Vertrauen, Respekt, Gelassenheit und Leistungsbereitschaft;<br>mentales und körperliches Umkonditionieren von unerwünschten Verhaltensmustern;<br>Entwicklung von motivierter Leistungsbereitschaft und williger Akzeptanz der Fremdbestimmung durch einen Reiter. |

## Der Übungsguide

Hier bekommen Sie einen schnellen Überblick über weitere Übungen in den Praxisbüchern von Peter Kreinberg. Der Farbcode gibt an, welches Buch gemeint ist, anhand der Seitenzahl finden Sie die Übung problemlos.

- • Grundausbildung für Western- und Freizeitpferde, Kosmos 2001
- • Grundkurs Westernreiten, Kosmos 2002
- • Aufbaukurs Westernreiten, Kosmos 2003
- • Der Freizeitreiterkurs; Grundausbildung für entspanntes Reiten, Kosmos 2005

**Der Reiter:**


Angstmanagement • 44, 70f.
Aussitzen • 120ff.
Balance • 10, 34ff., 62ff.; • 44, 50, 71, 109, 152f., • 12
Beinposition • 85ff.
Gewichtseinwirkungen • 75ff.
Kommandos • 80; • 65
Leichter Sitz • 120ff.
Schenkeleinwirkungen • 58, 64ff.
Sitzeinwirkungen • 35, 75ff.
Spurtreu reiten • 67
Taktmäßig einwirken • 65f.
Zügeleinwirkungen • 68ff.
Zügelführung • 56, 83, 68ff., 109ff.; • 56


**Das Pferd:**


Abkauen lassen • 95f.
Achterfigur um Tonnen • 84f.
Angst • 29, 33, 81; • 95
Balance • 109ff., 116ff.; • 10, • 44, 73, 88
Biegen an der Hand • 95f.
Biegung • 95ff.; • 30
Fencing • 70
Führen an der Hand • 86ff.
Geländeübungen • 115ff.
Hinterhand kreuzen • 79ff.
Longieren • 90ff.
Nachgeben • 45
Rhythmus • 12, 56
Selbsthaltung • 34f.; • 45
Stillstehen • 100
Übertreten an der Hand • 97
Vorhand kreuzen • 82ff.


**Die Lektionen:**


Angaloppieren • 120ff.; • 124ff.; • 99
Anreiten • 113
Antraben • 113f.
Back-Up • 64ff.,111; • 92, 99
Bodenrickarbeit • 152
Flying-Lead-Change • 85ff.
Full-Stop • 57, 59, 72, 75ff.
Galopp • 124ff.; 105; • 126; • 40ff., 50
Hinterhandkontrolle • 31ff.
Kehrtwendungen • 127f.
Kontergalopp • 16, 37ff., 87
Konterstellung • 134f.
Neckreining • 72, 109ff.
Roll-Back • 57, 59, 68ff.
Rückwärtsrichten • 114ff.; • 138ff.
Schenkelweichen • 128ff.; • 23ff., 108ff., 118ff.
Schreckhindernisse • 98, 159, 161, 163
Schritt • 118ff.; • 116
Schulterherein • 136f.
Side-Pass • 23ff., 108ff., 118ff.
Sliding-Stop • 75ff.; • 6, 132
Speed-Control • 60ff.
Spin • 81ff.
Stellung • 134f.
Stop • 129ff.; • 154f., 159; • 57, 69, 75ff.
Tor • 96ff.
Trab • 118ff.; • 105
Trabverstärkung • 126
Traversalen • 29f.
Trot-over • 104ff.
Turn-Around • 81ff.
Übergänge • 142f.; • 45, 114; • 118ff.
Versammlungsübungen • 40ff., 50; • 136; • 121, 123, 127
Viereck vergrößern • 131ff.; • 27f.
Viereck verkleinern • 131ff.
Walk-Over • 104ff., 109
Zirkel vergrößern • 35f.
Zirkel verkleinern • 35f.

## Zum Weiterlesen

Aguilar, Alfonso: Wie Pferde lernen wollen; Bodenarbeit, Erziehung und Reiten, Kosmos 2004
*Mit seiner einfühlsame Art Pferde zu trainieren, zeigt Alfonso Aguilar wie Pferde in ihrem Wesen begriffen und gefördert werden können.*

Bender, Ingolf (Hrsg.): Das Kosmos Handbuch Pferd; Reiten, Fahren, Haltung, Zucht und Gesundheit, Kosmos 2006
*Ob Anfänger, Profi, Pferdehalter oder Züchter, das umfassende Nachschlagewerk für alle.*

Deutsche Reiterliche Vereinigung e. V. (FN) (Hrsg.): Richtlinien für Reiten, Fahren und Voltigieren, Band 1-6, FN-Verlag
*Als Bestandteil der klassischen Reit- und Fahrlehre ist dieses Werk die Grundlage für die Ausbildung aller Reiter, Fahrer und Voltigierer, sowie Ausbilder und Richter, die sich dieser Lehre verpflichtet fühlen.*

Kreinberg, Peter: Der Freizeitreiterkurs; Grundausbildung für entspanntes Reiten
*Die praktische Anleitung für alle Freizeitreiter, die reitweisenunabhängiges gutes und pferdefreundliches Reiten lernen wollen. Von einer Übung zur nächsten können selbstständig Fortschritte erarbeitet werden.*

Kreinberg, Peter: Grundausbildung für Western- und Freizeitpferde; Horsemanship Training, Kosmos 2001
*Mit Peter Kreinbergs Aubildungsmethode können Western- und Freizeitpferde behutsam und in logischen Teilschritten ausgebildet werden.*

Kreinberg, Peter: Grundkurs Westernreiten; Horsemanship Training, Kosmos 2002
*Als erfahrener Westerntrainer beschreibt Peter Kreinberg den Weg zu einem einfühlsamen Sitz und richtiger Hilfengebung. Mit hilfreichen Tipps und Übungen für Ein- und Umsteiger.*

Kreinberg, Peter: Aufbaukurs Westernreiten; Horsemanship Training, Kosmos 2003
*Manöver wie Rollbacks, Stops und Spins gehören zum Trainingsprogramm fortgeschrittener Western- und Freizeitreiter. Der Leser findet hier auch die notwendigen Vorübungen für diese Lektionen sowie Übungen für das Reiten im Gelände.*

Meyners, Eckart: Bewegungsgefühl und Reitersitz; Reitfehler vermeiden – Sitzprobleme lösen, Kosmos 2005
*Mit diesem Praxisbuch bekommt jeder Reiter flatternde Schenkel, hohe Absätze und unruhige Hände in den Griff. Mit einem 6-Punkte-Kurzprogramm für besseres Reiten.*

Penquitt, Claus: Mein Übungsbuch; Lektionen zum gymnastizierenden Reiten, Kosmos 2004
*Der Weg zum anspruchsvollen Reiten: Hier findet der Leser über 40 Übungen – Schritt für Schritt in Wort und Bild für das tägliche Dressurtraining.*

Rashid, Mark: Der auf die Pferde hört; Erfahrungen eines Horseman aus Colorado, Kosmos 1999/2006
*Das Erstlingswerk des unnachahmlich sympathischen und bescheidenen Horseman. Für alle, die Pferde in Ihrem Wesen begreifen lernen wollen.*

Rashid, Mark: Denn Pferde lügen nicht; Neue Wege zu einer vertrauten Mensch-Pferd-Beziehung, Kosmos 2002
*Als einer der besten und erfahrensten Pferdeausbilder Nordamerikas setzt Mark Rashid in seiner Arbeit mit Pferden auf Respekt und Vertrauen anstelle von absoluter Dominanz.*

Reitvorschrift HDV 12 vom 18.8.1937. Verlag Mittler
*Diese Heeresdienstvorschrift der Vorkriegszeit enhält die wohl präziseste Anleitung zum Umgang mit Pferden, die es gibt. In sie eingeflossen sind die Erfahrungen von Generationen von Pferdeliebhabern, Reitern und Kavalleristen.*

Schöning, Barbara Dr.: Das Kosmos Erziehungsprogramm Pferde; Pferdeverhalten verstehen, Verhaltensprobleme vermeiden und lösen, Pferde richtig motivieren, Kosmos 2004
*Hier finden Sie das große Einmaleins des guten Benehmens für Pferde und wie Sie es auch mit Ihrem Pferd spielerisch und mit Freude erreichen.*

Simonds, Mary-Ann: Stress bei Pferden; Erkennen und Behandeln, Kosmos 2007
*Stress wird als Ursache für unausgeglichenes und ungehorsames Verhalten von Pferden oft übersehen. Wer diesen Problemen vorbeugen will oder sie lösen möchte, wird hier viele wertvolle Anregungen finden.*

Tellington-Jones, Linda: TTouch und TTeam für Pferde; Der sanfte Weg zu Gesundheit, Leistung und Wohlbefinden; Kosmos 2002
*Die detailgenauen Schritt-für-Schritt-Anleitungen machen es leicht, die TTouches und die TTeam-Bodenarbeit zu erlernen und anzuwenden.*

## Videos und DVDs von Peter Kreinberg

Kreinberg, Peter: Grundausbildung für Western- und Freizeitpferde; Horsemanship Training, Kosmos 2000 (Video oder DVD)

Kreinberg, Peter: Grundkurs Westernreiten; Horsemanship Training, Kosmos 2002 (Video oder DVD)

Kreinberg, Peter: Aufbaukurs Westernreiten; Horsemanship Training, Kosmos 2003 (Video oder DVD)

Sie möchten The Gentle Touch-Ausbilder/in werden? Als Zugangsvoraussetzung benötigen Sie eine Amateurtrainer-Lizenz der FN, DSB oder EWU. Alternativ dazu ist auch eine abgeschlossene Berufsausbildung als Pferdewirt/in, Bereiter/in oder einem anderen pferdebezogenen Beruf möglich. Näheres erfahren Sie unter *www.thegentletouch.de.*

## Nützliche Adressen

The Gentle Touch Horsemanship College
Diestelhof
Dießelkampsweg 5
21279 Hollenstedt
www.thegentletouch.de

Svea Kreinberg
Goting Cliff
Birkenweg 37
D-38559 Wagenhoff
www.goting-cliff.de
www.Peter-Kreinberg.de
E-Mail: info@Goting.Cliff.de

Deutsche Reiterliche Vereinigung (FN)
Freiherr-von Langen-Str. 13
D – 48231 Warendorf
Tel.: 0049-(0)2581-63620
Fax: 0049-(0)2581-62144
www.fn-dokr.de

Vereinigung der Freizeitreiter und -fahrer in Deutschland (VFD)
Auf der Hohengrub 5
D – 56355 Hunzel
Tel.: 0049-(0)6772-9630980
Fax: 0049-(0)6772-9630985
www.vfdnet.de

Bundesfachverband für Reiten und Fahren in Österreich
Geiselbergstr. 26-32 /Top 512
A – 1110 Wien
Tel.: 0043-(0)1-7499261-13
Fax: 0043-(0)1-7499261-91
www.fena.at

Schweizerischer Verband für Pferdesport
Papiermühlestr. 40
Postfach 726
CH – 3000 Bern 22
Tel.: 0031-(0)335-4343
Fax: 0031-(0)335-4358
www.svps-fsse.ch

# Register


Ampelprinzip 32, 120
Angemessenheit 97, 119, 123
Anlehnung 56, 62ff., 129, 136, 138, 156ff.
Antraben 106, 158
Arbeit am Leitseil 32, 106f., 11f., 118f., 121
Arbeit an der Hand 32, 110f., 122f.
Aufrichtung 70
Ausbildungsskala 25, 56ff., 161

Balance 30ff., 70ff., 100, 105ff., 115, 118, 127, 132ff., 150ff., 159, 161
Basisarbeit 18, 43, 162, 118
Belohnungsphase 82
Berührungsreize 66, 118, 122, 124
Bewegungsgefühl 32, 35, 102ff., 126
Biegeübungen 53, 123
Blumenstraußgriff 136, 140ff., 146

Dehnungshaltung 156
Desensibilisierung 123f., 126
Diskomfort-Zone 107
Dosierung 103, 123f., 131, 138, 154, 168
Dressurarbeit 34, 62, 70, 79ff.
Durchlässigkeit 56ff., 73, 154, 157

Echolot-System 102f.
Ein-Zügel-ein-Schenkel-Übung 136, 140
Entspannung 80ff., 117ff., 139, 143, 149ff.,
Erziehung 22f., 25ff., 53, 82, 94ff., 107, 110,
Feinmotorik 43, 110f., 161
Formendes Reiten 30, 169
Führtraining 27, 69, 110f., 113, 117, 127
Funktionale Haltung 32, 132

Gehorsam 25ff., 59, 103, 110, 125, 158
Gelände 52ff., 70ff., 81, 98f., 151, 168f.
Gelassenheit 24, 27, 80f., 123, 126f., 157, 161
Gelassenheitsprüfung (GHP) 26f., 111
Geraderichten 56f., 68ff., 157f.
Geschmeidigkeit 22, 3353, 133
Gewichtshilfen 108, 132f.
Gewöhnung 24, 27f., 52f., 56, 58, 126
Grundspannung 54, 71, 73, 168f.
Gymnastizierung 22, 27, 33, 57, 76, 83, 85f., 90, 102, 104, 107, 110f., 161, 169
Hankenbeugung 70
HDV 12 52, 56ff., 83, 95, 108
Hilfengebung 25f., 42, 52, 104f., 109, 121, 123, 128f., 132ff., 144f., 154f.
Hinterhand 56f., 66f., 70f., 75, 87, 91, 106, 111, 115, 121, 124, 131f. 146ff., 159
Horsemanship 9f., 91, 94ff., 118, 123

Impulsion 66, 105, 109, 145

Kleeblatt 156f.
Knotenhalfter 118, 106, 110f., 120, 127
Komfortzone 107, 120, 125f., 143, 158
Konsequenz 42, 97, 114, 123
Kontaktdruck 87, 90, 117f., 138, 146, 156
Körpergefühl 30f., 55, 103f., 120, 141
Körperkontakt 84ff., 88, 112, 121, 124, 117,
Koordination 33, 69, 102, 109, 127, 161, 169

Leichter Sitz 151, 153
Leichtigkeit 42, 73, 78f., 107ff., 110f., 117, 122, 127, 132, 160ff., 168
Leichttraben 60, 66, 70f., 133, 139, 150, 152
Linienführung 26, 74, 83, 100, 137
Lockerheit 30, 34f., 53, 61, 105, 149, 150f.,
Losgelassenheit 22, 25, 56f., 61f., 78, 80f., 123, 127, 151, 157f.

Nachgiebigkeit 23, 61, 74f., 87, 117, 122, 127f., 131, 138ff., 169
Natürliche Schiefe 68
Natural Horsemanship 96

Offene Hand 141

Parade 62
Passives Reiten 168
Problemmanagement 110, 124ff., 158
Quadratvolte 152, 154, 156

Reiten auf zwei Hufschlägen 91, 123, 159
Rhythmus 75f., 104, 107, 109f., 133, 138, 140ff., 145, 151ff., 168
Rippenbiegung 68
Rittigkeit 73, 77, 100, 157
Round-Pen 96, 118, 127
Rückwärts 87, 110, 146ff.

Salamitaktik 134
Schenkel, anpendelnder 131
Schenkel, streifender 131, 145, 151
Schenkeleinwirkungen 22, 60, 123, 131, 133, 144, 147f.
Schenkelkorrektur-Übung 134, 136
Schiffschaukel-Übung 93, 146
Schubkraft 56f., 66
Schwung 54ff., 66f., 109, 121, 144f., 153, 157
Seitengang 53, 81, 85, 110, 123, 159
Selbsthaltung 53, 64
Sicherheit 120, 122f.
Sitz 26, 30f., 52, 69, 87, 108f., 132ff., 136, 154
Sitzeinwirkungen 22, 129
Spurtreue 57, 96

Takt 23, 25, 31, 56ff., 104, 110, 145, 154, 157f.
Taktmäßige Einwirkungen 32, 75, 144f., 151
Tempo 60, 66ff., 73ff., 99, 115, 157
Tempowechsel 66, 80, 71, 105
Timing 66, 103f., 111f., 115, 119, 139
Touchieren 46, 122f.
Tragkraft 56ff.

Übergänge 73, 75f., 80, 85, 110, 156f., 168

Versammlung 34, 56f., 69ff., 76ff., 157
Vertrauen 22, 60ff., 84, 88f. 97, 110, 112, 123, 127ff., 136ff., 141, 148, 169
Volte 89, 70, 99, 124, 151, 157f.
Vorhand 70ff., 81, 91, 131f., 138, 154, 158f.

Warten 24, 87, 107
Wassertrense 111, 122, 127, 129
Weichen 24, 87, 132
Wendigkeit 106
Willigkeit 24, 139

Zügeleinwirkungen 61, 129f., 136ff., 142, 146ff., 159
Zügelkontakt 62ff., 73, 87, 129, 136ff., 146ff., 151ff.
Zwanglosigkeit 61, 80, 151

Bildnachweis
Mit 187 Farbfotos von Gabriele Boiselle, www.edition-boiselle.com
Weitere Fotos sind von Lothar Lenz (1: S. 19 links), Christof Salata (1: S. 19 rechts), www.stuewer-tierfoto.de (1: S. 20).
Die 18 Farbillustrationen erstellte Cornelia Koller, Dierkshausen

Mit 208 Farbabbildungen

Impressum
Umschlaggestaltung von eStudio Calamar unter Verwendung eines Farbfotos von Gabriele Boiselle, www.edition-boiselle.com

Bibliografische Information der Deutschen Nationalbibliothek
Die Deutsche Nationalbibliothek verzeichnet diese Publikation in der Deutschen Nationalbibliografie; detaillierte bibliografische Daten sind im Internet über http://dnb.ddb.de abrufbar.

Alle Angaben und Methoden in diesem Buch sind sorgfältig erwogen und geprüft. Sorgfalt bei der Umsetzung ist indes doch geboten. Verlag und Autor übernehmen keinerlei Haftung für Personen-, Sach- oder Vermögensschäden, die im Zusammenhang mit der Anwendung und Umsetzung entstehen könnten.



Postfach 10 60 11
D-70049 Stuttgart
**TELEFON** +49 (0)711-2191-0
**FAX** +49 (0)711-2191-422
**WEB** www.kosmos.de
**E-MAIL** info@kosmos.de

Gedruckt auf chlorfrei gebleichtem Papier


ISBN 978-3-440-10769-0
Redaktion: Nadia Geldmacher
Produktion: Kirsten Raue, Claudia Kupferer
Satz und Layout: akuSatz Andrea Kunkel, Stuttgart
Printed in Germany/Imprimé en Allemagne

# Entspanntes Reiten

Peter Kreinberg
**Der Freizeitreiterkurs**
176 Seiten, 246 Abbildungen
€/D 26,90; €/A 27,70; sFr 45,80
ISBN 978-3-440-09853-0

- Peter Kreinbergs Konzept bringt rasche Fortschritte und Spaß von Anfang an
- Für jede Reitweise und alle Pferderassen geeignet
- Mit Übungen für ein entspanntes Reiten im Gelände und in der Reitbahn

Peter Kreinberg
**Grundausbildung für Western- und Freizeitpferde**
140 Seiten, 133 Abbildungen
€ 22,90; €/D 23,60; sFr 39,60
ISBN 978-3-440-08460-1

- Peter Kreinbergs behutsame und konsequente Ausbildungsmethode, die das Wesen und die Psyche des Pferdes in den Vordergrund stellt.

Peter Kreinberg
**Grundkurs Westernreiten**
140 Seiten, 134 Abbildungen
€ 22,90; €/D 23,60; sFr 39,60
ISBN 978-3-440-08869-2

- Lernen Sie locker und harmonisch Reiten nach Westernart und wie Sie Schenkel, Zügel und Gewicht fein, aber effektiv einsetzen.

Peter Kreinberg
**Aufbaukurs Westernreiten**
140 Seiten, 154 Abbildungen
€ 22,90; €/D 23,60; sFr 39,60
ISBN 978-3-440-09403-7

- Vorübungen für alle wichtigen Lektionen, Verfeinerung von Hilfengebung und Korrektur von Verhaltensproblemen.

**www.kosmos.de**

Preisänderung vorbehalten

KOSMOS